43896

ESSAIS
SUR LA RELIGION

AUTRES OUVRAGES DE JOHN STUART MILL

TRADUITS EN FRANÇAIS

La philosophie de Hamilton; traduit par M. E. Cazelles, 1 fort vol. in-8. — 10 »

Auguste Comte et le Positivisme; traduit par le docteur Clémenceau, 1 vol. in-8, de la *Bibliothèque de philosophie contemporaine*. — 2 50

L'Assujettissement des femmes; traduit par M. E. Cazelles, 1 vol. in-18. — 2 50

La Liberté; traduit par M. Dupont-White, 2e édition, 1 vol. in-18. — 3 50

Le Gouvernement représentatif; traduit par M. Dupont-White. 1 vol. in-18. — 3 50

Principes de l'Économie politique, suivis de quelques-unes de leurs applications à l'économie sociale; traduit par MM. Dussard et Courcelle-Seneuil, 2 vol. in-8. — 15 »

Système de logique, réductive et inductive, exposé des principes de la preuve et des méthodes de recherche scientifique; traduit par M. Louis Peisse, 2 vol. in-8. — 14 »

Mes Mémoires; histoire de ma vie et de mes idées, 1874, traduit de l'anglais par M. E. Cazelles. 1 vol. in-8. — 5 »

La Révolution de 1848; traduit de l'anglais par M. Sadi-Carnot, 1 vol. in-18. — 3 50

L'Instruction moderne, discours prononcé à l'Université de Saint-André, le 1er février 1867, publié dans la revue des cours littéraires. (4e année, nos 33, 35, 36.)

L'Utilitarisme; publié dans la revue nationale (numéros du 10 août, 10 septembre, 10 octobre 1865).

La philosophie de M. Bain; publié dans la revue des cours littéraires (sixième année).

AUTRES TRADUCTIONS DE M. E. CAZELLES

JOHN STUART MILL. La philosophie de Hamilton. Traduction de l'anglais, 1 vol. in-8, de la *Bibliothèque de philosophie contemporaine*. — 10 »

JOHN STUART MILL. L'assujettissement des femmes. Traduction de l'anglais, 1 vol. in-18. — 2 50

JOHN STUART MILL. Mes Mémoires; histoire de ma vie et de mes idées. 1 vol. in-8. — 5 »

J. MOLESCHOTT. La circulation de la vie. Lettres sur la physiologie en réponse aux lettres sur la chimie de Liebig; traduction de l'allemand, 2 vol. in-18, de la *Bibliothèque de philosophie contemporaine*. — 5 »

HERBERT SPENCER. Les premiers principes, 1 fort vol. in-8, de la *Bibliothèque de philosophie contemporaine*. — 10 »

HERBERT SPENCER. Principes de Biologie, 2 vol. in-8 (*sous presse*).

A. BAIN. Les sens et l'intelligence; 1 vol. in-8, de la *Bibliothèque de philosophie contemporaine*. — 10 »

A. BAIN. Les émotions et la volonté, 1 volume in-8 (*sous presse*).

JÉRÉMIE BENTHAM et GEORGE GROTE. La religion naturelle, son influence sur le bonheur du genre humain, 1 vol. in-18 de la *Bibliot. de philos. contemporaine*. — 2 50

ESSAIS

SUR

LA RELIGION

PAR

JOHN STUART MILL

TRADUIT DE L'ANGLAIS PAR M. E. CAZELLES

PARIS
LIBRAIRIE GERMER BAILLIÈRE
17, RUE DE L'ÉCOLE-DE-MÉDECINE, 17
—
1875

AVERTISSEMENT

Les trois Essais sur la religion contenus dans ce volume, ont été écrits à des époques séparées par des intervalles considérables, sans que l'auteur songeât à en former une série. Il ne faut donc point y voir un corps de doctrine bien lié, si ce n'est qu'ils nous montrent comment l'auteur a traité, après de mûres réflexions, dirigées sur toutes les parties du sujet, les questions qui en font la matière.

Les deux premiers de ces trois Essais ont été composés entre les années 1850 et 1858, c'est-à-dire dans l'espace de temps qui sépare la publication des *Principes d'économie politique* de celle de l'ouvrage intitulé *la Liberté*. Durant cet intervalle, l'auteur composa aussi trois autres Essais sur la Justice, sur l'Utilité, sur la Liberté. Des cinq Essais écrits à cette époque, trois ont déjà été donnés au public par l'auteur. L'Essai sur la Liberté, enrichi de quelques développements, parut sous la forme du livre bien connu qui porte le même titre. Les Essais sur la Justice et l'Utilité, fondus plus tard en un seul, avec certaines modifications et additions, ont paru sous le titre d'Utilitarisme. Les deux qui restent, la Nature et l'Utilité de la Religion, nous les offrons maintenant au public avec un troisième, le Théisme, qui n'a été composé que bien plus tard. On trouverait aisément dans ces deux Essais des signes attestant l'époque à laquelle ils ont été écrits. On remarquera, par exemple, qu'il n'est point fait mention des travaux de Darwin et de sir Henry Maine dans les passages où la pensée de l'auteur se rencontre avec celle de ces écrivains; ou bien lorsque l'auteur traite des questions qu'ils ont discutées plus tard d'une façon à laquelle il n'eût pas manqué de faire allusion, si leurs travaux eussent été publiés avant l'époque où il composa ces Essais.

Le dernier Essai de ce volume appartient à une époque différente : il a été écrit entre 1868 et 1870, mais il n'était pas destiné à faire suite aux deux premiers après lesquels nous le donnons, ni à paraître en même temps. L'auteur considérait pourtant les opinions exprimées dans ces divers Essais comme d'accord au fond. La preuve en est, qu'en 1873, après avoir achevé son Essai sur le Théisme, il avait l'intention de publier l'Essai sur la Nature, après lui avoir fait subir seulement une révision légère qu'il eût jugée nécessaire en le préparant pour l'impression, mais en substance sous sa forme actuelle. Il est donc évident que ses idées n'avaient subi aucun changement. Les différences apparentes qu'une comparaison vraiment attentive pourra découvrir entre divers passages, proviennent de ce que le dernier Essai n'a pas subi les nombreuses révisions que l'auteur avait l'habitude de faire à fond avec une rigueur particulière. Ces différences peuvent résulter aussi de ce qu'on ne parle pas du même ton, et de ce qu'on paraît apprécier autrement la valeur relative des diverses considérations, quand on embrasse une question d'un point de vue plus large et qu'on tient compte pour la juger d'un plus grand nombre de considérations, que lorsqu'on n'en traite que des parties.

La publication de l'Essai sur la Nature, que l'auteur comptait faire en 1873, prouverait, s'il était nécessaire d'en donner une preuve, que s'il avait retenu le volume que nous publions, ce n'est pas qu'il hésitât à affronter l'animadversion que pouvait lui valoir l'expression libre de ses opinions sur la religion. Il est vrai qu'il ne se proposait pas de publier les deux autres Essais à la même époque, mais c'était conformément à l'habitude qu'il avait prise au sujet de l'expression publique de ses idées religieuses. En effet, en même temps qu'il mettait beaucoup de réflexion et de lenteur à se faire des opinions, il avait une répugnance particulière à émettre des opinions à demi-formées. Il refusait d'une manière absolue de s'engager précipitamment par une décision prématurée sur les questions auxquelles il ne croyait pas avoir consacré le temps et le travail nécessaires pour les étudier à fond, avec toute l'application de son intelligence. De même lorsqu'il était arrivé à des conclusions arrêtées, il ne permettait pas à la curiosité d'autrui de le contraindre à exprimer ses idées avant qu'il leur eût fait subir l'élaboration que comportait son esprit, et qu'il leur eût donné une forme en rapport avec sa pensée : il attendait donc non-seulement que ses idées, mais la forme qu'il avait su leur donner, eussent subi l'épreuve du temps. Les mêmes motifs de circonspection qui le guidaient dans l'expression orale de ses opinions, lorsqu'il était nécessaire de leur donner à la fois toute leur précision et toute leur portée pour les faire bien comprendre, ce qui, d'après lui, était surtout nécessaire dans les questions religieuses, ces mêmes motifs l'avaient porté à s'abstenir durant quinze ans de publier son Essai sur la Nature, et l'auraient encore décidé à retenir les autres Essais qui paraissent aujourd'hui dans le même volume.

A ce point de vue on comprendra que l'Essai sur le Théisme vaut à la fois plus et moins que les autres écrits de l'auteur. Dernier venu parmi les œuvres considérables que son auteur a achevées, cet essai nous fait connaître le dernier état de son esprit, les conclusions soigneusement pesées des réflexions de toute sa vie. D'autre part le temps n'a pas permis que cet ouvrage subît la révision à laquelle l'auteur soumettait à plusieurs reprises ses écrits avant de les rendre publics. Aussi, non-seulement le style en est-il moins soigné que celui des autres ouvrages qu'il a publiés, mais le sujet même, au moins dans sa forme présente, n'a jamais subi les examens renouvelés par lesquels il aurait passé, si l'auteur lui-même l'eût livré à la publicité.

Helen Taylor.

ESSAIS
SUR LA RELIGION

LA NATURE

Les mots nature, naturel et tous ceux qui en dérivent ou s'y rattachent par l'étymologie, ont de tout temps tenu une grande place dans les idées et exercé une grande influence sur les sentiments du genre humain. Cela ne doit pas nous surprendre quand nous considérons ce que ces mots représentent dans leur signification primitive et la plus évidente, mais il est fâcheux qu'une famille de mots qui joue un si grand rôle dans la spéculation morale et métaphysique, ait reçu tant de significations différentes du sens primitif et qui pourtant sont encore assez voisines pour laisser la confusion se produire. En effet ces mots se sont introduits dans une foule d'associations étrangères, pour la plupart aussi puissantes qu'invétérées, et ils excitent, en leur servant de symbole, des sentiments que leur signification primitive ne justifie pas; aussi constituent-ils une des sources les plus abondantes d'où découlent le mauvais goût, les fausses philosophies, la fausse moralité et même les mauvaises lois.

L'application la plus utile qu'on puisse faire de l'interrogation socratique (elenchus) telle que nous la trouvons pratiquée et perfectionnée dans Platon, consiste à disséquer les vastes abstractions de cette espèce, à fixer par une définition précise le sens qu'elles ne font que représenter obscurément dans le langage vulgaire, à scruter et vérifier les maximes et les opinions où ces mots jouent un rôle. On doit regretter que parmi les modèles instructifs de ce genre de recherche que Platon nous a laissés, et auxquels la postérité est redevable de la clarté qu'elle a su donner aux idées qu'elle a découvertes, il ne nous ait pas gratifié d'un dialogue περὶ φύσεως. Si l'idée dénotée par le mot nature avait été soumise à son analyse pressante, et que les lieux communs où elle figure eussent passé devant le tribunal de sa vigoureuse dialectique, il est probable que ses successeurs ne se seraient pas lancés aussi rapidement qu'ils l'ont fait dans des doctrines et des raisonnements dont la pierre angulaire était précisément l'emploi de ce mot entaché d'une erreur dont Platon lui-même se trouvait parfaitement irréprochable.

Suivant la méthode platonique qui est encore le meilleur type de ces recherches, la première chose à faire en présence d'un terme si vague, est de constater avec précision ce qu'il signifie. C'est encore une règle de la même méthode que le sens d'un abstrait doit être cherché dans le concret, celui d'un universel dans le particulier. Si l'on voulait employer cette méthode pour le mot nature, il faudrait d'abord se demander ce qu'on entend par la *nature* d'un objet particulier, comme par exemple du feu, de l'eau, de telle plante, ou de tel animal particulier. Evidemment la nature d'un objet particulier est *l'ensemble* ou l'agrégat de ses attributs ou propriétés, c'est-à-dire les modes suivant lesquels il agit sur les autres choses (en comptant parmi ces choses les sens de l'observateur), et les modes d'après lesquels les autres choses agissent sur lui. A ces modes divers, il faut ajouter, quand il s'agit d'un être sensible, ses aptitudes à sentir et à devenir conscient. La nature de la chose signifie tout cela, toute sa capacité de manifester des phénomènes. Puis, comme les phénomènes qu'une chose manifeste, quelque variation qu'ils subissent dans les différentes circonstances où elle se trouve, sont toujours les mêmes quand les circonstances sont les mêmes, on peut les désigner par des formes verbales générales, qu'on appelle les *lois* de la nature de cette chose. Par exemple, c'est une loi de la nature de l'eau que sous la pression moyenne de l'atmosphère, au niveau de la mer, elle bout à 212° Fahrenheit.

De même que la nature d'une chose donnée est l'agrégat de ses attributs et de ses propriétés, la nature, au sens abstrait, est l'agrégat des attributs et des propriétés de toutes les choses. Le mot nature signifie la somme de tous les phénomènes comme aussi de toutes les causes qui les produisent, y compris non seulement ce qui arrive, mais tout ce qui est susceptible d'arriver, et l'idée de nature comprend aussi bien tout ce que les causes sont capables de produire, alors même qu'elles ne le produisent pas, qu'elle comprend les effets réels que ces causes déterminent. Comme tous les phénomènes que l'on a suffisamment examinés surviennent avec régularité, chacun d'après des conditions déterminées, positives ou négatives, et qu'il suffit pour qu'il se produise que ces conditions se trouvent réunies, on a pu constater, soit par l'observation directe, soit par le raisonnement basé sur l'observation, les conditions de l'apparition de beaucoup de phénomènes ; on a pu reconnaître que les progrès de la science consistent principalement dans la constatation de ces conditions. Une fois découvertes, on les exprime par des propositions générales, appelées lois du phénomène particulier, et aussi plus généralement, lois de la nature. Par exemple, le principe que tous les objets matériels tendent l'un vers l'autre en raison directe de leur masse, et en raison inverse du carré de leur distance, est une loi de la nature. La proposition que l'air et la lumière sont des conditions nécessaires à la vie animale, si elle est vraie sans exception, ainsi que nous avons lieu de le croire, est aussi une loi de nature, quoique le phénomène dont elle exprime la loi, soit particulier, et non, comme la gravitation, universel.

Le mot nature est donc, dans cette acception, la plus simple de toutes, un nom collectif qui comprend tous les faits actuels et possibles, ou (pour parler avec plus de rigueur) un nom pour le mode en partie connu et en partie inconnu d'après lequel toutes les choses se produisent. En effet, le mot suggère non pas tant les innombrables détails des phénomènes, que la conception de leur manière d'être, en tant que formant un tout idéal, par un esprit qui en possèderait une complète connaissance, conception qui est le but vers lequel la science tend à s'élever par des degrés successifs de généralisation d'après l'expérience.

Voilà donc une définition correcte du mot nature. Mais cette définition correspond seulement à l'un des sens de ce terme ambigu : elle est évidemment inapplicable à certains sens qu'on lui donne dans le langage familier. Par exemple, elle ne s'accorde nullement avec la manière de parler communément reçue qui oppose la nature à l'art, et le mot naturel au mot artificiel. En effet, dans le sens du mot nature que nous venons de définir et qui est le véritable sens scientifique, l'art est tout aussi bien de la nature que quoi que ce soit ; et tout ce qui est artificiel est naturel. L'art n'a pas de forces indépendantes de la nature qui lui appartiennent en propre. L'art n'est que l'emploi des forces de la nature en vue d'une fin. Les phénomènes que produit l'homme, dépendent des propriétés des forces élémentaires, ou des substances élémentaires et de leurs composés. Les forces réunies du genre humain tout entier ne pourraient pas créer une nouvelle propriété de la matière en général, pas plus que de l'un de ses corps. Tout ce que nous pouvons faire, c'est de tirer parti pour nos fins des propriétés que nous découvrons. Un navire flotte sur les eaux en vertu des mêmes lois de pesanteur spécifique et d'équilibre qu'un arbre déraciné par les vents et précipité dans l'eau. Le blé que l'homme produit pour s'en nourrir, pousse, et forme son grain en vertu des mêmes lois de végétation qui font porter à la rose sauvage et au fraisier des montagnes leurs fleurs et leurs fruits. Une maison se tient debout et fait corps en vertu des propriétés naturelles, du poids et de la cohésion des matériaux qui la composent. Une machine à vapeur produit des effets par la force expansive naturelle de la vapeur, qui exerce une pression sur un point d'un mécanisme approprié, pression qui, en vertu des propriétés mécaniques du levier, se transmet de ce point à un autre où elle élève un poids ou écarte un obstacle qu'on a mis en contact avec elle. Dans ce cas comme dans toutes les autres opérations artificielles, le rôle de l'homme, ainsi qu'on l'a souvent remarqué, demeure renfermé dans d'étroites limites; il se borne à changer les choses d'une place à une autre place donnée. Nous mettons un objet en mouvement, et par là nous plaçons certaines choses en contact, qui étaient séparées auparavant, ou nous en séparons d'autres qui étaient en contact ; et par ce simple changement de lieu, des forces naturelles, auparavant latentes, entrent en jeu et produisent l'effet voulu. Bien plus, la volonté qui arrête un dessein, l'intelligence qui en combine le plan, et la force musculaire qui l'exécute, tous ces mouvements sont eux-mêmes des forces de la nature.

Il est donc constant que nous devons reconnaître deux sens principaux au mot nature. Dans l'un, il signifie toutes les forces existantes tant dans le monde extérieur que dans l'intérieur, et tout ce qui se fait par le moyen de ces forces. Dans un autre sens, il signifie non pas tout ce qui arrive, mais seulement ce qui se produit sans l'action de l'homme ou sans l'action volontaire et intentionnelle de l'homme. Cette distinction est bien loin de faire disparaître tout ce qu'il y a d'ambigu dans le mot, mais grâce à elle, nous pouvons dissiper la plupart des difficultés qui entraînent les conséquences les plus importantes.

Voilà donc les deux principaux sens du mot nature. Dans lequel de ces deux sens faut-il le prendre, ou bien faut-il le prendre dans les deux, quand on le trouve, ainsi que ses dérivés, employé pour exprimer des idées d'éloge, d'approbation et même d'obligation morale?

Dans tous les siècles, il a servi à exprimer ces idées. *Naturam sequi* a été le principe fondamental de la morale dans plusieurs écoles de philosophie parmi celles que l'on admire le plus. Chez les anciens, surtout à l'époque de la décadence des conceptions de l'antiquité, c'était le critérium de toutes les doctrines éthiques. Les stoïciens et les épicuriens, bien qu'irréconciliables dans tout le reste de leurs systèmes, s'accordaient sur un point : ils se considéraient les uns et les autres comme tenus de prouver que leurs préceptes étaient les prescriptions mêmes de la nature. Sous leur influence, les jurisconsultes romains quand ils voulaient systématiser la jurisprudence, mettaient en tête de leur sujet un certain *jus naturale*, « *quod natura*, dit Justinien dans ses Institutes, *omnia animalia docuit :* » et comme les théoriciens modernes non-seulement de la législation, mais de la philosophie morale, ont pris les jurisconsultes romains pour modèles, on a vu naître en abondance des traités sur la prétendue loi de nature, et la littérature s'est remplie d'invocations à cette loi comme à la loi souveraine, au type suprême. Les jurisconsultes qui ont écrit sur la loi internationale ont fait plus que tous les autres pour donner cours à ce genre de considérations éthiques ; ce qui s'explique puisqu'ils n'ont aucune loi positive qu'ils puissent commenter, et que s'ils tiennent à revêtir de l'autorité de la loi, autant qu'il dépend d'eux, les principes de morale internationale que l'on admet généralement, il faut qu'ils s'attachent à trouver cette autorité dans le code sanguinaire de la nature. La théologie chrétienne à l'apogée de son empire s'opposa, mais sans obtenir un succès complet, à une philosophie qui faisait de la nature le critérium de la morale, parce que selon la croyance de la plupart des sectes chrétiennes (bien que ce ne fût certainement pas celle de Jésus) l'homme est mauvais de sa nature. Par suite de la réaction que cette doctrine provoqua, les moralistes déistes furent unanimes à proclamer la divinité de la nature, et à considérer ses prétendues prescriptions comme une règle d'action à laquelle il fallait obéir. Un appel à ce prétendu critérium tel est l'élément principal des idées et des sentiments mis en vogue par Rousseau, qui ont pénétré si profondément dans la pensée moderne, sans excepter la partie de l'esprit moderne qui se réclame du christianisme. Les doctrines du christianisme se sont de tout temps accommodées aux exigences de la philosophie dominante, et le christianisme de nos jours a emprunté au déisme sentimental quelque chose de sa couleur et de son parfum. Aujourd'hui, on ne saurait dire qu'on se serve de la nature ou de tout autre modèle comme on avait l'habitude de s'en servir pour en déduire des règles d'action d'une précision juridique et en vue d'en étendre l'application à tout le domaine de l'activité humaine. Les gens d'aujourd'hui n'appliquent pas les principes d'une façon aussi scrupuleuse et ne se piquent pas d'une fidélité aussi absolue à un critérium quelconque. Ils vivent sur un mélange de critériums divers, ce qui n'est pas une condition favorable à la formation de solides convictions morales; mais ce qui est assez commode pour des gens dont les opinions morales n'ont qu'un léger fondement, puisqu'elle met à leur disposition une plus grande somme d'arguments pour défendre leurs opinions du moment. Peut-être ne trouverait-on personne qui, à l'imitation des anciens commentateurs des Institutes, adoptât pour base de l'éthique la prétendue loi de nature, et en fît la base de ses raisonnements; toutefois le mot de nature et ses congénères sont encore au nombre de ceux qui jouissent d'une grande autorité dans les discussions de la morale. Sitôt qu'on peut dire qu'une manière de penser, de sentir et d'agir, est *selon la nature,* on possède un puissant argument pour prouver qu'elle est bonne.

Dès que l'on peut dire avec quelque apparence de raison que la *nature prescrit* quelque chose, la plupart des gens n'ont pas le moindre doute qu'il ne convienne d'obéir. Réciproquement, il suffit de dire qu'une chose est contraire à la nature pour opposer une fin de non-recevoir péremptoire à toute réclamation tendant à la faire tolérer ou excuser, et le mot *contre nature* n'a pas cessé d'être la formule de blâme la plus énergique que contienne la langue. Les personnes qui se servent de ces expressions peuvent se soustraire à la responsabilité d'adopter une doctrine quelconque touchant le critérium de l'obligation morale, mais au fond ils en ont une, et qui ne diffère pas essentiellement de celle que les penseurs plus conséquents d'un temps où l'on travaillait davantage, prenaient pour base de leurs traités systématiques sur la loi naturelle.

Est-il nécessaire de voir dans ces formes de langage un autre sens du mot nature? ou bien peut-on les rattacher par quelque lien rationnel à l'un des deux sens dont nous avons déjà parlé? A première vue, il semble que nous ne pouvons nous dispenser de reconnaître une nouvelle cause d'ambiguïté dans le mot. Toute recherche porte ou sur ce qui est ou sur ce qui doit être; la science et l'histoire appartiennent à la première catégorie, l'art, la morale, la politique à la seconde. Mais les deux sens des mots nature que nous avons déjà signalés ne se rapportent l'un et l'autre qu'à ce qui est. Dans le premier sens, la nature est le nom collectif de ce qui est, dans le second, c'est le nom de tout ce qui est par soi-même, sans intervention de la volonté humaine. Mais, dès que nous employons le mot nature comme terme d'éthique, il semble que nous apercevions un troisième sens où le mot nature ne veut pas dire ce qui est, mais ce qui devrait être, c'est-à-dire la règle, le type de ce qui devrait être. Un moment d'attention va nous convaincre qu'il n'y a réellement aucune ambiguïté, que nous n'avons pas affaire à un troisième sens du mot. Ceux qui nous offrent la nature comme un type de l'action, n'entendent pas exprimer une proposition verbale, ils ne veulent pas dire que le type quel qu'il soit s'appellera nature; ils croient nous apprendre quelque chose de l'objet qui est réellement le type de l'action. Ceux qui nous disent que nous devons agir conformément à la nature, ne pensent pas ne nous présenter qu'une proposition identique, et nous dire que nous devons faire ce que nous devons faire. Ils pensent que le mot nature offre un type extérieur de ce que nous avons à faire, et lorsqu'ils posent comme règle de ce qui doit être, un nom dont la propre signification dénote ce qui est, c'est parce qu'ils ont une idée, claire ou non, que ce qui est, constitue la règle et le type de ce qui devrait être.

C'est l'examen de cette notion qui fait l'objet de ce travail. Nous nous proposons de rechercher ce qu'il y a de vrai dans les doctrines qui font de la nature un critérium du bien et du mal, du juste et de l'injuste, ou qui transforment en objet de mérite ou d'approbation des actes qui suivent, imitent la nature et lui obéissent. La discussion que nous venons de faire du sens des termes était une introduction indispensable de cette recherche. La langue est comme l'atmosphère de la philosophie, il faut la rendre transparente si l'on veut y voir les choses dans leur forme et leurs positions véritables. Dans le cas qui nous occupe, il est nécessaire de nous mettre à l'abri d'une nouvelle cause d'ambiguïté, qui bien qu'elle saute aux yeux, n'en a pas moins égaré les esprits les plus sagaces, et qu'il est bon de considérer en particulier avant de nous engager plus avant. Il n'est pas de mot plus communément associé avec celui de nature que le mot loi ; or ce dernier a évidemment deux sens, dans l'un il dénote quelque portion définie de ce qui est, dans l'autre de ce qui doit être. Nous disons les lois de la gravitation, les lois du mouvement, la loi des proportions définies dans les combinaisons chimiques, les lois de la vie ou des êtres organisés. Toutes ces lois sont des parties de ce qui est. Nous disons aussi la loi criminelle, la loi civile, la loi de l'honneur, la loi de la véracité, la loi de la justice ; toutes ces lois sont des parties de ce qui doit être ou des suppositions, des sentiments, des prescriptions de quelque personne touchant ce qui doit être. Le premier genre de lois, les lois de la gravitation et du mouvement, par exemple, ne sont ni plus ni moins que l'expression des rapports uniformes que l'on a constatés par l'observation dans l'apparition des phénomènes : ce sont en partie des rapports d'antécédence et de séquence, en partie des rapports de concomitance : ce qu'en science et même dans le langage usuel on appelle des lois de la nature. Les lois dans l'autre sens sont les lois des pays, des nations, ou des lois morales, dans lesquelles, ainsi que nous l'avons déjà dit, les jurisconsultes et les publicistes ont fait entrer quelque chose qu'ils jugent à propos d'appeler loi de nature. Si l'on veut un exemple de la facilité avec laquelle on peut confondre ces deux sens du mot, nous ne saurions mieux faire que de renvoyer au premier chapitre de Montesquieu, où il fait remarquer que le monde matériel a ses lois, que les animaux inférieurs ont leurs lois, et que l'homme a ses lois, et signale à notre attention le fait que les lois des deux premiers groupes se montrent à l'observation bien plus rigoureuses que celles du dernier, comme s'il y avait une inconséquence et un paradoxe à ce que les choses soient toujours ce qu'elles sont, tandis que les hommes ne sont pas toujours ce qu'ils doivent être. Une semblable confusion d'idées règne dans les écrits de George Combe, d'où elle s'est répandue dans une grande partie de la littérature populaire, où nous lisons sans cesse des invitations à obéir aux lois physiques de l'univers, comme étant obligatoires au même sens et de la même manière que celles de l'ordre moral. La conception qui se retrouve au fond de l'usage que l'on fait du mot nature, et qui nous rappelle un rapport étroit sinon une absolue identité entre ce qui est et ce qui devrait être, emprunte certainement une partie de son influence sur l'esprit, à l'habitude où nous sommes de désigner ce qui est par l'expression de *lois de la nature*, tandis que le mot *loi* s'emploie aussi d'une façon plus familière et plus expresse pour signifier ce qui doit être.

Quand on affirme ou qu'on sous-entend que la nature, ou les lois de la nature, doivent être le modèle auquel il faut se conformer, est-ce que la nature dont on veut parler est la nature comprise dans le premier sens du mot, c'est-à-dire ce qui est, les forces et les propriétés de tout ce qui existe? S'il en est ainsi, il n'est pas besoin de recommander d'agir suivant la nature, puisque personne ne peut s'en empêcher, tant pour le bien que pour le mal. Il n'y a pas de manière d'agir qui ne soit conforme à la nature en ce sens du mot, et toutes les manières d'agir le sont exactement au même degré. Toute action est la mise en jeu de quelque force naturelle, et les effets de toute sorte qui en résultent sont autant de phénomènes de la nature, produits par les forces et les propriétés de certains objets de la nature, en conformité avec une ou plusieurs lois de la nature. Quand je me sers volontairement de mes organes pour prendre de la nourriture, l'acte que je fais, et les conséquences qui en découlent, se produisent selon les lois de la nature. Si au lieu d'un aliment, j'avale du poison, le résultat est toujours selon les lois de la nature. Nous prescrire de nous conformer aux lois de la nature, quand nous n'avons à notre disposition aucune force que celles que les lois de la nature nous offrent, quand il y a une impossibilité matérielle pour nous à faire la moindre chose par une autre voie que celle des lois de la nature, c'est une absurdité. Ce qu'il faudrait nous apprendre, c'est de quelle loi particulière de la nature nous devons nous servir dans un cas particulier. Quand par exemple une personne traverse une rivière sur un pont étroit, sans parapet, elle fera bien de régler sa marche d'après les lois de l'équilibre des corps en mouvement, au lieu de se conformer uniquement à la loi de la gravitation et de tomber dans la rivière.

Pourtant, si vain qu'il soit d'exhorter les gens à faire ce qu'ils ne peuvent s'empêcher de faire, et si absurde de prescrire une règle de bonne conduite qui ne diffère en rien de la mauvaise, il est possible d'édifier une règle rationnelle de conduite sur la relation que la conduite devrait présenter avec les lois de la nature dans la plus large acception du mot. L'homme obéit nécessairement à ces lois, en d'autres termes, il obéit aux propriétés des choses, mais il ne se dirige pas nécessairement d'après ces propriétés. Sans doute, toute conduite est conforme aux lois de la nature, mais toute conduite n'est pas fondée sur une connaissance de ces lois, ni dirigée avec intelligence vers le but qu'il s'agit d'atteindre par leur moyen. Quoique nous ne puissions nous affranchir des lois de la nature dans leur ensemble, nous parvenons à nous soustraire à l'effet d'une loi particulière, à la condition de nous soustraire aux circonstances au milieu desquelles elle agit. Bien que nous ne puissions rien faire que par les lois de la nature, nous pouvons nous servir d'une loi pour faire échec à une autre. Suivant la maxime de Bacon, nous pouvons obéir à la nature de telle sorte qu'elle soit à nos ordres. Tout changement dans les circonstances change plus ou moins les lois de la nature d'après lesquelles nous agissons; et tous les choix que nous faisons, soit des fins, soit des moyens, nous placent plus ou moins sous l'action d'un groupe de lois de la nature plutôt que sous l'action d'un autre. Si, donc, le conseil oiseux de suivre la nature se changeait en un conseil d'étudier la nature, de connaître les propriétés des choses auxquelles nous avons affaire, et d'y prendre garde, autant qu'elles sont capables d'amener ou d'empêcher un résultat donné, nous serions parvenus au premier principe de toute action intelligente ou plutôt à la définition de l'action intelligente même. La plupart des gens qui adoptent la doctrine dépourvue de sens qui ressemble à celle-ci par l'apparence, ont au fond de l'esprit, il n'en faut pas douter, une notion confuse de la vérité. Ils sentent que la différence essentielle qui sépare une conduite sage d'une conduite folle, consiste en ce que celle-là tient compte des lois de la nature dont dépend certain résultat important, et que celle-ci les néglige.

Ils croient qu'on peut dire d'une personne qui observe une loi de la nature en vue d'y conformer sa conduite, qu'elle y obéit, et d'une personne qui dans la pratique la méconnaît et agit comme si elle n'existait pas, qu'elle y désobéit : mais ils négligent une circonstance, c'est que ce qui leur paraît une désobéissance à une loi de la nature est une obéissance à quelque autre loi, et peut-être à la même loi. Par exemple, un homme qui entre dans une poudrière, soit qu'il ne connaisse pas la force explosive de la poudre, soit qu'il n'y songe pas, est exposé à commettre quelque acte qui le fera sauter lui-même en mille morceaux en obéissance à la loi qu'il a méconnue.

Mais quelque autorité que la doctrine *Naturam sequi* reçoive par suite de l'erreur qui la confond avec le précepte rationnel *Naturam observare*, ceux qui la prônent ont incontestablement en vue bien autre chose que le précepte. Acquérir la connaissance des propriétés des choses et faire usage de cette connaissance pour régler sa conduite, est une maxime de prudence, qui a en vue l'adaptation des moyens aux fins pour réaliser les désirs et les intentions quelconques d'une personne. Mais dans l'obéissance à la nature, ou la conformité à la nature, on ne voit pas seulement une maxime de prudence, on y voit encore une maxime d'éthique; et ceux qui nous parlent du *jus naturæ* le considèrent comme une loi susceptible d'être appliquée par les tribunaux et rendue obligatoire au moyen de sanctions pénales. Une bonne action doit vouloir dire quelque chose de plus, et même autre chose qu'une action simplement intelligente ; cependant on ne peut rattacher au mot nature pris dans son acception la plus large et la plus philosophique, aucun autre précepte que celui que nous venons d'indiquer. Nous devons donc examiner l'autre sens, celui où la nature se présente comme distincte de l'art, et dénote non le cours entier des phénomènes qui tombent sous l'observation, mais seulement le cours spontané des phénomènes.

Voyons si nous pouvons attacher un sens à la maxime prétendue pratique qui recommande de suivre la nature, dans la seconde acception de ce mot où il signifie ce qui se produit sans l'intervention humaine. Est-ce que dans la nature ainsi comprise, le cours spontané des choses abandonnées à elles-mêmes est la règle que nous devons suivre quand nous voulons faire servir les choses à notre usage ? Mais il est évident tout d'abord que la maxime entendue dans ce sens n'est pas, comme dans l'autre, purement superflue et dépourvue de sens ; il est clair qu'elle est d'une absurdité palpable et qu'elle implique contradiction. En effet, tandis que l'action de l'homme ne saurait manquer de se conformer à la nature dans l'un des sens du mot, le véritable but et l'objet de l'action dans l'autre sens seraient de changer et d'améliorer la nature. Si le cours naturel des choses était parfaitement bon et satisfaisant, agir de quelque façon que ce fût, ce serait faire une intervention gratuite, qui, si elle ne saurait rendre les choses meilleures, pourrait les rendre pires. Ou si l'action pouvait se justifier, ce serait seulement, quand elle a lieu pour obéir directement aux instincts puisqu'on pourrait, à la rigueur, les considérer comme une partie de l'ordre spontané de la nature; mais faire quelque chose avec préméditation et en vue d'une fin, ce serait rompre cet ordre parfait. Si l'artificiel ne vaut pas mieux que le naturel, à quoi bon tous les actes de la vie? Piocher, labourer, bâtir, porter des habits, sont des infractions directes à l'ordre qui prescrit de suivre la nature.

En conséquence tout le monde pourrait dire, même ceux qui subissent le plus l'influence des sentiments qui dictent le précepte, qu'on irait trop loin si on voulait l'appliquer aux cas dont nous venons de parler. Tout le monde prétend approuver et admirer les grands triomphes de l'art sur la nature : les ponts qui joignent les rivages que la nature avait séparés, le desséchement des marais de la nature, le forage des puits qui fait jaillir les fontaines de la nature, les fouilles par où l'on amène à la lumière du jour les choses que la nature avait ensevelies à des profondeurs immenses au sein de la terre, le paratonnerre qui détourne sa foudre, les digues qui préviennent ses inondations, les jetées qui mettent un frein à son océan. Recommander de pareils travaux n'est-ce pas reconnaître qu'il faut dompter la nature et non lui obéir : que ses forces sont fréquemment à l'égard de l'homme dans la situation d'autant d'ennemis, auxquels il doit arracher par force ou par adresse tout ce qu'il peut pour son propre usage, et qu'il mérite d'être applaudi quand le peu qu'il a conquis est plus grand que ce qu'on pouvait attendre de sa faiblesse physique comparée à ces forces gigantesques. Nous ne pouvons donner une louange à la civilisation ni à l'art, ni à l'invention qui ne soit un blâme pour la nature, la constatation d'une imperfection qui existe en elle, dont la correction et l'altération sont l'œuvre et aussi le mérite de l'homme.

De tout temps on a senti que tout ce que l'homme fait pour améliorer sa condition est par là même une censure de l'ordre spontané de la nature, et un acte qui le contrarie. Ce sentiment a même eu pour effet d'éveiller tout d'abord des soupçons religieux contre des tentatives nouvelles et sans exemple qui tendaient à améliorer le sort de l'homme; on y a vu en tout cas un mauvais compliment, et très-probablement un attentat contre des êtres puissants (ou, quand le polythéisme eut fait place au monothéisme, contre l'être tout-puissant), dont le gouvernement s'étendait, dans l'opinion générale, à tous les phénomènes de l'univers, et dont la volonté avait pour expression le cours de la nature. Toute tentative de façonner les phénomènes naturels pour l'avantage des hommes eût aisément été prise pour une intervention dans le gouvernement exercé par ces êtres supérieurs. Sans doute, il n'était pas possible d'entretenir la vie, encore moins de la rendre agréable sans renouveler perpétuellement des interventions de ce genre; et on n'y recourait qu'avec crainte et tremblement jusqu'à ce que l'expérience eût enseigné qu'on pourrait s'aventurer sur ce terrain sans avoir à redouter la vengeance des dieux. Dans leur sagacité, les prêtres comprirent qu'il y avait un moyen d'expliquer l'impunité des infractions particulières, sans laisser s'effacer la crainte qui s'attachait à l'idée d'un empiètement sur le gouvernement divin. Ils y parvinrent en représentant chacune des principales inventions humaines comme

un don et une faveur d'un Dieu. Les vieilles religions
offraient à l'homme bien des moyens de consulter les
Dieux, et d'obtenir leur permission pour faire ce qui sans
cela eût semblé un attentat à leur prérogative. Quand les
oracles eurent fait silence, toute religion qui reconnais-
sait une révélation, trouva des expédients pour tourner la
même difficulté. L'église catholique eut la ressource
d'une autorité infaillible, en possession, de droit divin,
du pouvoir de désigner parmi les efforts de l'homme
ceux qui sont permis et ceux qui sont défendus; et, à
défaut de cette autorité, on pouvait toujours recourir à la
Bible pour savoir si telle ou telle pratique y est approuvée,
soit expressément, soit d'une manière implicite. Il restait
avéré que la liberté d'agir sur la nature n'était octroyée à
l'homme qu'en vertu d'une indulgence spéciale, et dans la
mesure où ses besoins l'exigeaient; il subsistait toujours
un penchant de plus en plus faible, sans doute, à considérer toute tentative de dominer la nature, au delà
d'une certaine limite, et en dehors d'un certain domaine,
comme une tentative impie d'usurpation de la prérogative
divine et une audace qui dépasse tout ce qui est permis
à l'homme. Les vers d'Horace où les arts bien connus de
la construction des navires et de la navigation sont stig-
matisés par les mots *vetitum nefas,* indiquent que, même
à cette époque de scepticisme, il existait encore une
veine de l'antique sentiment. L'intensité du sentiment
correspondant au moyen-âge ne nous offre pas une analogie exacte avec celui de l'antiquité, parce qu'il se com-
plique de la superstition relative au commerce avec les
esprits infernaux ; mais l'accusation de scruter les secrets

du Tout-Puissant resta longtemps une arme puissante contre les savants impopulaires qui tentaient de pénétrer les mystères de la nature. Aujourd'hui même l'accusation de chercher par une témérité présomptueuse à contrarier les desseins de la Providence, conserve encore assez de sa force originelle pour servir d'appoint à toutes les objections qu'on peut élever, quand on veut trouver à redire à une tentative nouvelle de prévision et d'invention. Personne assurément n'affirme que le Créateur ait voulu que l'ordre spontané de la création ne fût changé, ni même altéré en aucune façon. Mais on croit encore vaguement que malgré l'avantage qu'il y a à soumettre à la volonté de l'homme tel ou tel phénomène naturel, le plan général de la nature est un modèle que nous devons imiter; qu'avec plus ou moins de liberté dans les questions de détail, nous devons nous guider en définitive d'après l'esprit et la conception générale des propres voies de la nature. On admet que ces voies sont l'œuvre de Dieu, et à ce titre parfaites; que l'homme ne peut rivaliser avec leur incomparable perfection; et que le meilleur moyen qu'il ait de montrer son adresse aussi bien que sa piété, c'est de chercher, bien que d'une façon imparfaite, à faire des œuvres qui leur ressemblent; on admet que quelques parties au moins de l'ordre spontané de la nature, sinon toutes, et choisies selon les goûts particuliers de la personne qui parle, sont en un certain sens des manifestations de la volonté du créateur, des indices de la direction qu'il a voulu que prissent toutes les choses et, par conséquent, notre volonté. Les sentiments de cette sorte, bien que refoulés dans les occasions ordinaires par le courant contraire des choses de la vie, sont toujours prêts à se faire jour chaque fois que la coutume se tait et que les penchants natifs de l'esprit n'ont rien à leur opposer que la raison ; les rhéteurs y ont sans cesse recours, moins pour convaincre leurs adversaires que pour donner aux yeux de leurs propres adhérents plus de poids aux opinions qu'ils veulent propager. En effet, de nos jours, il arrive rarement qu'on persuade à quelqu'un d'approuver telle ou telle conduite, parce qu'on lui fait voir qu'elle a de l'analogie avec le gouvernement divin du monde, quoiqu'il subisse l'influence de cet argument, et qu'il y trouve de puissants motifs d'adopter une croyance vers laquelle il se sent déjà porté.

Si cette idée d'imiter les voies de la Providence qui se manifestent dans la nature, est rarement formulée d'une façon expresse et tout uniment comme une maxime d'une application générale, il est rare aussi qu'on la contredise. Ceux qui la rencontrent sur leur chemin, aiment mieux tourner l'obstacle que de l'attaquer de front, souvent parce qu'ils ne sont pas eux-mêmes affranchis de ce sentiment, et qu'en tout cas ils craignent d'encourir le reproche d'impiété en disant quelque chose qui puisse déprécier les œuvres de la puissance du Créateur. Pour la plupart, ils tâchent de montrer qu'ils ont autant de droit à se servir de l'argument religieux que leurs adversaires, et que, si leurs idées semblent contraires sur quelques points aux desseins de la Providence, il y a d'autres points sur lesquels elles s'accordent mieux avec ces desseins que les doctrines soutenues par leurs adversaires. Avec ce respect pour les grands sophismes *à priori,* le progrès pourra bien supprimer certaines erreurs particulières, mais il laissera subsister les causes des erreurs, fort peu affaiblies par chaque combat. Néanmoins une longue suite de victoires partielles de ce genre constitue une masse de précédents qu'on peut invoquer pour lutter contre ces préventions puissantes, et qui nous permettent d'espérer de plus en plus que le sentiment faux qu'on a si souvent forcé à battre en retraite, sera quelque jour obligé de capituler sans condition. En effet quelque choquante que cette affirmation puisse paraître aux âmes religieuses, elles feraient bien de considérer en face un fait qu'on ne saurait nier, c'est que l'ordre de la nature, dans la mesure où l'homme ne l'a pas modifié, est tel qu'aucun être ayant pour attributs la justice et la bonté n'aurait voulu le faire dans l'intention de le proposer en exemple aux créatures rationnelles qu'il aurait aussi créées. Si le monde a été fait en totalité par un être doué de ces attributs, et non par parties par des êtres doués d'attributs tout différents, tout ce qu'on peut dire c'est qu'il est une œuvre très-imparfaite, et que l'homme, dans sa sphère limitée, fait acte de justice et de bonté en le corrigeant. Les meilleurs ont toujours pensé que la religion consistait à proposer à l'homme comme devoir suprême sur la terre, l'obligation de s'amender lui-même; mais tout le monde, à l'exception des gens inspirés par un quiétisme monacal, y ajoute au fond de l'âme (bien qu'on ait rarement formulé cette obligation avec une clarté parfaite), le devoir religieux additionnel de corriger le monde, non-seulement l'humanité qui en est une partie, mais le monde matériel, l'ordre physique de la nature.

En étudiant cette question, il est nécessaire de nous dépouiller de certaines idées préconçues que l'on peut avec raison appeler des préjugés naturels, puisqu'ils reposent sur des sentiments qui, naturels et inévitables qu'ils sont en eux-mêmes, interviennent dans des sujets où ils ne devraient avoir rien à faire. L'un de ces sentiments est l'étonnement qui s'élève à la hauteur d'une crainte respectueuse, sous l'influence des plus grands phénomènes de la nature, indépendamment même de tout sentiment religieux. Un ouragan, un précipice, l'aspect du désert, l'océan, soit agité, soit en repos, le système solaire, et les grandes forces cosmiques qui en relient les parties, l'étendue sans limite du firmament, et, pour un homme instruit, une seule étoile, excitent des sentiments auprès desquels toutes les entreprises, toutes les forces de l'homme se montrent tellement insignifiantes, que pour un esprit absorbé dans la contemplation de ces phénomènes grandioses, il semble qu'il y ait une présomption intolérable chez une créature aussi chétive que l'homme, à élever des regards de critique sur des choses placées à cette hauteur, ou à tenter de se mesurer à la grandeur de l'univers. Mais il nous suffira d'interroger un moment notre conscience pour nous convaincre que ces phénomènes ne font sur nous une si profonde impression que parce qu'ils sont immenses. L'étendue prodigieuse dans l'espace et dans le temps, ou la puissance colossale qu'ils attestent, constitue ce qu'ils ont de sublime, c'est-à-dire pour nous un sentiment plus voisin de la terreur que de toute autre émotion morale. Bien que l'échelle immense sur laquelle ces phénomènes se produisent excite l'étonnement, et nous force à nous détourner de toute idée de rivalité, le sentiment qu'il inspire est d'un genre tout à fait différent de l'admiration ou de la perfection. Les individus chez qui la crainte produit l'admiration, sont peut-être développés au point de vue esthétique, à coup sûr ils sont sans culture au point de vue moral. C'est l'un des attributs de notre faculté d'imagination, que les conceptions de grandeur et de puissance que nous saisissons vivement, produisent un sentiment qui nous paraît préférable à la plupart de ceux que l'on compte parmi les plaisirs, bien que dans ses formes les plus intenses il confine à la douleur. Mais nous sommes tout aussi capables d'éprouver ce sentiment à l'égard d'une puissance malfaisante ; et nous ne l'éprouvons jamais si fortement en face des puissances de l'univers qu'au moment où nous avons une conscience claire du pouvoir qu'elles ont de nous faire du mal. De ce que ces forces naturelles possèdent un attribut que nous ne pouvons reproduire, à savoir une puissance énorme, et qu'elles ne nous surpassent par aucun autre, ce serait une grande erreur d'en conclure que ce soit un devoir pour nous d'imiter leurs autres attributs, ou que nous aurions raison d'employer nos faibles forces d'après l'exemple que la nature nous propose avec ses moyens immenses.

En effet, qu'est-ce qui se passe? Après la grandeur des forces cosmiques, la qualité qui frappe le plus vivement toute personne qui n'en détourne pas les yeux, c'est qu'elles restent en jeu avec une continuité parfaite, absolue : elles vont droit leur chemin sans regarder ni l'homme ni l'objet qu'elles écrasent en passant. Les optimistes qui veulent prouver que *tout ce qui est, est bien*, sont obligés de soutenir, non pas que la nature se détourne jamais d'une ligne de sa voie pour éviter de nous passer dessus et de nous détruire, mais qu'il serait très-déraisonnable de notre part d'attendre qu'elle le fît. Le vers de Pope « La gravitation s'arrêtera-t-elle quand tu passeras? » peut servir à fermer la bouche à ceux qui seraient assez simples pour attendre de la nature le modèle de la moralité vulgaire. Mais si la question se posait entre deux hommes au lieu de se poser entre un homme et un phénomène naturel, cette apostrophe triomphante ne serait plus qu'un modèle d'impudence. Un homme qui continuerait à jeter des pierres ou à tirer le canon quand un autre *passe*, et qui le tuerait, serait mal venu de s'excuser en invoquant l'exemple de la nature, et il mériterait d'être traité en meurtrier.

Au fond, presque tout ce qui fait condamner les hommes à mort ou à la prison, nous le retrouvons dans les actes de la nature. Le meurtre est l'acte le plus criminel aux yeux de toutes les lois humaines ; or, la nature tue une fois tout être vivant ; et, dans un grand nombre de cas, elle le fait mourir après des tortures prolongées que seuls les plus grands monstres dont l'histoire ait consigné les cruautés, ont fait souffrir de propos délibéré à des hommes. Si, par une réserve que rien ne justifie, nous n'appelons pas meurtre ce qui abrége la durée que l'on suppose départie par le sort à la vie humaine, la nature n'abrége-t-elle pas la vie de tout le monde, à l'exception d'un très-petit nombre? elle l'abrége de toutes les manières, violemment ou insidieusement, à la façon dont les plus méchants des hommes ôtent la vie à leurs semblables. La nature empale les hommes, les brise comme sur la roue, les livre en pâture aux bêtes féroces, les brûle vifs, les lapide, comme on fit au premier martyr chrétien, les fait mourir de faim, geler de froid, les empoisonne par ses exhalaisons comme par des poisons foudroyants ou lents ; elle tient en réserve par centaines des genres de morts hideux que l'ingénieuse cruauté d'un Nabis ou d'un Domitien n'a jamais surpassés. Tout cela la nature le fait avec la plus dédaigneuse insouciance aussi bien de la pitié que de la justice, épuisant ses traits indifféremment sur les meilleurs et les plus nobles comme sur les plus chétifs et les plus méchants, sur ceux qui sont engagés dans les entreprises les plus nobles, et souvent comme conséquence directe des plus nobles actions. Elle fauche ceux dont l'existence est le soutien de tout un peuple, et peut-être l'espérance de l'humanité pendant des générations à venir, avec aussi peu de regret que ceux dont la mort est pour eux-mêmes un soulagement et un bienfait pour les individus qui subissaient leur influence dangereuse. Voilà comment la nature traite la vie. Alors même qu'elle n'entend pas tuer, elle inflige les mêmes tortures avec une insouciance évidente. Dans la précaution malhabile qu'elle a prise pour assurer le renouvellement perpétuel de la vie animale que rend nécessaire la prompte fin qu'elle met à la vie de chaque individu, nul être humain ne vient au monde qu'un autre ne soit à l'instant mis à la torture pour des heures ou des jours, et assez souvent pour en mourir. Après le meurtre vient (ce qui, d'après une haute autorité, est la même chose) l'acte qui ôte les moyens d'existence ; la nature le fait sur la plus large échelle avec l'indifférence la plus endurcie. Il suffit d'un seul orage pour détruire l'espoir de l'année. Une invasion de sauterelles, une inondation, ravagent une contrée, une modification chimique insignifiante survenue dans une racine alimentaire fait périr de faim des millions de gens. Les flots de la mer, semblables à des voleurs de grands chemins, s'emparent des trésors des riches et du peu que possède le pauvre, non sans dépouiller, blesser, tuer, comme leurs antitypes humains. Bref tout ce que les pires des hommes commettent, soit contre la vie, soit contre la propriété, s'accomplit sur une bien plus large échelle par les agents naturels. La nature a des noyades plus fatales que celles de Carrier ; ses explosions de feu grisou sont aussi destructives que celles de l'artillerie de l'homme, sa peste et son choléra laissent bien loin derrière eux les poisons des Borgia. L'amour de l'*ordre*, qui est à ce que l'on croit une conséquence des voies de la nature, en est en réalité la contradiction. Tout ce qu'on déteste habituellement quand on parle du *désordre* et de ses conséquences, est précisément une sorte de pendant des voies de la nature. Il n'y a pas d'anarchie, pas de régime de terreur, qui ne soient surpassés au triple point de vue de l'injustice, des ruines et de la mort, par un ouragan ou une épidémie.

Mais, dit-on, tous ces maux sont le prix dont il faut payer l'accomplissement de fins sages et bonnes. Je ferai d'abord remarquer une chose, que ces maux soient ou non le prix de certaines fins, là n'est pas la question. Supposons qu'il soit vrai que, contrairement aux apparences, au moment où la nature accomplit ces horreurs, elle travaille à des fins bonnes; pourtant, comme personne ne croit que ce soit le moyen de travailler à des fins bonnes que de suivre cet exemple, le cours de la nature ne saurait être le modèle qu'il convient d'imiter. Ou bien il est bon de tuer parce que la nature tue, de torturer parce que la nature torture, de ruiner et de dévaster parce que la nature ruine et dévaste, ou bien nous ne devons pas considérer ce que la nature fait, mais ce qu'il est bon de faire. S'il fut jamais une *reductio ad absurdum* en voilà une. Si de ce que la nature fait telle chose, c'est une raison suffisante pour la faire, pourquoi ne ferait-on pas aussi telle autre chose? Et si nous ne devons pas faire toutes les choses que fait la nature, pourquoi en ferions-nous une seule? Le gouvernement physique du monde étant plein de choses, qui faites par des hommes passent pour les monstruosités les plus grandes, il ne saurait y avoir de prescription religieuse ou morale qui nous oblige à régler nos actions par analogie d'après le cours de la nature. Cette proposition reste vraie, quelque vertu occulte bienfaisante qui puisse résider dans les actes de la nature qui d'après nos perceptions sont le plus nuisibles, et que tout le monde considère comme un crime de produire artificiellement.

Mais, en réalité, personne ne croit sérieusement à une qualité occulte de ce genre. Les expressions qui attribuent la perfection au cours de la nature, ne peuvent être considérées que comme les exagérations d'un sentiment poétique et pieux, et on n'y voit pas le sceau d'un examen rigoureux. Nul, religieux ou non, ne croit que les dangereuses forces de la nature considérées en masse, travaillent à de bonnes fins, autrement qu'en excitant les créatures humaines douées de raison à se lever et à les combattre. Si nous croyions que ces forces ont été établies par une Providence bienveillante comme les moyens d'accomplir de sages desseins, qui ne pourraient être atteints si elles n'existaient pas, nous devrions regarder comme des actes impies tout ce que feraient les hommes pour enchaîner les forces naturelles ou pour restreindre leur fâcheuse influence ; tout depuis l'assainissement d'un marais pestilentiel, jusqu'au traitement du mal aux dents, ou à l'usage d'une ombrelle ; assurément personne n'y voit des actes impies, bien qu'on puisse à l'occasion reconnaître un courant profond de sentiment dans ce sens. Au contraire, les perfectionnements dont la partie civilisée de l'humanité s'enorgueillit le plus, consistent dans les défenses qu'elle élève pour se garantir de ces calamités naturelles que, si nous croyions réellement ce que l'on fait profession de croire, nous adorerions comme des remèdes que l'infinie sagesse a mis à notre portée pour guérir les maux de la vie terrestre. Mais l'on voit que chaque génération l'emporte de beaucoup sur les précédentes par la somme du mal naturel qu'elle réussit à écarter ; pour que la théorie fût vraie, il faudrait donc que notre condition, dans le temps où nous sommes, fût une manifestation terrible de quelque épouvantable calamité, contre laquelle les maux matériels dont nous sommes parvenus à triompher auraient servi de préservatif. Toutefois si quelqu'un s'avisait d'agir d'après ces idées, il courrait plutôt, je crois, la chance d'être enfermé comme un fou que d'être vénéré comme un saint.

C'est incontestablement un fait très-commun que le bien naisse du mal ; et ce fait, lorsqu'il arrive, produit une impression trop agréable pour qu'il ne se rencontre pas beaucoup de gens pour insister avec complaisance sur ce résultat. Mais en premier lieu, il en est tout à fait des crimes humains comme des calamités naturelles. L'incendie de Londres auquel on attribue de si merveilleux effets pour la salubrité de la ville, les aurait produits tout aussi bien, s'il avait été en réalité l'œuvre de la *fureur des papistes* dont un monument a si longtemps rappelé le souvenir. La mort des hommes tombés sous les coups des tyrans et des persécuteurs, martyrs d'une noble cause, a rendu un service à l'humanité qui ne fût pas résulté de leur mort, si elle avait eu lieu par accident ou par l'effet d'une maladie. Pourtant, quels que soient les avantages inattendus qui peuvent résulter naturellement de crimes, ils n'empêchent pas que les actes qui les ont produits ne soient des crimes. En second lieu, si le bien sort souvent du mal, le fait inverse, le mal sortant du bien, est tout aussi commun. Tout événement public ou privé, déploré au moment où il a lieu, et célébré plus tard comme providentiel, à cause de quelque conséquence heureuse qu'on n'avait pas prévue, pouvait être empêché par quelque autre événement qu'on estimait heureux pour le temps, mais qui s'est trouvé en définitive désastreux et funeste pour ceux à qui il semblait être favorable.

Les désaccords de ce genre que l'on signale entre le commencement et la fin, ou entre l'événement et l'attente, se trouvent non-seulement aussi fréquents, mais aussi marqués, dans les événements fâcheux que dans les événements agréables. Seulement on n'a pas le même penchant à en faire la base de généralisations; ou dans tous les cas, les modernes ne les considèrent pas, à l'exemple des anciens, comme autant de signes de desseins divins; on se contente de disserter sur l'imperfection de notre faculté de prévoir, sur l'incertitude des événements et la vanité des calculs humains. En réalité, les intérêts humains sont tellement compliqués, et les effets d'un événement quelconque sont tellement nombreux, que s'il affecte l'humanité, l'influence qu'il y exerce est, dans la grande majorité des cas, à la fois bonne et mauvaise. Si le plus grand nombre des malheurs privés ont leur bon côté, il n'est guère de bonheur arrivé à quelqu'un qui n'ait donné, soit à cette personne, soit à une autre quelque chose à regretter : et malheureusement il y a beaucoup d'infortunes tellement accablantes que leur côté favorable, s'il existe, est entièrement effacé et rendu insignifiant; tandis que la réciproque n'est point vraie pour les événements heureux. D'ailleurs les effets de chaque cause dépendent si souvent des circonstances qui les accompagnent accidentellement, qu'on est certain de voir se produire plusieurs événements où le résultat total même paraît nettement opposé à la tendance prédominante : de la sorte non-seulement le mal a son bon et le bien son mauvais côté, mais souvent le bien produit plus de mal que de bien, et le mal plus de bien que de mal. Toutefois telle n'est point la tendance du bien ou du mal. Au contraire, le bien et le mal tendent naturellement à engendrer des produits, chacun de son propre genre, le bien du bien, le mal du mal. C'est une des règles générales de la nature, une de celles qui démontrent son injustice habituelle, « qu'il sera donné à celui qui a, mais qu'à celui qui n'a pas, il sera ôté même ce qu'il a. » La tendance ordinaire et prépondérante du bien est dans le sens du bien. La santé, la force, la richesse, la connaissance, la vertu, ne sont pas seulement des biens en eux-mêmes, mais elles facilitent et favorisent l'acquisition du bien, tant du même genre que d'un autre. C'est celui qui sait déjà beaucoup, qui peut apprendre aisément. C'est l'individu fort et non l'individu maladif qui peut faire tout ce qui procure la santé. Celui qui gagne de l'argent sans peine, ce n'est pas le pauvre, mais le riche. Si la santé, la force, la connaissance, les talents sont autant de moyens d'acquérir la richesse, la richesse est souvent le moyen indispensable pour les acquérir. En outre, *è converso*, malgré tout ce qu'on peut dire du mal qui tourne en bien, la tendance générale du mal est de produire encore du mal. Une maladie rend le corps plus susceptible de contracter des maladies; elle le rend incapable de fonctionner régulièrement; elle produit quelquefois une débilité d'esprit, et entraîne souvent la perte des moyens d'existence. Toute douleur cruelle, tant du corps que de l'esprit, tend à augmenter la susceptibilité pour la douleur pour tout le temps à venir. La pauvreté est la mère de mille maux de l'esprit et du cœur; et, chose pire encore, l'injustice et l'oppression quand elles sont habituelles, abaissent le caractère. Une mauvaise action entraîne à en commettre une autre, aussi bien l'agent lui-même et les assistants que le patient. Toutes les mauvaises qualités se fortifient par l'habitude, tous les vices et toutes les folies tendent à se répandre. Les défauts de l'esprit engendrent des défauts du cœur, et les vices du cœur des vices de l'esprit. Chacun d'eux en engendre d'autres et ainsi de suite à l'infini.

Des écrivains à qui on n'a pas épargné les applaudissements, les auteurs qui ont écrit sur la théologie naturelle, ont complétement fait fausse route et laissé de côté la seule méthode d'argumentation qui eût rendu leurs spéculations acceptables pour quiconque est capable d'apercevoir quand deux propositions se contredisent mutuellement. Ils ont épuisé les ressources de la sophistique pour faire comprendre que les souffrances qui existent dans le monde ont été permises en vue d'en éviter de plus grandes, que la misère existe pour qu'il n'y ait pas de misère. Cette thèse, si elle pouvait se soutenir, expliquerait tout au plus et justifierait l'imperfection de l'œuvre d'êtres limités, qui sont contraints de travailler sous des conditions indépendantes de leur propre volonté, mais ne saurait convenir à un créateur qu'on suppose omnipotent, à un créateur qui, s'il obéit à une nécessité, est lui-même l'auteur de cette nécessité à laquelle il obéit. Si le créateur du monde peut tout ce qu'il veut, il veut la misère, il n'y a pas moyen d'échapper à cette conclusion. Les plus conséquents de tous ceux qui se sont crus autorisés à *faire l'apologie des voies de Dieu par rapport à l'homme*, ont essayé d'échapper à l'alternative en endurcissant leur cœur et en niant que la misère soit un mal. La bonté de Dieu, disent-ils, ne consiste pas à vouloir le bonheur de ses créatures, mais leur vertu ; et l'univers, s'il n'est pas le royaume du bonheur, est celui de la justice. Mais en jouant avec les objections que soulève ce système d'éthique, on ne fait rien moins que de se débarrasser de la difficulté. Si le créateur de l'univers a voulu que nous fussions tous vertueux, ses desseins ont avorté, tout comme s'il a voulu que nous fussions tous heureux : l'ordre de la nature est construit avec encore moins d'égards peut-être pour les exigences de la justice que pour celles de la bonté. Si la loi de toute création était la justice, et si le créateur était tout puissant, quelle que fût la somme de souffrance et de bonheur dévolue au monde, la part qui en reviendrait à chaque personne devrait être exactement proportionnée au bien ou au mal que fait cette personne ; nul ne devrait avoir un lot pire qu'un autre, s'il n'a de moindres mérites ; ni le hasard, ni le favoritisme, ne devraient avoir place dans un tel monde, mais toute vie d'homme devrait être la mise en scène d'un drame construit sur le plan d'une histoire morale parfaite. Personne ne saurait s'aveugler au point de croire que le monde où nous vivons est totalement différent de celui que nous venons de caractériser, d'autant plus que l'on considère la nécessité de redresser la balance comme un argument de première force en faveur de l'existence d'une autre vie après la mort, ce qui revient à admettre que la façon dont se passent les choses dans cette vie est souvent un exemple d'injustice et non de justice. Si l'on disait que nifestation de toute sa puissance pour le rendre aussi peu imparfait que possible, ne le rend pas meilleur qu'il n'est, on ne saurait s'empêcher de croire que cette puissance bien qu'immensément au-dessus de toute évaluation humaine, demeure en elle-même, non-seulement finie, mais extrêmement limitée. On est forcé, par exemple, de supposer que tout ce que Dieu pouvait faire de ses créatures humaines, c'était de faire naître, sans qu'il y eût de leur faute, un grand nombre de celles qui ont déjà existé, Patagons ou Esquimaux, ou dans quelque race à peu près aussi voisine de la brute et aussi dégradée, mais en les dotant d'aptitudes, qui après des siècles de culture, au prix de labeurs et de souffrances immenses, et après que les meilleurs représentants de la race y auront sacrifié leur vie, permettront au moins à quelques portions choisies de l'espèce humaine de devenir meilleures, et dans la suite des siècles, par un progrès continu, de se transformer en quelque chose de vraiment bon dont jusqu'ici on ne connaît que des exemples individuels. Il est permis de croire avec Platon que la bonté parfaite limitée

phes religieux en proportion exacte avec la clarté de leur entendement. Nulle part, elle ne brille d'un plus vif éclat que dans le célèbre Théodicée de Leibniz, qu'on a si étrangement confondue avec un système d'optimisme, et que Voltaire a tournée en ridicule par des raisons qui n'effleurent pas même l'argument de Leibniz. Leibniz ne soutient pas que ce monde est le meilleur de tous les mondes imaginables, mais seulement de tous les mondes possibles; ce que, pensait-il, il ne peut pas ne pas être, puisque Dieu qui est d'une bonté absolue, l'a choisi et non un autre. A chaque page de son livre, il suppose tacitement une possibilité abstraite et une impossibilité abstraite indépendante du pouvoir divin : et, bien que ses sentiments pieux ne lui permettent pas de désigner ce pouvoir autrement que par le mot Toute-Puissance, il explique ce mot de façon à lui donner le sens d'une puissance qui s'étend sur tout ce qui se trouve dans les limites de cette possibilité abstraite.

et contrariée dans tous les sens par la résistance insurmontable de la matière a agi de la sorte parce qu'elle ne pouvait faire mieux. Mais que le même être parfaitement sage et bon ait un pouvoir absolu sur la matière, et qu'il ait créé le monde tel qu'il est par un choix volontaire, on ne saurait croire qu'avec les plus simples notions du bien et du mal, on puisse l'admettre. De quelle formule religieuse qu'elle se serve, une personne pourvue de ces connaissances, ne peut manquer de croire que si la nature et l'homme sont l'un et l'autre des œuvres d'un être d'une bonté parfaite, cet être a voulu que le plan de la nature fût amendé et non pris pour modèle par l'homme.

Mais alors même qu'il ne saurait croire que la nature, dans son ensemble, soit la réalisation de desseins d'une sagesse et d'une bonté parfaites, l'homme ne renonce pas volontiers à l'idée que quelque partie de la nature au moins doive être regardée comme un modèle ou un type : que l'image des qualités morales qu'il est accoutumé à attribuer au Créateur doive se retrouver imprimée sur quelque partie de ses œuvres ; que, sinon tout ce qui est, au moins quelque chose de ce qui est, doive être non-seulement un modèle sans défaut de ce qui devrait être, mais qu'il faut le considérer comme notre guide, notre critérium, quand nous voulons corriger le reste. Il ne lui suffit pas de croire que ce qui tend au bien doive être imité et perfectionné, et ce qui tend au mal corrigé : il veut quelque indice précis des desseins du Créateur, et comme il est persuadé qu'il doit s'en rencontrer quelque part dans ses œuvres, il assume la responsabilité dangereuse d'y faire un triage et un choix pour la découvrir. Ce choix, à moins qu'il ne soit dirigé par le principe général que le créateur a eu en vue tout le bien et rien du mal, ne saurait être qu'arbitraire ; et s'il conduisait à des conclusions autres que celles qu'on peut déduire de ce principe, il serait pernicieux dans la mesure où il s'en écarterait.

Aucune doctrine n'a jamais dit quelles portions de l'ordre de la nature sont censées nous être données pour nous servir d'instruction et de direction morale, et en conséquence chacun décide d'après ses prédilections particulières, ou d'après les convenances du moment, quelles sont les portions de l'ordre réglé par le gouvernement divin sous la protection desquelles il convient de mettre les conclusions pratiques qu'il prétend poser au nom de l'analogie. Une conclusion de ce genre doit être aussi fallacieuse qu'une autre, car il est impossible de décider que certaines œuvres du Créateur sont plus que les autres l'expression réelle de son caractère ; et le seul choix qui ne conduise pas à des résultats immoraux est celui qui tombe sur les œuvres du Créateur qui contribuent le plus au bien général, en d'autres termes, sur celles qui indiquent une fin, qui, si l'œuvre entière est l'expression d'une volonté unique, omnipotente et conséquente, n'est évidemment pas la fin que cette volonté s'est proposée.

Toutefois, il y a un élément particulier dans la construction du monde qui, pour des esprits occupés à chercher des indications spéciales de la volonté du Créateur, a

semblé non sans quelque raison particulièrement propre
à en fournir. Je veux parler des penchants actifs des êtres
humains et des autres êtres animés. On peut supposer
que les personnes dont nous parlons, raisonnent de la
manière suivante : Lorsque l'auteur de la nature s'est
borné à créer les circonstances, il se peut qu'il n'ait pas
entendu indiquer la façon d'après laquelle les êtres doués
de raison qu'il a crées s'ajusteraient à ces circonstances ;
mais quand il a implanté dans les créatures elles-mêmes
les *stimuli* positifs qui les poussent à un certain genre
d'action, il est impossible de douter qu'il n'ait voulu que
cette espèce d'action fût faite par eux. Ce raisonnement
poussé avec une logique rigoureuse conduirait à la conclusion que Dieu a voulu tout ce que font les hommes,
et l'approuve, puisque tout ce qu'ils font est la conséquence de quelque penchant dont il les a doués en les
créant ; tout doit être également considéré comme fait
en obéissance à sa volonté. Comme on a reculé devant
les conséquences de cette conclusion, il a bien fallu tracer
une distinction, et décider que ce n'est pas toute la nature de l'homme, mais seulement une partie de la nature
de l'homme qui porte les signes d'une intention spéciale
du Créateur à l'égard de la conduite que l'homme doit
tenir. Ces parties, on a cru naturel de le supposer, doivent être celles où la main du Créateur se manifeste plutôt que celle de l'homme : de là une antithèse qui se
présente souvent à l'esprit, qui oppose l'homme, tel que
Dieu l'a fait, à l'homme tel qu'il s'est fait lui-même. Or,
comme ce qui se fait délibérément semble plutôt l'acte
propre de l'homme et engage plus complètement sa res-

ponsabilité, que ce qui se fait d'après une impulsion soudaine, on pourrait dire que la partie réfléchie de la conduite de l'homme est la part qui revient à l'homme, et l'irréfléchie celle qui est l'œuvre de Dieu. Le résultat qui en découle est l'opinion toute de sentiment si commune dans le monde moderne, bien qu'inconnue des anciens philosophes, qui exalte l'instinct aux dépens de la raison; observation qui rend encore plus funeste l'opinion vulgaire qui en est la compagne, que tous, ou à peu près tous les sentiments ou penchants qui agissent promptement, sans prendre le temps de poser des questions, sont des instincts. C'est ainsi que presque tous les genres de penchants irréfléchis et de premier saut reçoivent une espèce de consécration, excepté ceux qui, bien qu'irréfléchis sur le moment, doivent leur origine à des habitudes préalables de réflexion. Ceux-ci n'étant évidemment pas des instincts, ne jouissent pas de la faveur accordée aux autres, en sorte que tous les penchants irréfléchis sont investis d'une autorité qui les met au-dessus de la raison, excepté les seuls qui aient des chances de pousser dans la bonne voie. Je ne veux pas dire, assurément, qu'on ait la prétention de pousser ce mode de jugement jusqu'à ses dernières conséquences : la vie ne pourrait durer si l'on n'admettait pas que les penchants ont besoin d'être contrôlés et que la raison doit diriger nos actions. On ne veut pas arracher le gouvernail à la raison, on aime mieux la contraindre par traité à gouverner dans une voie particulière. On ne demande pas que l'instinct gouverne, mais on voudrait que la raison eût quelque déférence pour l'instinct. Bien qu'on n'ait pas donné la forme d'une théorie générale et logiquement ordonnée à l'impression qui porte à considérer l'instinct comme la manifestation particulière des desseins divins, il subsiste un préjugé d'après lequel les verdicts de la raison n'ont pas acquis l'autorité d'une présomption.

Je n'entrerai pas ici dans la difficile question psychologique de savoir ce que sont ou ne sont pas les instincts. Pour traiter ce sujet, il faudrait un volume. Sans toucher aucun des points théoriques contestés, il est possible de juger du peu de titres de la partie instinctive de l'homme à passer pour ce qu'il y a de meilleur en lui, pour la partie dans laquelle la main de la bonté et de la sagesse infinie se révèle particulièrement. En accordant le titre d'instinct à tout ce qui a jamais pu recevoir ce nom, il demeure vrai que puisque tout ce qu'il y a de respectable dans les attributs humains est le résultat non de l'instinct, mais d'une victoire sur l'instinct, que la nature humaine ne contient rien de quelque valeur, à part les aptitudes, — tout un monde de possibilités — qui ont toutes besoin pour se réaliser d'une éducation éminemment artificielle.

C'est seulement après que la nature humaine est devenue extrêmement artificielle, que l'on a conçu ou, selon moi, qu'on a pu concevoir l'idée que la bonté était un attribut naturel : parce que ce n'est qu'après une longue pratique d'une éducation artificielle, que les bons sentiments sont devenus si habituels, et ont si bien pris le dessus sur les mauvais, qu'ils se montrent pour ainsi dire spontanément, quand l'occasion les évoque. Dans le temps que l'humanité était plus près de son état naturel, des observateurs éclairés regardaient l'homme de la nature comme une sorte d'animal sauvage qui se distinguait des autres fauves par une plus grande adresse; toute bonne qualité était considérée comme le résultat d'une sorte d'apprivoisement, et les anciens philosophes appliquaient souvent cette expression à la discipline qui convient aux êtres humains. La vérité est qu'il n'y a guère de bonne qualité dans l'homme qui ne répugne absolument aux sentiments non corrigés de la nature humaine.

S'il y a une vertu que plus qu'aucun autre nous nous attendions à rencontrer et que nous rencontrions réellement dans un état de non civilisation, c'est le courage. Pourtant cette vertu est tout entière une victoire remportée sur l'une des plus puissantes émotions de la nature humaine. S'il y a quelque sentiment ou attribut plus naturel que les autres à l'homme, c'est la crainte; l'on ne peut donner aucune preuve plus grande du pouvoir de la discipline artificielle que la victoire qu'elle s'est, en tout temps et en tout lieu, montrée capable de remporter sur un sentiment si puissant et si universel. Il existe sans doute de très-grandes différences entre un homme et un autre dans la facilité ou la difficulté avec laquelle ils acquièrent cette vertu. De toutes les qualités qui constituent la supériorité d'un homme, il n'en est pas où la différence des tempéraments originels s'accuse davantage. Mais on aurait bien le droit de contester que l'homme soit naturellement courageux. Bien des gens sont naturellement batailleurs, irascibles, enthousiastes; leurs passions fortement surexcitées peuvent les rendre insensibles à la crainte. Mais supprimez l'émotion antagoniste, et la crainte affirmera de nouveau son empire. Le courage permanent est toujours l'effet de l'éducation. Le courage qu'on rencontre accidentellement et non constamment chez les tribus sauvages, est autant le résultat de l'éducation que celui des Spartiates ou des Romains. Chez toutes ces tribus, il existe une direction très-ferme du sentiment public qui s'exprime de toutes les manières propres à concourir à rendre honneur au courage et à couvrir la lâcheté de mépris et de ridicule. On dira peut-être que l'expression d'un sentiment implique le sentiment lui-même, et que l'éducation des jeunes gens qui en fait des hommes courageux, suppose un peuple originellement courageux. Non, elle ne suppose pas autre chose que ce que suppose toute bonne coutume, c'est-à-dire l'existence des individus meilleurs que les autres qui mettent la coutume en train. Il doit se rencontrer des individus qui, comme les autres, avaient des craintes à dompter et qui ont la force d'esprit et de volonté capable de les dompter pour eux-mêmes. Ces individus obtiennent l'influence qui appartient aux héros, car ce qui est à la fois étonnant et évidemment utile ne laisse jamais d'être admiré : et c'est en partie par l'effet de cette admiration, en partie par la crainte qu'ils excitent eux-mêmes, que ces héros acquièrent la puissance législative, et qu'ils peuvent établir la coutume qui leur plaît.

Considérons ensuite une qualité qui forme la plus visible et l'une des plus radicales d'entre les différences morales qui séparent les êtres humains de la plupart des animaux inférieurs; celle dont l'absence, plus que toute autre chose, rend l'homme bestial : la qualité de la propreté. Est-il rien de plus artificiel? Les enfants et les gens des classes inférieures de la plupart des pays semblent avoir réellement du goût pour la saleté. L'immense majorité de notre espèce y est indifférente. Des nations entières d'ailleurs civilisées et cultivées la tolèrent sous ses formes les plus honteuses, et il n'y a que très peu d'hommes qui en soient choqués systématiquement. Il semble donc que la loi universelle qui règne sur ce point est que la saleté n'offense que ceux pour qui elle n'est pas chose familière; en sorte que les gens qui ont vécu dans un état assez artificiel pour n'en avoir pas l'habitude, sous aucune de ses formes, sont les seuls qu'elle dégoûte sous toutes ses formes. De toutes les vertus, évidemment, c'est la moins instinctive; c'est une victoire sur l'instinct. Assurément, ni la propreté, ni l'amour de la propreté, ne sont naturels à l'homme, mais seulement la capacité d'acquérir l'amour de la propreté.

Nous avons jusqu'ici pris nos exemples dans les vertus personnelles, ou, selon la dénomination adoptée par Bentham, des vertus qui intéressent et concernent le moi, parce que ces vertus, plus que les autres, peuvent être considérées comme congénitales, même chez un esprit sans culture. Des vertus sociales, il est à peu près superflu de parler; tant est unanime le verdict rendu par l'expérience que l'égoïsme est naturel. Par contre, je n'entends nier en aucune façon que la sympathie ne soit aussi un fait naturel; je crois, au contraire, que sur ce fait important repose la possibilité d'une éducation de la bonté et de la noblesse de cœur, et l'espoir de leur faire acquérir à la fin un ascendant complet. Mais les caractères doués de la vertu de la sympathie, laissés sans culture et abandonnés à leurs instincts sympathiques, sont égoïstes comme les autres. La différence consiste dans l'*espèce* d'égoïsme. Leur égoïsme n'est point solitaire mais sympathique : c'est l'*égoïsme à deux, à trois, à quatre*. Ils sont peut-être très-aimables, et très-agréables pour ceux qui sont l'objet de leur sympathie, et grossièrement injustes et durs pour tout le reste du monde. On voit même les organisations nerveuses les plus délicates, qui sont les plus capables de sympathie et qui en réclament davantage, rester, par le fait même de leur délicatesse, soumises à tant d'impulsions de tout genre, qu'elles offrent les exemples les plus saisissants d'égoïsme, bien que d'une espèce moins repoussante que celle des natures plus froides. Y a-t-il jamais eu une personne chez laquelle, en dehors de tout enseignement des maîtres, des amis et des livres, comme de tout effort personnel et réfléchi pour se modifier soi-même conformément à un idéal, la bienveillance naturelle ait été un attribut plus puissant que l'égoïsme dans aucune de ses formes? Peut-être. Mais ces exemples, s'il en est, sont extrêmement rares, de l'aveu de tous, et cela me suffit.

Or (pour ne rien dire de plus de l'empire que l'on prend sur soi en faveur d'autrui), l'empire sur soi-même pour soi-même, c'est-à-dire le pouvoir de sacrifier un désir présent à un objet éloigné ou à une fin générale, qui est indispensable pour faire accorder les actions de l'individu avec les idées qu'il se fait de son bien particulier, cet empire sur soi-même est la chose la plus contre nature dans un esprit qui n'a pas été soumis à la discipline ; on peut le voir par le long apprentissage que les enfants y consacrent, par la façon très-imparfaite dont l'acquièrent les personnes nées pour la puissance, celles dont la volonté rencontre rarement des résistances, par l'exemple de tous ceux qui ont été dès le début entourés de flatteries, par l'absence frappante de cette qualité chez les sauvages, les marins, les soldats, et, bien qu'à un moindre degré, dans la presque totalité des classes pauvres de l'Angleterre et des autres pays. La principale différence qui distingue cette vertu des autres au point de vue où nous sommes placés, c'est que, bien que, comme elles, elle exige un enseignement, elle est plus susceptible que les autres d'être apprise sans maître. C'est un axiome rebattu qu'on n'apprend à se maîtriser que par l'expérience. Aussi cette qualité est-elle bien plus près d'être naturelle que les autres dont nous avons parlé, puisque l'expérience personnelle sans autre enseignement du dehors a quelque tendance à l'engendrer. La nature ne la donne pas toute faite, pas plus que les autres vertus ; mais souvent elle distribue des récompenses et des punitions qui contribuent à la former, et que, dans d'autres cas, il faut créer artificiellement en vue d'une fin expresse.

La véracité semblerait, de toutes les vertus, celle qui pourrait le mieux recevoir le nom de naturelle, puisqu'en l'absence de motifs qui poussent en sens contraire, le discours se conforme à la réalité ou au moins ne s'en écarte pas intentionnellement. En conséquence, des écrivains comme Rousseau se plaisent à décorer la vie sauvage de cette vertu, et à nous la présenter en un contraste tout à son avantage avec les trahisons et les fraudes de la vie civilisée. Par malheur, ce tableau n'est qu'imagination pure; partout la réalité le dément. Les sauvages sont toujours menteurs. Ils n'ont pas la plus légère idée que la vérité soit une vertu. Ils ont l'idée de ne pas trahir à leur détriment, comme de ne pas trahir de quelque façon que ce soit des personnes auxquelles ils sont liés par quelque lien spécial d'obligation, leur chef, leur hôte peut-être, ou leur ami : ces sentiments d'obligation sont la moralité qu'on enseigne dans l'état sauvage ; ils naissent des circonstances propres à cette vie. Mais le point d'honneur au sujet de la vérité, pour l'amour de la vérité, ils n'en ont pas l'idée la plus rudimentaire, pas plus que l'Orient tout entier et la plus grande partie de l'Europe : et encore dans le petit nombre de pays assez avancés pour que ce sentiment y subsiste, ce point d'honneur n'est-il le privilége que d'une faible minorité, qui seule s'en fait une règle de conduite en dépit des circonstances qui peuvent leur présenter des tentations réelles.

A s'en rapporter à l'acception généralement admise des mots *justice naturelle*, il faudrait voir dans la justice une vertu universellement considérée comme implantée directement par la nature. Néanmoins, je crois que le sentiment de justice a une origine tout artificielle. L'idée de justice naturelle ne précède pas, elle suit celle de justice conventionnelle. Aussi loin que nous portions nos regards dans les premiers modes de la pensée humaine, soit que nous considérions les temps anciens, y compris ceux de l'Ancien Testament, soit que nous regardions les portions de l'humanité qui ne sont pas encore dans un état plus avancé que celui de notre antiquité, nous nous apercevons que les idées que l'on se faisait de la justice étaient définies et limitées par les réglements exprès de la loi. Les justes droits de l'individu, cela voulait dire les droits que la loi lui donnait : un homme juste, c'était un homme qui n'avait jamais attenté à la propriété légale ou aux autres droits d'autrui. La notion d'une justice plus haute, dont les lois elles-mêmes relèvent, qui obligent la conscience, alors même que nulle prescription positive de la loi n'intervient, cette notion est une extension plus récente de l'idée, suggérée et logiquement amenée par l'analogie qu'elle présente avec la justice légale qu'elle ne cesse d'accompagner à travers toutes les nuances et les variétés du sentiment, et à laquelle aussi elle emprunte à peu près tout son langage. Les mots mêmes de *justus* et de *justitia* dérivent de *jus*, loi. Les cours de justice, l'administration de la justice, signifient toujours les tribunaux.

Que si l'on voulait dire que les germes de toutes ces vertus doivent se rencontrer dans la nature humaine, sans quoi l'humanité serait incapable de les acquérir, je suis prêt à l'admettre, sauf explication. Il faut dire que les mauvaises herbes qui disputent le sol à ces germes salutaires, ne sont pas des germes, mais des jets prodigieusement florissants, qui les étoufferaient et les détruiraient mille fois pour une, si les hommes n'avaient pas un intérêt tellement puissant à soigner les bons germes les uns chez les autres, qu'ils ne manquent jamais de le faire dans la mesure que comporte leur intelligence très-imparfaite encore à cet égard comme à bien d'autres. C'est par ces soins assidus, commencés de bonne heure, et que n'ont pas contrecarré des influences défavorables, que, dans certaines circonstances heureuses de l'histoire de l'humanité, les sentiments les plus élevés dont elle est capable deviennent une seconde nature. plus forte que la première, et qui la subjugue moins qu'elle ne l'absorbe. C'est encore à la même cause que ces organisations bien douées doivent d'avoir atteint une perfection analogue en se cultivant elles-mêmes. En effet, quelle culture de soi-même serait possible sans l'aide du sentiment général de l'humanité tel qu'il se manifeste dans les livres, dans la contemplation des caractères élevés réels ou idéaux ? Cette nature des hommes les meilleurs et les plus nobles, créée artificiellement, ou au moins artificiellement perfectionnée, est la seule nature qu'il soit jamais louable d'imiter. Il est à peu près superflu de dire que même cette nature ne peut être érigée en critérium de conduite, puisque c'est le fruit d'un système d'éducation, dont le choix, s'il est l'effet de la raison et non d'un accident, doit avoir été déterminé par un critérium déjà choisi.

Cet examen rapide suffit amplement pour prouver que le devoir de l'homme est le même à l'égard de sa propre nature, qu'à celui de la nature de toutes les autres choses : il ne doit pas la suivre mais la corriger. Toutefois il est des gens qui, sans nier que les instincts doivent être subordonnés à la raison, accordent assez d'autorité à la nature pour soutenir que toute inclination naturelle doit avoir quelque sphère d'action qui lui soit garantie, quelque débouché où elle puisse trouver satisfaction. Tout désir naturel, disent-ils, doit avoir été créé pour un but : et on pousse cet argument si loin, que nous entendons souvent soutenir que tout désir que l'on suppose naturel d'entretenir, doit avoir dans l'ordre de l'Univers un objet qui lui correspond. C'est ainsi par exemple que le désir d'une prolongation indéfinie de l'existence, passe aux yeux de bien des gens pour une preuve suffisante de la réalité de la vie future.

Je pense qu'il y a une absurdité radicale dans tous les efforts qu'on fait pour découvrir le détail des desseins de la Providence, en vue d'aider, après l'avoir découvert, la Providence à les réaliser. Ceux qui soutiennent d'après des indications particulières que la Providence veut ceci ou cela, croient de deux choses l'une, ou bien que le créateur peut faire tout ce qu'il veut, ou bien qu'il ne le peut pas. Dans la première supposition, si la Providence est omnipotente, Elle veut tout ce qui arrive, et le fait même qu'une chose arrive prouve que la Providence l'a voulu. S'il en est ainsi, toutes les actions d'un homme sont prédéterminées par la Providence dont elles accomplissent les desseins. Mais si, d'après une théorie plus religieuse, la Providence ne veut pas tout ce qui arrive, mais seulement tout ce qui est bon, l'homme possède en lui-même le pouvoir, par ses actions volontaires, de prêter secours aux intentions de la Providence. Mais il ne peut apprendre ces intentions qu'en considérant ce qui tend au progrès du bien général et non ce qu'un homme a quelque inclination naturelle à faire. En effet, étant donnée la limite que, d'après cette manière de voir, des obstacles inscrutables et insurmontables imposent à la puissance divine, qui sait si l'homme n'*aurait* pas été créé avec des désirs qui ne seront jamais satisfaits, ou même que son devoir lui défend de jamais satisfaire? Il se peut que les inclinations dont l'homme a été doué, aussi bien que tout autre artifice que nous observons dans la nature, ne soient pas l'expression de la volonté divine, mais l'effet des entraves de la nécessité qui gênent sa liberté d'action; et si nous y puisions des indications pour diriger notre conduite, nous pourrions tomber dans un piége tendu par l'ennemi. L'opinion d'après laquelle toutes les choses que l'infinie bonté peut vouloir, ont lieu réellement dans l'univers, ou qui, au moins, nous défend de dire, ou de supposer jamais, que ces choses n'ont pas lieu, cette opinion ne convient qu'à des gens qu'une terreur servile pousse à offrir un hommage de mensonge à un Être duquel pourtant ils affectent de dire qu'il ne saurait être trompé, qu'il a toute fausseté en abomination.

Quant à cette hypothèse particulière que toutes les impulsions naturelles, tous les penchant assez universels et suffisamment spontanés pour mériter le nom d'instinct, doivent exister en vue de fins bonnes, que nous devons nous borner à les régler, sans les réprimer, cette dernière hypothèse est vraie de la majorité de ces penchants, car l'espèce n'aurait pu durer, si la plupart de ses penchants n'avaient été dirigés vers des choses nécessaires ou utiles à sa conservation. Mais, à moins que l'on puisse réduire les instincts à un très-petit nombre, il faut reconnaître que nous avons aussi de mauvais instincts, que l'éducation devrait avoir pour but non-seulement de régler mais d'extirper ou plutôt (sort qu'on peut faire subir même à un instinct) de faire périr par désuétude. Ceux qui sont portés à multiplier le nombre des instincts, y comprennent ordinairement celui qu'on appelle *destructivité :* l'instinct de la destruction pour l'amour de la destruction. Je ne vois pas de bonne raison pour le conserver pas plus qu'un autre penchant, qui, s'il n'est pas un instinct, y ressemble beaucoup, celui qu'on appelle instinct de la domination, et qui n'est autre chose que le plaisir d'exercer le despotisme, de tenir d'autres êtres soumis à notre volonté. L'homme qui prend plaisir à l'exercice de l'autorité pour elle-même, indépendamment du but pour lequel elle doit être employée, est la dernière personne dans les mains de laquelle on voudrait la déposer. Il y a aussi des gens qui sont cruels par caractère, ou, comme on dit, par nature; qui goûtent réellement du plaisir à infliger de la douleur. Cette espèce de cruauté n'est pas pure dureté du cœur, défaut de pitié ou de remords, c'est une chose positive, une espèce particulière d'excitation voluptueuse. L'Orient et le midi de l'Europe ont produit et probablement produisent encore de nombreux exemples de cet atroce penchant. On accordera, je suppose, que ce penchant n'est pas de ceux qu'on aurait tort de supprimer. La seule question serait de savoir si ce n'est pas un devoir de supprimer l'homme lui-même en supprimant le penchant.

Mais alors même qu'il serait vrai que chaque penchant élémentaire de la nature humaine a son bon côté et peut, grâce à une certaine somme d'éducation artificielle, devenir plus utile que dommageable, cela compterait pour bien peu, puisqu'il faudrait en tous cas admettre que sans cette éducation, tous ces penchants, même ceux qui sont nécessaires à notre conservation, rempliraient le monde de misère, feraient de la vie humaine un portrait agrandi de la scène odieuse de violence et de tyrannie que nous offre le reste du règne animal, à l'exception des espèces qui ont été apprivoisées et domestiquées par l'homme. En verité les gens qui se flattent de lire les plans du Créateur dans ses œuvres devraient, pour ne pas se contredire, tirer des conclusions qui leur répugnent. S'il existe dans la création une marque quelconque d'un dessein spécial, une des choses qui rentrent dans le plan de la façon la plus évidente, c'est que la plupart des animaux doivent passer leur vie à tourmenter et à dévorer d'autres animaux. Ils ont été abondamment pourvus de tous les instruments nécessaires pour atteindre ce but; leurs plus puissants instincts les y poussent, et beaucoup de ces animaux paraissent avoir été construits de manière à ne pouvoir vivre d'autre façon. Si l'on avait employé à chercher des raisons pour noircir le Créateur la dixième partie de la peine qu'on s'est donnée pour découvrir des combinaisons d'un caractère bienfaisant, combien n'en aurait-on pas trouvé chez les animaux, divisés, à peu près sans exception, en deux classes, les uns qui dévorent et les autres qui sont dévorés, et qui tous sont la proie de mille maux, contre lesquels ils ne possèdent aucun moyen de protection? Si nous ne sommes pas obligés de croire que la création animale est l'œuvre d'un esprit du mal, c'est parce que nous n'avons pas besoin de supposer qu'elle est l'œuvre d'un être d'une puissance infinie. Mais s'il fallait que l'imitation de la volonté du Créateur, telle qu'elle se révèle dans la nature, devînt une règle d'action, les plus atroces monstruosités des pires d'entre les hommes seraient plus que justifiées par l'intention apparente de la Providence qui semble avoir voulu que, dans toute l'étendue du règne animal, le faible fût la proie du fort.

Il s'en faut de beaucoup que les observations qui précèdent, aient épuisé la variété presque infinie des manières dont l'idée de conformité avec la nature joue un rôle dans l'appréciation éthique des actions et des dispositions morales, et des occasions où cette idée le joue. Le même préjugé favorable accompagne le mot nature dans les nombreuses acceptions où il est employé comme un terme distinctif pour désigner ces parties de notre constitution morale et mentale que l'on suppose innées, pour les distinguer de celles qui sont acquises : comme par exemple quand on oppose la nature à l'éducation; quand on appelle état de nature un état sauvage, sans lois, sans arts, sans connaissances; quand la question se pose de savoir si la bienveillance et les autres sentiments moraux sont naturels ou acquis; ou, si quelques personnes sont poètes ou orateurs par nature, et les autres non. Mais dans un autre sens plus lâche, on a souvent appelé naturelles des manifestations des êtres humains, pour dire seulement qu'elles ne sont pas intentionnelles, délibérées dans un cas particulier; comme, par exemple, quand on dit qu'une personne marche et parle avec une grâce naturelle, ou que les manières et le caractère naturel d'une personne sont de telle ou telle sorte; on veut dire que ces attributs sont naturels quand la personne ne cherche pas à les dominer ou à les dissimuler. Par une acception encore plus étendue, on dit qu'une personne est naturellement ce qu'elle a été jusqu'au moment où quelque cause spéciale est venue agir sur elle, ou ce que l'on suppose qu'elle serait si quelque cause de ce genre était supprimée. Ainsi, on dit qu'une personne est naturellement stupide, mais qu'elle s'est rendue intelligente par l'étude et la persévérance ; qu'elle avait naturellement bon cœur, mais qu'elle a été aigrie par le malheur; qu'elle était naturellement ambitieuse, mais qu'elle est contenue par le manque d'occasion. Finalement, le mot naturel appliqué aux sentiments ou à la conduite, paraît souvent ne signifier rien de plus, si ce n'est qu'ils ressemblent à ceux qu'on trouve ordinairement chez les hommes, comme lorsqu'on dit qu'une personne a agi en une occasion particulière comme il était naturel qu'elle agît; ou que d'être affecté d'une manière particulière par quelque sensation de la vue ou de l'ouïe, ou par une idée, ou par un événement, c'est une chose toute naturelle.

Dans chacun de ces sens du mot, la qualité dite naturelle est très-souvent une qualité incontestablement pire que celle qu'on lui oppose : mais toutes les fois que cette infériorité n'est pas assez évidente pour être contestée, on semble croire qu'en l'appelant naturelle on a dit une chose qui équivaut à une grande présomption en sa faveur. Pour ma part je ne puis trouver qu'un sens où la nature, ou la qualité d'être naturel, chez un homme sont vraiment des expressions d'éloge, et encore l'éloge n'est-il que négatif : c'est quand on s'en sert pour exprimer l'absence d'affectation. On peut définir l'affectation l'effort pour paraître ce qu'on n'est pas, quand le motif ou l'occasion ne sauraient excuser l'effort, ou qu'ils lui impriment le nom plus odieux d'hypocrisie. Il faut ajouter que celui qui a recours à ces procédés de déception, les tourne au moins aussi souvent sur lui-même que sur autrui ; il imite les signes et les qualités extérieures qu'il aimerait à posséder dans l'espoir de se persuader qu'il les possède. Or, que ce soit sous forme de déception d'autrui, ou sous celle de déception de soi, ou sous quelque autre forme intermédiaire, on fait très-bien de compter l'affectation pour un reproche, et la qualité d'être naturel qui passe pour le contraire de l'affectation, comme un mérite. Mais le mot qui conviendrait bien mieux pour exprimer cette qualité, est celui de sincérité, qui a perdu son sens élevé primitif et n'exprime plus aujourd'hui qu'une branche de la vertu cardinale dont autrefois il exprimait l'ensemble.

Quelquefois, aussi, dans les cas où le mot affectation serait impropre, puisque l'attitude dont on parle est réellement digne de louange, on dit en manière de blâme de la personne dont on parle, que telle conduite ou telle attitude ne lui est pas naturelle, et l'on fait des comparaisons désobligeantes entre elle et d'autres chez lesquelles cette conduite est naturelle : ce qu'on veut dire c'est que ce qui dans l'une semblait excellent, était l'effet d'une excitation temporaire ou d'une grande victoire sur elle-même, tandis que dans l'autre c'est le résultat qu'il faut attendre de son caractère habituel. Cette manière de parler ne prête pas à la censure, puisqu'ici le mot nature ne s'applique qu'à la disposition naturelle d'une personne, et si elle est louée ce n'est pas pour être naturelle, mais pour être naturellement bonne.

La conformité avec la nature n'a aucun rapport quelconque avec le juste et l'injuste. Cette idée ne saurait recevoir une place qui lui convienne dans les discussions éthiques, si ce n'est rarement, partiellement, quand il s'agit de la question des degrés de culpabilité. Pour éclairer ce point, considérons l'expression par laquelle le sentiment de réprobation s'attache le plus fortement à l'idée de nature : le mot contre-nature. Quand on dit qu'une chose est contre-nature, quelque sens précis que l'on donne à ce mot, cela ne prouve pas qu'elle soit blâmable ; puisque les actions les plus criminelles ne sont pas pour un être comme l'homme plus contre-nature que la plupart des vertus. L'acquisition de la vertu a été comptée à toutes les époques comme une œuvre pénible et difficile, tandis que le *descensus Averni* au contraire est d'une facilité proverbiale. La plupart des hommes ont assurément besoin de remporter de plus grandes victoires sur un plus grand nombre d'inclinations naturelles, pour devenir éminemment vertueux que pour devenir extrêmement vicieux. Quand on a d'autres raisons de trouver blâmable une action ou une inclination, ce peut être une circonstance aggravante qu'elle soit contre nature, c'est-à-dire en opposition avec quelque sentiment puissant qui se rencontre ordinairement chez l'homme, puisque le mauvais penchant, quel qu'il soit, a dû être à la fois fort et profondément enraciné pour surmonter cette répugnance naturelle. Mais cette présomption est sans valeur, quand l'individu n'a jamais eu cette répugnance, et l'argument ne vaut rien, à moins que le sentiment que l'acte coupable a froissé ne soit non-seulement justifiable et raisonnable, mais un sentiment qu'on est blâmable de ne pas posséder.

On ne devrait, selon moi, jamais admettre l'excuse qui consiste à atténuer un acte coupable sous prétexte qu'il est naturel, ou qu'il est provoqué par un sentiment naturel. Il n'a guère été commis de mauvaise action qui ne fût parfaitement naturelle et dont les motifs n'aient été des sentiments parfaitement naturels. Aux yeux de la raison, l'excuse n'existe donc pas, mais il est tout-à-fait *naturel* qu'elle existe aux yeux de la foule, parce que ce mot veut dire que la foule possède un sentiment analogue à celui qui a poussé l'auteur de l'action incriminée. Quand on dit d'une chose qu'on ne peut s'empêcher de la trouver blâmable, mais que néanmoins elle est naturelle, on veut dire qu'il est possible d'imaginer qu'on soit tenté de la commettre. La plupart des gens montrent beaucoup d'indulgence à l'égard des actes dont ils sentent peut-être qu'ils portent en eux-mêmes la source ; et ils réservent leur rigueur pour des actes peut-être moins mauvais en réalité, mais qu'ils ne sauraient comprendre qu'on fasse. Si une action vient les convaincre (ce qui arrive souvent pour des raisons très-insuffisantes) que la personne qui les fait doit être un être tout-à-fait différent d'eux-mêmes, ils ne se donnent pas la peine d'examiner exactement le degré exact de blâme qui lui revient, ou même si elle mérite un blâme : ils mesurent le degré de culpabilité d'après leur antipathie; aussi a-t-on vu des différences d'opinion et même de goût devenir des objets d'horreur au même titre que les crimes les plus atroces.

Il n'est pas inutile de résumer en quelques mots les principales conclusions de cet essai.

Le mot nature a deux sens principaux : ou bien il dénote le système total des choses avec l'agrégat de toutes leurs propriétés, ou il dénote les choses comme elles devraient être indépendamment de toute intervention humaine.

Dans le premier sens la doctrine qui veut que l'homme suive la nature est absurde, puisque l'homme ne peut faire autrement que de suivre la nature, et que toutes ses actions se font par le jeu d'une loi ou de plusieurs lois de la nature, lois d'ordre physique ou mental, et en obéissant à ces lois.

Dans l'autre sens du mot, la doctrine que l'homme doit suivre la nature, ou en d'autres termes doit faire du cours spontané des choses le modèle de ses propres actions volontaires, est également irrationnelle et immorale :

Irrationnelle, parce que toute action humaine quelle qu'elle soit consiste à changer le cours de la nature, et toute action utile à l'améliorer ;

Immorale, parce que le cours des phénomènes naturels est rempli d'événements qui, lorsqu'ils sont l'effet de la volonté de l'homme, sont dignes d'exécration, et que quiconque s'efforcerait dans ses actes d'imiter le cours naturel des choses serait universellement considéré comme le plus méchant des hommes.

Le système de la nature considéré dans son ensemble, ne peut avoir eu pour objet unique ou même principal le bien des hommes, ou même des autres êtres sensibles. Le bien que la nature leur fait est principalement le résultat de leurs propres efforts. Tout ce qui, dans la nature, fournit une indication d'un dessein bienfaisant prouve que la bienfaisance de l'être qui l'a conçu ne dispose que d'une puissance limitée, et que le devoir de l'homme est de coopérer avec les puissances bienfaisantes, non pas en imitant le cours de la nature, mais en faisant des efforts perpétuels pour l'amender, et pour rapprocher de plus en plus d'un type élevé de justice et de bonté, cette partie de la nature sur laquelle nous pouvons étendre notre puissance.

UTILITÉ DE LA RELIGION

On n'a pas laissé de remarquer quelquefois combien est grand le nombre des écrits consacrés à la vérité de la religion soit pour la défendre soit pour l'attaquer, et combien est petit le nombre de ceux qui ont pour objet son utilité au moins au point de vue de la discussion et de la controverse. Toutefois, on aurait pu s'y attendre ; en effet, dans les questions qui nous affectent si profondément, la vérité est l'objet qui nous intéresse avant tout. Si la religion, ou une forme quelconque de la religion, est vraie, il en résulte qu'elle est utile ; il n'est pas besoin d'autre preuve. Si ce n'est pas une chose utile que de posséder une connaissance irrécusable de l'ordre et du gouvernement de l'univers auquel nous attache notre destinée, quel objet le serait ? Quand une personne se trouve dans un lieu agréable ou désagréable, un palais ou une prison, comment ne lui serait-il pas utile de savoir où elle est. Aussi longtemps donc que les hommes ont accepté les enseignements de leur religion comme des faits positifs, il n'y a eu pour eux qu'une chose douteuse sur laquelle il leur fût possible de poser la question de savoir s'il était utile d'y croire, celle de leur propre existence, ou de l'existence des objets qui les entourent. Le besoin d'affirmer l'utilité de la religion ne se fit sentir qu'après que les arguments qui servaient à en démontrer la vérité, eurent perdu beaucoup de leur autorité. Tant qu'on n'a pas cessé de croire ou de se reposer avec confiance sur la croyance d'autrui, on ne saurait prendre position sur un terrain moins favorable à la défense, sans avoir conscience qu'on affaiblit ce qu'on voudrait fortifier. Un argument en faveur de l'utilité de la religion est un appel adressé à ceux qui ne croient pas, pour les induire à pratiquer une hypocrisie bien entendue; ou à des demi-croyants, pour les engager à détourner les yeux de ce qui pourrait ébranler leur foi chancelante; enfin à tout le monde pour que chacun s'abstienne d'exprimer les doutes qu'il éprouve, comme si les fondements d'un édifice si important pour l'humanité se trouvaient tellement menacés que tous ceux qui s'en approchent dussent retenir leur souffle de peur de le jeter à bas.

Au point de l'histoire où nous sommes arrivés, il semble que le moment soit venu de donner aux arguments qui ont pour objet l'utilité de la religion, une place considérable dans l'attaque comme dans la défense. Nous sommes à une époque de croyances faibles; celles que nous voyons professées procèdent bien plus du désir de croire que du jugement que l'on porte sur les preuves de la religion. Le désir de croire ne provient pas seulement des sentiments égoïstes, il tient aussi aux sentiments les plus désintéressés. Sans doute, il ne produit plus la certitude parfaite et inébranlable d'autrefois, mais il élève un rempart autour de ce qui reste des impressions de l'éducation première, il dissipe souvent de sérieux scrupules en empêchant l'esprit de s'y appesantir. Par-dessus tout, il mène les gens à conformer, comme par le passé, leur vie à des doctrines qui n'ont plus sur leur esprit un empire absolu, et à garder en face du monde l'attitude qu'ils croyaient devoir tenir, quand leur conviction était plus complète, ou même d'en afficher une qui les affirme encore davantage.

Si les croyances religieuses sont aussi nécessaires à l'humanité qu'on ne cesse de nous l'affirmer, on ne saurait trop déplorer qu'il faille, pour en étayer les preuves rationnelles, corrompre le sens moral ou suborner l'intelligence. Un tel état de choses est surtout lamentable pour ceux qui, sans manquer réellement de sincérité, se disent croyants et c'est encore pis pour ceux qui, ne croyant plus aux preuves de la religion, se retiennent de le dire de peur de contribuer à faire un mal irréparable à l'humanité. C'est là la situation la plus pénible pour un esprit consciencieux et cultivé que d'être tiraillé en sens contraires par les deux plus nobles tendances, l'une vers la vérité, l'autre vers le bien général. Un conflit aussi triste doit inévitablement produire une indifférence croissante pour l'un et pour l'autre de ces objets, et très-probablement pour l'un et l'autre. Il en est beaucoup qui pourraient rendre d'immenses services à la vérité et à l'humanité, s'ils croyaient pouvoir servir l'une sans perdre l'autre, et qui sont complétement paralysés, ou bornent leurs efforts à traiter des sujets d'importance secondaire, par la crainte qu'une liberté réelle de penser, ou toute chose qui pourrait, soit fortifier, soit étendre considérablement les facultés de la pensée dans l'humanité, ne fût le plus sûr moyen de la rendre vicieuse et misérable. D'autres ayant observé chez autrui, ou éprouvé chez eux-mêmes des sentiments élevés qu'ils ne croient pas susceptibles d'émaner d'une autre source que la religion, ressentent une aversion honnête pour tout ce qui tend, d'après eux, à tarir la source de ces sentiments. Ils haïssent et diffament toute philosophie, ou bien ils s'attachent avec un zèle intolérant à ces systèmes philosophiques où l'instruction usurpe la place de la démonstration, où le sentiment interne tient lieu de critérium de la vérité objective. La métaphysique qui prévaut dans le présent siècle n'est qu'un tissu de faux témoignages en faveur de la religion. Souvent elle se borne à défendre le Déisme, mais toujours elle détourne de leur but les plus nobles penchants et les facultés spéculatives; déplorable gaspillage des talents de l'homme, qui ne nous laisse que le droit de nous étonner que l'humanité fasse encore des progrès, si lents qu'ils soient. Il est temps de considérer avec plus d'impartialité, et par conséquent avec plus de résolution qu'on n'y en apporte d'ordinaire, si les efforts que l'on fait pour étançonner des croyances auxquelles il faut, seulement pour les faire tenir debout, sacrifier tant d'intelligence et de talent, contribuent dans une mesure suffisante au bien de l'humanité ; et si l'on n'arriverait pas plus sûrement à ce résultat en reconnaissant franchement que certains sujets sont inaccessibles à notre intelligence, et en appliquant les mêmes efforts à rendre plus sûres et plus fécondes ces autres sources de vertu et de bonheur qui, pour subsister, n'ont pas besoin de la sanction des croyances, ni des sollicitations de l'ordre surnaturel.

D'un autre côté, il n'est pas aussi facile d'écarter les difficultés de cette question que les philosophes sceptiques sont quelquefois portés à le croire. Il ne suffit pas d'affirmer en termes généraux, qu'il ne saurait jamais y avoir aucun conflit entre la vérité et l'utilité ; que si la religion est fausse, il n'y a qu'à gagner à la rejeter. En effet, si la connaissance de toute vérité positive est une acquisition utile, il n'en est peut-être pas de même de la vérité négative. Quand la seule vérité que l'on puisse constater, est que rien ne peut être connu, nous ne possédons, par le fait de cette notion, aucun fait nouveau qui nous guide ; tout au plus sommes-nous guéris de la confiance que nous avions en un certain signe indicateur, lequel, bien que trompeur lui-même, nous indiquait pourtant la même direction que les signes les plus sûrs que nous possédions, et qui, plus visible et plus facile à comprendre, nous avait peut-être maintenus dans la bonne voie, alors que nous n'apercevions pas les autres. En un mot, il est très-facile de concevoir que la religion soit utile sans être soutenable au point de vue intellectuel ; et ce serait la preuve d'un grand préjugé chez un incroyant, s'il niait qu'il y ait eu des époques et qu'il y ait encore des nations et des individus pour lesquels elle est utile. En est-il ainsi en général? en sera-t-il ainsi dans l'avenir? C'est une question que nous allons examiner. Nous nous proposons de rechercher, si la croyance à la religion considérée comme une simple conviction, indépendamment de la question de savoir si elle est vraie, est tellement indispensable au bonheur temporel de l'humanité; si l'utilité de la croyance est intrinsèque et universelle, ou locale et temporaire, et, en quelque sorte, accidentelle; et si les profits qu'elle procure ne pourraient pas s'acquérir d'autre façon, et s'ils ne seraient pas alors débarrassés de l'énorme alliage de mal qui vient les réduire même dans les croyances les plus pures.

Les arguments qu'on fournit du côté religieux nous sont parfaitement connus à tous. Les écrivains religieux n'ont pas négligé de porter aux nues les avantages de la religion en général, aussi bien que ceux de leur propre foi religieuse en particulier. Mais les auteurs qui soutiennent l'opinion contraire se sont généralement contentés d'appuyer sur les maux positifs les plus évidents et les plus flagrants qu'ont engendré les formes passées et présentes de croyance religieuse. Comme les hommes se sont évertués sans relâche à se faire du mal les uns aux autres au nom de la religion, depuis le sacrifice d'Iphigénie jusqu'aux dragonnades de Louis XIV, pour ne rien dire des temps plus récents, les adversaires de la religion n'avaient guère besoin de chercher d'autres arguments pour la défense de leur thèse. Toutefois ces conséquences odieuses n'appartiennent pas à la religion en elle-même, mais à des religions particulières, et ne sauraient servir d'argument contre l'utilité des religions, à l'exception de celles qui encouragent ces abominations. Bien plus, les pires de ces maux sont déjà pour la plupart extirpés des religions les plus perfectionnées, et, à mesure que les idées et les sentiments de l'humanité font des progrès, cette épuration devient plus complète. Les conséquences immorales ou, à d'autres points de vue, pernicieuses qu'on tirait de la religion, sont abandonnées l'une après l'autre ; et après avoir longtemps combattu en leur faveur, comme si elles constituaient l'essence de la religion, on arrive à découvrir qu'il est facile de les en séparer. Mais ces dommages, bien qu'ils ne servent plus guère d'argument contre la religion, quand ils ont cessé de se faire sentir, n'en continuent pas moins à affaiblir son influence bienfaisante. Ils montrent en effet que les plus grands progrès qu'aient jamais faits les sentiments des hommes, se sont accomplis sans le secours de la religion, et en dépit d'elle, et que la puissance qui est, ainsi que nous le savons maintenant, l'agent le plus actif du progrès, a eu si peu le caractère religieux, que la plus lourde tâche qu'aient eu à accomplir les autres influences salutaires de la nature humaine, a été de réformer la religion elle-même. Toutefois la réforme s'est faite ; elle continue sous nos yeux, et, pour faire beau jeu à la religion, nous devons la supposer complète. Nous supposerons que la religion a pris à son compte les meilleurs principes de morale que la raison et la bonté puissent créer avec des éléments tirés, soit de la philosophie, soit du christianisme, soit d'ailleurs. Nous la tiendrons quitte des conséquences funestes qui proviennent de ce qu'elle lie son sort à des doctrines morales mauvaises; le terrain sera déblayé, et nous pourrons considérer si les propriétés utiles qu'on attribue à la religion, lui appartiennent exclusivement, ou si l'on peut, sans elle, acquérir les mêmes avantages.

Cette partie essentielle de la question de l'utilité temporelle de la religion fait le sujet de notre étude. C'est un sujet dont les écrivains sceptiques se sont peu occupés. La seule fois que je l'ai trouvée abordée nettement, c'est dans un court traité extrait en partie, comme l'on sait, des manuscrits de Bentham (1), et rempli d'idées justes et profondes, mais qui selon moi va beaucoup trop loin sur plusieurs points. Cet écrit et les remarques qu'Auguste Comte a semées incidemment dans ses ouvrages, sont les seules sources connues de moi d'où l'on puisse tirer des arguments vraiment en rapport avec la question, et dont les sceptiques aient à tirer parti. J'en ferai librement usage dans le cours de ce travail.

L'étude de mon sujet se divise en deux parties qui correspondent au double point de vue qu'il présente, le point de vue social et l'individuel : Que fait la religion pour la société, et que fait-elle pour l'individu? Quel profit pour les intérêts sociaux, au sens ordinaire de ces mots, tirons-nous de la religion? Quelle est l'influence de la religion pour améliorer et ennoblir chez l'individu la nature humaine?

La première question intéresse tout le monde, la se-

---

1. *Analysis of the influence of natural religion in the temporal happiness of mankind, by Philp Beauchamp.* Traduit en français sous le titre de *La Religion naturelle, son influence sur le bonheur du genre humain, rédigé sur les papiers de J. Bentham par G. Grote.* 1 v. in-18 de la *Bibliothèque de philosophie contemporaine.*

conde n'intéresse que l'élite de l'humanité. Mais pour cette élite la seconde est la plus importante, si toutefois on peut voir quelque différence entre les deux questions. Nous commencerons par la première, puisque c'est celle qu'il est le plus facile de résoudre clairement.

Examinons donc en premier lieu la religion comme instrument de bien social. Il faut commencer par tracer une distinction qu'on oublie le plus souvent. On a l'habitude de porter au crédit de la religion, *en tant que religion*, toute la vertu que possèdent les systèmes de morale quels qu'ils soient que l'éducation inculque dans l'esprit, et que l'opinion impose. Sans doute, l'humanité serait dans un état déplorable, si aucun principe, aucun précepte de justice, de véracité, de bienfaisance, n'y était enseigné aux particuliers et au public, si ces vertus n'étaient pas encouragées, si les vices qui en sont la contre-partie n'étaient pas réprimés par des peines et par la réprobation, par les sentiments de faveur ou de défaveur des hommes. Or comme tout ce qui se produit en ce genre se fait au nom de la religion, comme presque tous ceux qui enseignent une morale quelconque l'ont enseignée *en qualité* de religion, et l'ont recommandée toute leur vie principalement à ce titre; l'effet que l'enseignement produit, en tant qu'enseignement, on croit qu'il le produit comme enseignement religieux, et on fait honneur à la religion de toute l'influence qu'exercent dans les affaires humaines les codes de morale généralement acceptés pour la direction ou le gouvernement de la vie.

Bien peu de gens se sont rendus un compte suffisant de l'énorme influence de l'autorité, et de l'efficacité immense que possède naturellement toute doctrine à peu près unanimement admise, et qui s'imprime dans l'esprit comme un devoir dès la première enfance. Avec un peu de réflexion nous reconnaîtrons que c'est l'autorité qui est la grande puissance morale des affaires humaines, et que la religion ne paraît si puissante que parce que cet immense pouvoir s'est trouvé à son service.

En premier lieu, considérez la colossale influence de l'autorité sur l'esprit humain. Je parle en ce moment de l'influence où la volonté n'a point de part, de l'effet de l'autorité sur la conviction, sur les sentiments volontaires de l'homme. L'autorité est la preuve d'après laquelle la plupart des hommes croient tout ce qu'ils sont censés savoir, à l'exception des faits que leurs propres sens ont saisis. L'autorité est la preuve d'après laquelle les plus sages mêmes acceptent toutes les vérités de la science, tous les faits de l'histoire, ou les événements qui se passent dans le monde, dont ils n'ont pas eux-mêmes examiné les preuves. Pour l'immense majorité des gens, le concert général de l'humanité sur toute question d'opinion, est une preuve sans réplique. Tout ce qui leur est notifié au nom de ce concert, ils l'acceptent avec une pleine assurance qu'ils n'accordent pas même au témoignage de leurs propres sens quand l'opinion générale de l'humanité s'y trouve opposée. Lors donc qu'une règle de conduite, un devoir, fondé ou non sur la religion, a visiblement obtenu l'assentiment général, elle prend sur les croyances de l'homme un empire plus fort que s'il s'en était pénétré par la force intrinsèque de sa propre raison. Si Novalis a pu dire, non sans quelque profondeur : « Ma croyance a gagné une valeur infinie à mes yeux, du moment que j'ai vu qu'une autre personne commençait à la partager », à combien plus forte raison quand ce n'est pas seulement une personne unique, mais toutes celles que l'on connaît. Peut-être, dira-t-on, comme pour conclure, que nul code de morale n'a eu en sa faveur cet assentiment universel, et que par conséquent nul code ne saurait avoir puisé à cette source le pouvoir qu'il exerce sur l'esprit, quel que soit ce pouvoir. A ne considérer que le temps où nous vivons, l'assertion est vraie, et renforce l'argument qu'elle paraissait d'abord destinée à combattre ; en effet c'est dans la nature exacte où des systèmes de croyances reçues ont été contestés, et qu'on s'est aperçu qu'ils avaient contre eux de nombreux dissidents, que leur empire sur la croyance des masses s'est relâché et que leur influence réelle sur la conduite a baissé. Comme, d'ailleurs, cette décadence les a atteints en dépit de la sanction religieuse qui les protégeait, il ne saurait y avoir une plus forte preuve qu'elles ne tiraient pas leur puissance de la religion, mais de ce qu'elles étaient des croyances généralement acceptées de l'humanité. Pour trouver des gens qui croient leur religion comme un individu croit qu'il se brûlera en mettant la main dans le feu, il faut aller les chercher dans ces pays de l'Orient où les Européens n'ont pas encore conquis la prépondérance, ou bien dans le monde européen à l'époque où il était encore universellement catholique. A cette époque, on désobéissait souvent à la religion, parce que les passions et les appétits des hommes étaient plus forts qu'elle, ou parce qu'elle-même fournissait des moyens d'obtenir le pardon des infractions aux devoirs qu'elle imposait ; mais on avait beau désobéir, personne ne doutait, du moins la grande majorité. Il existait alors une foi unanime, absolue, aveugle, qu'on n'a plus retrouvée en Europe.

Tel est l'empire qu'exercent sur les hommes l'autorité toute seule, la croyance toute seule, le témoignage tout seul de leurs semblables. Considérez maintenant le pouvoir effrayant de l'éducation, l'effet, qu'aucun mot ne peut rendre, que l'on obtient en élevant les gens dès leur enfance dans une croyance et dans des habitudes fondées sur cette croyance. Considérez aussi que dans tous les pays, et dans tous les temps jusqu'à nos jours, non seulement les gens qu'on appelle, en un sens restreint du mot, instruits, mais tous ou presque tous ceux qui ont été élevés par leurs parents ou par des personnes qui leur portaient intérêt, ont appris dès l'âge le plus tendre quelque croyance religieuse, et quelques préceptes présentés comme des prescriptions que les puissances célestes leur imposent à eux-mêmes et à tous les hommes. Et comme on ne saurait alléguer que les commandements de Dieu soient pour les jeunes enfants quelque chose de plus que les commandements de leurs parents, il est raisonnable de penser que tout code de morale sociale que les hommes adopteraient alors même qu'il serait à l'état de rupture avec la religion, jouirait du même privilége d'être inculqué dès l'enfance, et en jouirait par la suite d'une façon plus complète qu'aucune doctrine n'en jouit à présent, puisque la société est plus disposée que jamais à prendre de la peine pour l'éducation morale des masses qu'elle avait jusqu'ici à peu près abandonnées au hasard. Or ce qui caractérise spécialement les impressions de la première éducation, c'est qu'elles possèdent une propriété que les convictions plus tardives ont bien de la peine à acquérir, à savoir l'empire sur les sentiments. Nous voyons chaque jour quel puissant empire ces premières impressions conservent sur les sentiments de ceux-là mêmes qui ont abandonné les opinions qu'ils avaient reçues de leur première éducation. Nous voyons aussi, d'autre part, que seules les personnes qui possèdent à la fois une sensibilité naturelle et une intelligence bien au-dessus de la sensibilité et de l'intelligence que l'on rencontre communément unies avec ces sentiments, s'attachent à peu près aussi fortement aux opinions qu'elles ont adoptées d'après leurs propres recherches, à un âge plus avancé; et lorsqu'elles s'y attachent avec cette force, nous pouvons dire sans nous tromper que c'est en vertu du sentiment du devoir, de la sincérité, du courage, et de l'abnégation qui sont les fruits de leurs impressions premières.

La puissance de l'éducation est presque sans bornes : il n'existe aucune inclination naturelle qu'elle ne soit assez forte pour dompter, et, s'il le faut, pour détruire en l'empêchant de s'exercer. La plus grande victoire que l'éducation ait remportée sur toutes les forces des inclinations naturelles chez tout un peuple, je veux parler de l'empire qu'ont exercé pendant des siècles les institutions de Lycurgue, cette victoire n'était guère l'œuvre de la religion, si, toutefois, la religion y était pour quelque chose. Les Dieux des Spartiates étaient les mêmes que ceux des autres états de la Grèce, et si chaque peuple croyait que sa constitution avait reçu, au moment de sa fondation, une sorte de consécration divine (pour la plupart c'était l'oracle de Delphes qui la sanctionnait), il n'était jamais difficile d'obtenir, pour la changer, la même sanction ou une plus puissante. Ce n'était pas la religion, qui faisait la force des institutions de Sparte ; le roc sur lequel elles étaient construites c'était le dévouement à Sparte, à l'idée de patrie, à l'État. Transformez cet idéal en un idéal de dévouement à un pays plus grand, le monde, et ce nouvel idéal aura la même force, et fera de bien plus nobles conquêtes que l'ancien. Chez les Grecs, en général, la moralité sociale était extrêmement indépendante de la religion. C'était bien plutôt le contraire : le culte des Dieux était enseigné comme un devoir social, au point que lorsqu'ils venaient à être insultés ou négligés, on croyait que leur déplaisir ne tomberait pas moins sur l'état ou la cité, où avait été nourri et élevé l'offenseur, que sur l'offenseur lui-même. L'enseignement moral tel qu'il existait en Grèce avait peu de rapports avec la religion. On ne supposait pas que les Dieux s'occupassent beaucoup de la conduite des hommes les uns envers les autres, dans une seule circonstance exceptée, quand les hommes eurent imaginé de faire entrer les Dieux comme parties intéressées dans leurs transactions, en plaçant une affirmation ou un engagement sous la sanction d'un appel solennel aux Dieux, sous forme de serment ou de vœu. Je reconnais que les sophistes, les philosophes, et toujours les orateurs populaires, ont fait de leur mieux pour enrôler la religion au service de leur objet spécial, et faire croire que les sentiments, quels qu'ils fussent, qu'ils cherchaient à faire accepter, étaient particulièrement agréables aux Dieux ; mais il ne paraît pas que la crainte des Dieux ait été prédominante en aucun cas, excepté celui d'une offense directe à leur dignité. C'était presque exclusivement aux sanctions séculières qu'on avait recours pour imposer la morale humaine. La Grèce est le seul pays, je crois, où un enseignement autre que religieux ait joui de l'inexprimable avantage de servir de base à l'éducation ; et quoique il y ait beaucoup à dire contre la valeur de certains points de cette éducation, ou ne saurait en contester l'efficacité. Je l'ai déjà fait remarquer, ce fait exceptionnel est l'exemple le plus mémorable de l'empire de l'éducation sur la conduite ; forte présomption que, dans les autres cas, c'est bien plus parce que l'enseignement religieux a été inculqué à l'enfance, qu'il exerce son pouvoir sur les hommes que parce qu'il est religieux.

Nous venons de considérer deux pouvoirs : celui de l'autorité et celui de l'éducation, qui agissent au moyen des croyances, des sentiments et des désirs des hommes, et que la religion a jusqu'ici regardés comme son apanage à peu près exclusif. Considérons maintenant un troisième pouvoir qui agit directement sur leurs actions, soit qu'il entraîne ou non leurs sentiments involontaires. C'est le pouvoir de l'opinion publique, le pouvoir de l'éloge ou du blâme, de la faveur ou de la défaveur de nos semblables. Ce pouvoir est une force qui s'attache à tout système de croyance morale, pourvu qu'il soit adopté généralement, qu'il soit d'ailleurs uni ou non à la religion.

Les hommes sont tellement accoutumés à donner aux motifs qui déterminent leurs actions, des noms plus flatteurs qu'il ne convient, qu'en général ils ne s'aperçoivent pas du tout que les parties de leur conduite dont ils s'enorgueillissent le plus, aussi bien que celles dont ils rougissent, sont déterminées par la nature de l'opinion publique. Naturellement l'opinion publique, la plupart du temps, prescrit les mêmes choses qui sont enjointes par la morale sociale régnante, laquelle en réalité est le résumé de la conduite que chaque individu, pris dans la multitude, désire que les autres observent à son égard, qu'il l'observe lui-même rigoureusement ou non. Aussi se flatte-t-on aisément d'agir d'après les prescriptions de la conscience quand en réalité on fait, en obéissant à des motifs moins relevés, des choses que la conscience désapprouve. Nous voyons à chaque instant combien l'opinion a de puissance contre la conscience ; combien les hommes « suivent la multitude pour faire le mal », combien de fois l'opinion les pousse à faire ce que leur conscience désapprouve, et encore plus souvent les empêche de faire ce qu'elle ordonne. Mais lorsque le motif de l'opinion publique agit dans le même sens que la conscience, ce qui arrive naturellement puisque l'opinion a pris l'habitude de se substituer à la conscience dans le premier cas, elle est le plus irrésistible de tous les motifs qui mènent la masse du genre humain.

Les noms de toutes les plus fortes passions (celles qui sont purement animales exceptées) qui se manifestent dans la nature humaine, sont chacun le nom d'une fraction seulement du motif dérivé de ce que nous appelons ici l'opinion publique. L'amour de la gloire, l'amour de la louange, l'amour du respect et de la déférence, l'amour même de la sympathie, sont des éléments de la force attractive de ce motif. Le mot de vanité est une expression de blâme qui s'applique à son influence attractive considérée comme dépassant de beaucoup la mesure. La crainte de la honte, la peur de s'attirer une mauvaise réputation, de n'être pas aimé, d'être haï, sont des formes directes et simples du pouvoir que possède la honte pour détourner de certaines actions. Mais cette force que possèdent les sentiments défavorables des hommes ne consiste pas seulement dans la peine qu'on éprouve à connaître qu'on est soi-même l'objet de ces sentiments ; elle comprend aussi toutes les pénalités qu'ils peuvent infliger : l'exclusion du commerce de la société ainsi que des innombrables bons offices que les hommes attendent les uns des autres ; la déchéance de tout ce qu'on appelle succès dans la vie ; souvent une diminution considérable ou même la perte totale des moyens d'existence ; enfin des mauvais offices de tout genre qui suffisent à empoisonner l'existence, et qui dans certains états de société vont jusqu'à la persécution et à la mort. Ajoutons que l'influence attractive ou impulsive de l'opinion publique comprend tous les degrés de ce qu'on appelle communément l'ambition ; car, à l'exception des époques où sévit un régime militaire sans frein, les objets de l'ambition dans la société ne sont décernés que par l'opinion, et ne s'obtiennent que grâce aux dispositions favorables de nos semblables. D'ailleurs, neuf fois sur dix, on ne les désirerait pas n'était le pouvoir qu'ils confèrent sur les sentiments des hommes. Le sentiment même de l'approbation qu'on s'accorde à soi-même dépend principalement dans la grande majorité des cas, de l'opinion d'autrui. L'influence involontaire de l'autorité est si grande sur les esprits ordinaires, qu'il faut qu'une personne soit autrement faite que tout le monde pour conserver l'assurance qu'elle est dans le vrai, quand le monde, c'est-à-dire son monde, pense qu'elle est dans le faux : pour la plupart des gens, la preuve la plus décisive qu'ils aient de leur vertu ou de leur talent c'est que les autres y croient. Dans tous les genres d'affaires humaines, l'attention que nous portons aux sentiments de nos semblables, est sous une forme ou sous une autre, le motif qui domine dans presque tous les caractères. Nous devons remarquer que ce motif est naturellement le plus fort chez les natures les plus sensibles, celles dont on peut le plus espérer les grandes vertus. L'expérience de chaque jour nous fait trop bien savoir jusqu'où s'étend son pouvoir, pour que nous ayons besoin d'en fournir des preuves, ou des exemples. Après que l'homme a acquis les moyens de vivre, presque tout ce qu'il prend encore de peine et ce qu'il fait d'efforts, a pour but d'acquérir le respect et la faveur de ses semblables, d'être considéré par eux, ou en tous cas de n'en être pas méprisé. L'activité commerciale et industrielle à laquelle la civilisation doit ses progrès, la frivolité, la prodigalité, la soif égoïste d'agrandissement qui les retardent, coulent de la même source. D'autre part, comme exemple du pouvoir de la terreur qu'inspire l'opinion publique, que de meurtres n'ont-ils pas été commis, sans autres motif, pour le meurtrier que le besoin de faire disparaître un témoin dangereux, maître d'un secret qui aurait pu le déshonorer.

Quiconque examinera loyalement et impartialement la question comprendra que les grands effets que, dans l'opinion générale, les motifs tirés de la religion exercent sur la conduite, ont pour la plupart leur cause prochaine dans l'influence de l'opinion des hommes. La religion a été puissante non par sa force intrinsèque, mais parce qu'elle a eu en main cette autre puissance plus efficace. L'effet de la religion a été immense parce qu'elle a donné une direction à l'opinion publique, que sur bien des points de la plus haute importance, elle l'a complétement déterminée. Mais sans les sanctions qu'ajoutait par surcroît l'opinion publique, les propres sanctions de la religion n'auraient jamais exercé une influence puissante, si ce n'est sur des caractères exceptionnels ou sur des esprits d'un modèle particulier, une fois l'époque passée où l'on croyait que la puissance divine avait ordinairement recours aux récompenses et aux châtiments temporels. Quand on croyait fermement que la personne qui violait la sainteté de tel ou tel temple, serait frappée de mort sur-le-champ ou affligée d'une maladie réelle, on prenait garde de s'exposer à cette pénalité : mais quand tout le monde eut le courage de braver le danger, et que personne ne fut puni, le charme se trouva rompu. S'il y eut jamais un peuple auquel on enseignât qu'il était gouverné par la divinité, et que toute infidélité envers sa religion serait punie d'en haut par des châtiments temporels, ce fut le peuple juif. Cependant son histoire n'est remplie que de retours au paganisme. Ses prophètes et ses historiens restaient fermement attachés aux antiques croyances, dont ils ne laissaient pas de donner une interprétation assez large, pour voir une manifestation suffisante du déplaisir de Dieu envers un roi dans un mal qui affligeait son petit-fils. Ils ne cessèrent jamais de se plaindre que leurs concitoyens restassent sourds à leurs appels prophétiques. Par suite, avec la foi qu'ils avaient en une Providence disposant de pénalités temporelles, ils ne pouvaient manquer de prévoir la *culbute générale* (comme Mirabeau, qui n'avait pourtant pas les mêmes motifs, pouvait aussi la prévoir à l'aurore de la révolution française); et cette prévision s'accomplit heureusement pour l'honneur de leurs talents prophétiques. Il n'en a pas été de même pour la prophétie de l'Apôtre Jean, qui, dans la seule prédiction intelligible que contienne l'Apocalypse, annonçait que la ville aux sept collines aurait le sort de Ninive et de Babylone. Cette prophétie attend encore de nos jours son accomplissement. Incontestablement, la conviction qu'avec le temps l'expérience imposait à tout le monde, sauf aux plus ignorants, qu'il n'y avait pas lieu d'attendre avec pleine confiance les punitions divines sous une forme temporelle, contribua beaucoup à la chute des vieilles religions, et à l'adoption d'une religion nouvelle qui, sans exclure absolument l'intervention de la Providence dans cette vie, pour la punition des fautes et la récompense des bonnes actions, reculait dans un monde nouveau, et rejetait après la mort le principal théâtre de la rétribution divine. Mais des récompenses et des punitions ajournées à une telle distance dans le temps, que l'œil ne voyait jamais, étaient mal calculées, alors même qu'on les disait éternelles et infinies, pour opposer chez des esprits ordinaires un puissant obstacle à une forte tentation. Leur éloignement seul diminue prodigieusement leur efficacité sur des esprits tels que ceux qui rendent le plus nécessaires la contrainte et les châtiments. Une cause plus sérieuse d'affaiblissement est l'incertitude qui résulte de leur nature même : en effet les récompenses et les châtiments administrés après la mort, ne seront pas ordonnés pour toujours pour des actions particulières, mais d'après un examen général de toute la vie d'une personne. Dans ce cas l'on se persuade aisément que l'on n'a guère commis que des peccadilles, et qu'à la fin on verra encore la balance pencher en notre faveur. Toutes les religions positives aident l'homme à se payer de cette erreur. Les mauvaises religions enseignent que l'on peut se racheter de la vengeance divine par des offrandes, ou en s'humiliant; les meilleures, afin de ne pas pousser les pécheurs au désespoir, insistent tellement sur la miséricorde divine que c'est à peine s'il s'en trouve un qui ne puisse éviter de se croire irrévocablement damné. La seule qualité de ces punitions qui semblerait calculée pour les rendre efficaces, leur écrasante immensité, est même une raison qui fait que personne, excepté quelques hypocondriaques par-ci, par-là, ne se croit réellement en danger de les encourir. Le pire des criminels croit à peine que les crimes qu'il a été en son pouvoir de commettre, que les maux qu'il a pu faire souffrir durant la courte durée de son existence aient mérité des tourments d'une éternelle durée. Aussi les écrivains religieux et les prédicateurs ne se lassent-ils pas de se plaindre du peu d'influence que les motifs religieux ont sur la vie et la conduite des hommes, nonobstant les effroyables châtiments qu'ils annoncent.

Bentham, que j'ai déjà cité comme l'un des rares auteurs qui ont écrit sur le sujet de l'efficacité de la sanction religieuse, cite plusieurs cas pour prouver que l'obligation religieuse, quand elle n'est pas imposée par l'opinion publique, ne produit guère d'effet sur la conduite. Le premier exemple qu'il donne est celui des serments. Les serments qu'on prête devant les tribunaux, et certains autres que l'opinion publique impose avec rigidité, à cause de l'importance évidente qu'il y a pour la société à ce qu'ils soient gardés, sont considérés comme des obligations qui lient réellement. Mais les serments prêtés dans les Universités et à la douane, bien qu'aussi obligatoires au point de vue religieux, sont en pratique regardés comme absolument sans importance, même pour des hommes honorables à d'autres égards. Le serment qu'on prête dans les Universités d'obéir aux statuts a été pendant des siècles mis à néant de l'assentiment de tout le monde, et l'on voit des personnes qui remplissent aussi exactement que d'autres les obligations ordinaires de la vie, faire chaque jour et sans rougir des serments à la douane à l'appui de déclarations complétement fausses. C'est que dans ces deux cas la véracité n'est pas une obligation imposée par l'opinion publique. Le second exemple que cite Bentham est le duel, tombé en désuétude en Angleterre, mais encore en vigueur dans plusieurs autres pays chrétiens. Le duel est considéré comme un péché par presque toutes les personnes qui s'en rendent néanmoins coupables pour obéir à l'opinion et pour échapper à une humiliation personnelle. Le troisième exemple est celui du commerce illicite des sexes. Pour les deux sexes, aux yeux de la religion, ce commerce est un péché de premier ordre, mais l'opinion n'a pas pour ce péché un blâme bien sévère, quand il est commis par l'homme, et l'homme n'éprouve en général pas grand scrupule à s'en rendre coupable. Pour les femmes, au contraire, bien que l'obligation religieuse ne soit pas plus impérieuse pour elles que pour les hommes, elle est néanmoins ordinairement efficace, parce qu'elle est doublée par une sanction réellement grave de l'opinion publique.

Si l'on considérait les exemples donnés par Bentham comme des expériences *cruciales* du pouvoir de la sanction religieuse, on pourrait y faire sans aucun doute des objections. On pourrait dire que les gens ne croient pas, dans ces cas, encourir une punition de la part de Dieu, pas plus que de l'homme. L'objection est fondée pour ce qui est des serments d'université et de certains autres que l'on prête d'ordinaire sans intention de les tenir. Dans ces cas le serment est regardé comme une pure formalité, dépourvue de toute signification sérieuse à l'égard du devoir; et la personne la plus scrupuleuse, alors même qu'elle se reproche d'avoir prêté un serment que personne ne suppose qu'elle doive tenir, ne s'accuse pas au fond de sa conscience du crime de parjure; elle se reproche seulement d'avoir profané une cérémonie. Toutefois, cet exemple n'est pas une preuve suffisante de la faiblesse du motif religieux, quand il est en désaccord avec celui de l'opinion humaine. Le point qu'elle met en lumière est plutôt la tendance d'un motif à s'associer à un autre, de telle sorte que lorsque les pénalités de l'opinion publique cessent, les motifs religieux cessent aussi. Toutefois la même critique n'est pas également applicable aux autres exemples de Bentham, au duel et aux relations illicites des sexes. Ceux qui commettent ces actes, le premier pour obéir à l'opinion, le second avec l'indulgence de l'opinion, croient sans doute, la plupart du temps, offenser Dieu. Assurément, ils ne croient pas l'offenser assez pour mettre leur salut en péril. La confiance qu'ils ont en sa miséricorde l'emporte sur la crainte qu'ils ont de sa colère ; et cet exemple confirme la remarque que nous avons faite, que l'idée d'incertitude inévitablement attachée aux pénalités annoncées par la religion, en fait de faibles motifs pour détourner du mal. Ils sont faibles en effet, même pour des actes que l'opinion des hommes condamne, et ils le sont bien davantage pour ceux à l'égard desquels elle se montre indulgente. Les fautes que les hommes estiment vénielles, on ne croit pas que Dieu y fasse beaucoup d'attention, du moins les gens qui se sentent portés à s'y abandonner.

Je ne songe point à nier qu'il y ait des états d'esprit où l'idée de la punition annoncée par la religion agit avec une force plus irrésistible. Dans la maladie de l'hypochondrie et chez les individus en qui, à la suite de cruels désappointements, ou d'autres causes morales, les idées et l'imagination ont contracté une complexion habituellement mélancolique, l'idée du châtiment divin, rencontrant une tendance préexistante de l'esprit, fournit des images très-propres à jeter dans la folie l'infortuné qu'elle hante. Il arrive souvent que, sous l'influence d'un abattement temporaire, ces idées s'emparent si bien de l'esprit, qu'elles donnent au caractère un tour permanent, qui constitue le cas le plus commun de l'état que, dans le langage de la secte, on appelle la conversion. Mais si l'abattement cesse après la conversion, ce qui arrive communément, et que le converti ne retourne pas à son ancien état, mais qu'il persévère dans son nouveau genre de vie, on voit que la principale différence qui distingue ce genre de l'ancien, consiste en ce que l'homme dirige sa vie d'après l'opinion publique des membres de l'association religieuse à laquelle il s'est attaché, tandis qu'auparavant, il la dirigeait d'après celle du monde des profanes. En tous cas, voici une preuve claire du peu de crainte que la plupart des hommes, religieux ou mondains ont réellement des châtiments éternels : nous voyons qu'au moment de la mort, alors que l'éloignement qui contribuait si fort à en diminuer l'effet, se change en une proximité de la plus courte échéance, presque tous les gens qui ne se sont pas rendus coupables de quelque crime énorme, et même beaucoup de ceux qui en ont chargé leur conscience, n'éprouvent aucune inquiétude au seuil d'un autre monde, et ne semblent pas un seul instant se croire en danger d'un châtiment éternel.

On parle des supplices et des cruels tourments que tant de confesseurs et de martyrs ont soufferts pour l'amour de la religion; je n'entends pas les rabaisser en rapportant une partie de la constance et du courage admirable qu'ils ont montrés, à l'influence de l'opinion des hommes. Mais l'opinion des hommes s'est montrée tout aussi efficace à produire une semblable fermeté chez des personnes qui d'ailleurs ne se distinguent pas par une supériorité morale; tel par exemple l'Indien de l'Amérique du Nord attaché au poteau de guerre. Mais si la pensée d'être glorifié aux yeux de leurs coreligionnaires n'était pas ce qui soutenait ces héroïques martyrs au milieu des tourments, je ne suis pas davantage porté à croire que ce fût, généralement parlant, celle des plaisirs du ciel ou des peines de l'enfer. Ce qui les poussait, c'était un enthousiasme divin, un dévouement plein d'abnégation à une idée : un état de sentiment exalté nullement particulier à la religion, mais que toute grande cause a le privilége d'inspirer, un phénomène appartenant aux moments critiques de l'existence, non au jeu ordinaire des motifs humains, et d'où on ne peut en aucune façon conclure si les idées, religieuses ou non, d'où il a jailli, sont efficaces pour vaincre les tentations ordinaires et régler le cours de la vie de tous les jours.

Nous avons épuisé cette partie de notre sujet, après tout la plus vulgaire. Ce que vaut la religion comme supplément des lois humaines, comme une police d'un genre plus ingénieux, comme un auxiliaire du gendarme et du bourreau, ce n'est point ce que les esprits supérieurs qui se rencontrent parmi ses partisans mettent le plus d'ardeur à faire ressortir. Ils admettraient aussi bien que personne que si l'on pouvait se passer des services plus nobles que la religion rend à l'âme, il y aurait lieu de rechercher un instrument social qui remplaçât un sentiment aussi grossier et aussi égoïste que la crainte de l'enfer. D'après l'idée qu'ils se font de la religion, alors même qu'on pourrait contenir sans son aide les pires des hommes, son secours serait absolument nécessaire pour produire la perfection des meilleurs.

Toutefois, même au point de vue social, envisagé dans ce qu'il y a de plus élevé, ces nobles esprits affirment généralement la nécessité de la religion, comme moyen d'enseigner sinon d'imposer la morale sociale. La religion seule, disent-ils, peut enseigner en quoi consiste la morale ; toute morale élevée reconnue par l'humanité, c'est la religion qui l'a enseignée ; les plus grands philosophes qu'elle n'a pas inspirés s'arrêtent, même dans leurs plus sublimes élans, bien en deçà de la morale chrétienne, et quelque inférieure que soit la moralité à laquelle ils soient parvenus (avec l'aide, suivant une opinion qui a beaucoup de partisans, de traditions obscures tirées des livres hébreux, ou d'une révélation primitive) ils ne peuvent jamais amener la masse de leurs contemporains à la recevoir de leurs mains. Si l'on veut que les hommes, ajoutent-ils, adoptent un système de morale, s'y rallient, et prêtent le secours de leur sanction pour l'imposer, il faut qu'ils comprennent que ce système vient des dieux. Alors même que les motifs humains suffiraient pour assurer l'obéissance à une règle, nous n'aurions jamais eu de règle sans le secours de la religion.

Au point de vue de l'histoire il y a beaucoup de vrai dans cette argumentation. Les peuples anciens ont généralement, sinon toujours, considéré leur morale, leurs croyances intellectuelles, et même les arts pratiques qui leur servaient chaque jour, en un mot tout ce qui tendait, soit à les diriger, soit à les discipliner, comme des révélations de puissances supérieures, et il n'aurait pas été facile de les amener à les recevoir d'une autre façon. Cela venait en partie de leurs espérances et de leurs craintes à l'égard de ces puissances, dont le pouvoir semblait bien plus grand et plus universel dans les premiers temps, quand on voyait la main des Dieux dans les événements de chaque jour, alors que l'expérience n'avait point encore découvert les lois fixes suivant lesquelles les phénomènes physiques se suivent. Indépendamment aussi des espérances ou des craintes qu'ils pourraient éprouver personnellement, la déférence involontaire que ces esprits grossiers ressentaient pour une puissance supérieure à la leur, et la tendance qu'ils avaient à supposer que des êtres d'un pouvoir surhumain doivent posséder aussi une science et une sagesse surhumaines, les portaient à vouloir, sans calcul intéressé, conformer leur conduite aux préférences présumées de ces êtres puissants, et à n'adopter aucune pratique nouvelle, sans qu'ils eussent donné leur autorisation, soit spontanément, soit à la sollicitation de prières.

Mais de ce que les hommes, quand ils étaient encore sauvages, n'auraient accepté aucune vérité tant morale que scientifique, s'ils ne l'avaient pas crue révélée surnaturellement, s'ensuit-il qu'ils abandonneraient plus les vérités morales que les vérités scientifiques, parce qu'ils cesseraient de croire que ces vérités n'ont pas d'origine plus haute que des cœurs d'hommes sages et nobles ? Les vérités morales ne sont-elles pas assez fortes dans leur évidence propre, pour demeurer maîtresses, quoi qu'il arrive, de la croyance des hommes une fois qu'elles en ont pris possession ? Je reconnais que certains préceptes de Jésus, tels que nous les retrouvons dans les Évangiles, s'élèvent de beaucoup au-dessus des doctrines de saint Paul, fondement du christianisme vulgaire, et portent certains genres de bonté morale à des hauteurs qu'on n'avait jamais atteintes auparavant, quoique la plupart des préceptes qui passent pour n'appartenir qu'à l'enseignement de Jésus se trouvent égalées par les pensées de Marc Aurèle, sans que nous ayons aucune raison de croire que ce sage en fût, de quelque façon que ce soit, redevable au Christianisme. Mais ce bien, si haut qu'on le prise, est acquis. L'humanité en a pris possession ; il est devenu sa propriété, et rien ne saurait le lui ravir qu'un retour à la barbarie primitive. Le commandement nouveau : « Aimez-vous les uns les autres (1) » ; la déclaration qui reconnaît que les plus grands sont ceux qui servent, non ceux qui sont servis par d'autres ; le respect pour le faible et l'humble, fondement de la chevalerie ; l'affirmation que les faibles et non les forts ont la première place aux yeux de Dieu, et les premiers droits les plus sacrés à l'attention de leurs semblables ; la moralité de la parabole du bon Samari-

---

1. Ce n'est pas à vrai dire un commandement nouveau. Pour rendre justice au grand législateur des Hébreux, il faudrait toujours rappeler que le précepte « aime ton prochain comme toi-même, » existait déjà dans le Pentateuque ; et il est très-surprenant de l'y trouver.

tain; le précepte qui demande que « celui qui est sans péché jette la première pierre »; celui de faire à autrui ce que nous voudrions qui nous fût fait; et toutes ces autres nobles leçons qui se rencontrent mêlées à des exagérations poétiques et à quelques maximes dont il est difficile de reconnaître l'objet précis, dans les paroles de Jésus de Nazareth, sont certainement assez en harmonie avec l'intelligence et les sentiments de tout homme et de toute femme de bien, pour ne pas courir le danger de se perdre, après avoir été une fois reconnus comme le crédo de la partie la meilleure et la plus avancée de notre espèce. Dans l'avenir, comme on l'a vu dans le passé, la conduite des hommes restera longtemps encore bien en arrière de cet enseignement; mais qu'il soit jamais oublié ou qu'il cesse d'agir sur la conscience humaine tant que les hommes resteront cultivés ou civilisés, on peut dire une fois pour toutes que c'est impossible.

D'un autre côté, il y a un mal très-réel à attribuer une origine surnaturelle aux maximes reçues de la morale. Cette origine les consacre et les protége toutes contre la discussion et la critique. De sorte que si, parmi les doctrines morales reçues comme parties intégrantes de la religion, il y en a d'imparfaites, soit qu'elles fussent erronées dès l'origine, soient qu'elles n'aient pas été exprimées avec assez de réserve et de précaution, soit que, incontestables autrefois, elles ne conviennent plus aux changements survenus dans les relations des hommes (c'est ma ferme conviction qu'on trouverait des exemples de tous ces genres de préceptes dans ce qu'on appelle la morale chrétienne), on les regarde comme obligeant la conscience au même degré que les préceptes du Christ les plus nobles, les plus permanents, les plus universels. Toutes les fois que l'on attribue à la morale une origine surnaturelle, elle devient stéréotypée comme la loi l'est pour la même raison chez les sectateurs du Koran.

La croyance au surnaturel, si grands que soient les services qu'elle a rendus aux premiers âges du développement de l'humanité, ne saurait donc être considérée plus longtemps comme nécessaire, soit pour nous mettre en état de savoir ce qui est bien et mal dans la morale sociale, soit pour nous fournir des motifs de faire le bien et de nous abstenir du mal. Cette croyance n'est donc pas nécessaire pour les besoins de l'humanité, au moins dans la façon grossière où il est possible de les considérer, abstraction faite du caractère des hommes individuels. Cette partie de la question, plus élevée que l'autre, reste encore à considérer. Si les croyances surnaturelles sont nécessaires pour assurer la perfection du caractère de l'individu, elles sont nécessaires aussi au plus haut degré dans la conduite sociale : nécessaires en un sens plus élevé que le sens vulgaire, ce qui en fait le grand pilier de la morale aux yeux de la masse.

Considérons donc ce qui dans la nature humaine fait qu'elle a besoin d'une religion, quels besoins de la nature la religion satisfait et quelles qualités elle développe. Quand nous l'aurons compris, nous serons mieux en état de juger jusqu'à quel point ces besoins peuvent être satisfaits autrement, et dans quelle mesure ces qualités ou des qualités équivalentes peuvent être développées et amenées à la perfection par d'autres moyens.

Le vieux dicton *primus in orbe deos fecit timor*, je le crois faux, ou au moins je pense qu'il ne contient que très-peu de vérité. J'imagine que la croyance à des Dieux a eu, même chez les esprits les plus grossiers, une noble origine. On a expliqué l'universalité de cette croyance d'une manière très-rationnelle par la tendance spontanée de l'esprit à attribuer une vie et une volonté, semblables à celles qu'il sent en lui-même, à tous les objets ou phénomènes naturels qui semblent se mouvoir d'eux-mêmes. C'était là une imagination très-plausible, et on ne pouvait au commencement faire une meilleure théorie. On persista naturellement dans cette croyance, tant que les mouvements et les opérations de ces objets parurent arbitraires, et non susceptibles d'être expliqués par le libre choix de cette Puissance même. Nul doute qu'on ait cru d'abord que les objets fussent doués de vie. Cette croyance subsiste encore parmi les fétichistes d'Afrique. Mais comme il devait bientôt sembler absurde que des objets d'une puissance tellement supérieure à celle de l'homme ne pussent ou ne voulussent pas faire ce que l'homme fait, comme, par exemple, parler, on en vint à supposer que l'objet qui frappait les sens était inanimé, mais qu'il était une créature et un instrument d'un être invisible, pourvu d'une forme et d'organes semblables à ceux de l'homme.

On commença par croire à l'existence de ces êtres, on finit par les craindre ; puisqu'on les croyait capables d'infliger à plaisir de grands maux aux hommes, que ceux qui en étaient victimes ne pouvaient ni détourner ni prévoir, mais qui avaient pourtant la ressource d'essayer l'un ou l'autre en adressant leurs sollicitations aux Dieux mêmes. Il est donc vrai que la crainte était pour beaucoup dans la religion. Mais la croyance aux Dieux avait précédé la crainte et n'en était pas le résultat : la crainte une fois établie devint un puissant appui de la croyance, puisqu'on n'imaginait pas qu'on pût commettre envers les Dieux une plus grande offense que de douter de leur existence.

Nous n'avons pas besoin de pousser plus loin l'histoire naturelle de la religion, puisque nous ne nous proposons pas d'expliquer comment elle prend naissance dans les esprits grossiers, mais seulement comment elle persiste dans des esprits cultivés. On trouvera, je pense, une explication suffisante de ce fait, si l'on considère que le cercle des connaissances certaines que possède l'homme est étroit, et que son désir de savoir est sans borne. L'existence de l'homme se présente d'abord entourée de mystère : l'étroite région de notre expérience est comme une petite île perdue sur une mer immense, qui élève nos sentiments en même temps qu'elle stimule notre imagination par son immensité et son obscurité. Ce qui obscurcit encore le mystère, c'est que le domaine de notre existence terrestre n'est pas seulement une île dans l'espace infini, mais aussi dans le temps infini. Le passé et le futur se dérobent également à nos regards : nous ne savons ni l'origine ni la fin d'aucune chose existante. Si nous éprouvons un intérêt profond à savoir qu'il y a des myriades de mondes jetés dans l'espace à des distances qu'on ne peut mesurer et que nos facultés ne peuvent concevoir; si nous cherchons avec ardeur à découvrir, au sujet de ces mondes, le peu qui est à notre portée, et si, lorsque nous ne pouvons savoir ce qu'ils sont, nous ne nous lassons jamais de spéculer sur ce qu'ils pourraient être ; n'y a-t-il pas un intérêt plus profond à connaître ou même à conjecturer l'origine de ce monde plus rapproché de nous que nous habitons ; à chercher quelle cause, quelle puissance l'a fait ce qu'il est, et de quelle puissance dépend sa destinée dans l'avenir? Qui ne se porterait avec plus d'ardeur vers cette étude que vers toute autre connaissance, tant qu'il reste la plus légère espérance d'y atteindre ? Que ne donnerait-on pas pour une nouvelle croyable qui nous viendrait de cette région mystérieuse, pour un éclair qui jetterait à travers ces ténèbres le plus faible rayon de lumière, surtout pour une théorie vraiment croyable qui nous représenterait le monde comme soumis à une influence bienveillante et nullement hostile ? Mais puisque nous ne sommes en état de pénétrer dans cette région que par l'imagination assistée d'analogies tirées de l'action et des desseins de l'homme, analogies spécieuses, mais d'où l'on ne peut rien conclure, l'imagination est libre de remplir le vide avec les images qui conviennent à son génie, images sublimes et élevées si l'imagination est noble, images basses et mesquines si l'imagination est terre-à-terre.

La religion et la poésie s'adressent au moins par un de leurs côtés à la même partie de la nature humaine : elles satisfont l'une et l'autre le même besoin, celui de conceptions idéales plus grandioses et plus belles qu'aucune de celles que nous voyons se réaliser dans la vie prosaïque de l'homme. La religon, par opposition à la poésie, est le produit de l'effort que nous faisons pour connaître si ces conceptions de l'imagination correspondent à des réalités situées dans un monde différent du nôtre. Dans la religion, l'esprit court au-devant de tous les bruits relatifs à d'autres mondes, surtout quand ils sont rapportés par des personnes dont on reconnaît la supériorité au point de vue de la sagesse. A la poésie du surnaturel, vient ainsi s'ajouter une croyance positive et une attente que les esprits dépourvus de sens poétique peuvent partager avec les esprits poétiques. La croyance à un Dieu ou à des dieux, et la croyance à une vie après la mort, deviennent ainsi le canevas sur lequel chaque esprit, selon sa capacité, brode des images idéales qu'il invente ou qu'il copie. Dans cette vie à venir, chacun espère rencontrer le bien qu'il n'a pas réussi à trouver ici-bas, ou le mieux que lui fait concevoir le bien qu'il n'a connu ou dont il n'a aperçu sur la terre qu'une partie. Mais par-dessus tout, cette croyance fournit aux esprits plus délicats des matériaux pour concevoir des êtres plus augustes que ceux qu'ils *peuvent* avoir connus sur la terre, et plus parfaits que ceux qu'ils *ont* probablement connus. Tant que la vie demeurera si en arrière des aspirations de l'homme, il conservera dans son âme un désir ardent pour les choses supérieures, qui trouve sa satisfaction la plus évidente dans la religion. Tant que la vie terrestre sera remplie de souffrances, on aura besoin des consolations que l'espérance du ciel apporte à l'âme égoïste, et l'amour de Dieu à l'âme tendre et reconnaissante.

La valeur de la religion pour l'individu, tant dans le passé que dans le présent, comme source de satisfaction personnelle et de sentiments élevés, n'est donc pas contestable. Mais il reste à considérer si, pour obtenir ce bien, il est nécessaire de faire un voyage au delà des limites du monde que nous habitons, ou si, en idéalisant notre vie terrestre, en entretenant une conception élevée de ce que l'on pourrait faire de *la vie d'ici-bas*, on n'arriverait pas à créer une poésie, et, dans le meilleur sens du mot, une religion également propres à exalter les sentiments, et (toujours avec l'assistance de l'éducation) mieux faite pour ennoblir la conduite que toute croyance touchant des puissances invisibles.

A cette idée on va se récrier. La brièveté, l'étroitesse et l'insignifiance de la vie, va-t-on dire, s'il n'en existe aucune prolongation au delà de ce que nous voyons, ne permettent pas que des sentiments élevés se rattachent à aucune conception construite sur une aussi petite échelle : une telle conception de la vie ne saurait aller de pair qu'avec des sentiments épicuriens, et les sentiments épicuriens ne se résument-ils pas dans la maxime : « Mangeons et buvons, demain nous mourrons? »

On ne saurait contester que, dans certaines limites, la maxime des épicuriens ne soit saine et ne s'applique à des choses plus nobles que le manger et le boire. Tirer du présent tout le parti possible pour toutes les fins bonnes, y compris le plaisir ; tenir en bride les dispositions mentales qui conduisent à sacrifier sans motif valable le bien du moment à un bien à venir qui peut n'arriver jamais ; entretenir l'habitude de trouver du plaisir aux choses qui sont à notre portée, plutôt que de s'abandonner à une poursuite ardente d'objets éloignés ; considérer comme perdu tout le temps qui n'est pas consacré à notre plaisir ou à des choses utiles à nous-même ou à autrui, voilà des maximes sages, et la doctrine *carpe diem* poussée jusque-là est un corollaire rationnel et légitime de la brièveté de la vie. Mais il n'est pas légitime de conclure de la brièveté de la vie que nous ne devons nous inquiéter de rien qui la dépasse : supposer que les hommes en général ne sont pas capables de sentir profondément les choses que la brièveté de la vie ne leur permettra pas de voir s'accomplir, qu'ils ne sauraient y prendre le plus profond intérêt, c'est se faire de la nature humaine une idée aussi fausse qu'abjecte. Qu'on n'oublie pas que si la vie de l'homme comme individu est courte, la vie de l'espèce humaine ne l'est pas ; sa durée indéfinie est pour l'homme l'équivalent de l'infini. Combinez cette infinitude avec une capacité indéfinie de perfection, et vous avez pour l'imagination et les sentiments sympathiques un objet assez vaste pour donner satisfaction à tout ce que les grandes aspirations peuvent raisonnablement demander. Que si un objet de cette nature paraissait mesquin à un esprit habitué à rêver des béatitudes infinies et éternelles, songez qu'il acquerra une autre ampleur quand ces vains produits de l'imagination se seront évanouis dans le passé.

Et qu'on ne s'imagine pas seulement que les personnages les plus éminents de notre espèce par l'esprit et par le cœur sont capables d'identifier leurs sentiments avec la vie entière de la race humaine. Cette noble aptitude implique sans doute une certaine culture, mais elle n'en exige pas une qui soit supérieure à celle qui pourrait être, et qui sera certainement le partage de tous, si le progrès de l'humanité continue. Des objets bien moindres que celui-là, et également bornés aux limites de la terre (quoiqu'elles ne le soient pas à celles d'une seule vie), se sont trouvés suffisants pour inspirer à de grandes masses et à de longues générations d'hommes un enthousiasme capable de dominer leur conduite et d'imprimer un sceau à leur vie entière. Rome fut pour le peuple romain, pendant de longues générations, tout autant une religion que Jéhovah l'était pour les Juifs; elle l'était bien davantage, car les Romains ne faillirent jamais à leur culte comme les Juifs faillirent au leur. Les Romains, gens d'ailleurs égoïstes, et qui ne possédaient d'autre faculté remarquable que celles d'un ordre purement pratique, tirèrent pourtant de cette seule idée une certaine grandeur d'âme, qui se révèle dans tout le cours de leur histoire chaque fois que cette idée se présente, et nulle part ailleurs : ce qui leur a valu jusqu'à ce jour de la part des plus nobles âmes une admiration que sans cela ils ne mériteraient nullement.

Si nous considérons à quelle ardeur peut monter le sentiment de l'amour du pays, quand l'éducation le favorise, il ne nous paraîtra pas impossible que l'amour de ce pays plus vaste, le monde, puisse acquérir par l'éducation la même force, et devienne aussi bien une source d'émotions élevées qu'un principe de devoir. Quiconque après avoir reçu les enseignements que porte en lui-même tout le cours de l'histoire ancienne, aurait besoin

de nouvelles leçons, pourra lire le *De officiis* de Cicéron.
On ne peut dire que le type de morale proposé dans ce
fameux traité soit bien élevé. Pour nous, avec nos idées,
il se montre bien souvent trop relâché, et comporte trop
de capitulations de conscience. Mais sur la question du
devoir envers notre pays, il n'y a pas de compromis. Cet
éminent interprète de la morale grecque et romaine ne
saurait admettre un seul instant l'idée qu'un homme qui
aurait la moindre prétention à la vertu, pût hésiter à sacrifier à l'amour de son pays, sa vie, sa réputation, sa
famille, tout ce qui a du prix à ses yeux. Si, donc, on
pouvait élever des personnes, comme nous voyons qu'on
y arrivait, non seulement à croire en théorie que l'amour
de leur pays était un objet devant lequel tous les autres
sentiments devaient s'effacer, mais à sentir que cet amour
est réellement le grand devoir de la vie, on pourrait aussi
en élever qui sentissent à l'égard du bien universel la
même obligation absolue. Une morale fondée sur des
conceptions grandes et sages du bien de l'humanité, qui
ne sacrifiât pas l'individu à l'ensemble, ni l'ensemble à
l'individu, mais qui laissât tout leur domaine d'une part
aux devoirs et de l'autre à la liberté et à la spontanéité ;
une telle morale tirerait sa force chez les natures supérieures des sentiments de sympathie, de bienveillance
et de la passion pour la perfection idéale ; chez les inférieures, des mêmes sentiments auxquels on donnerait
toute la culture qu'ils sont capables de recevoir, et de
la puissance d'un sentiment auxiliaire, la honte. L'ascendant de cette morale légale serait l'effet d'une récompense
qu'on espère : la récompense sur laquelle on pourrait

élever les regards, et dont la pensée serait une consolation dans la souffrance, et un appui dans les moments de faiblesse, ne serait pas une existence à venir problématique, mais ce serait, dans l'existence d'ici-bas, l'approbation des personnes que nous respectons, et aussi l'approbation idéale de tous ceux, morts ou vivants, que nous admirons ou que nous vénérons. En effet, la pensée que nos parents ou nos amis morts auraient approuvé notre conduite est un motif qui ne le cède guère en force à la connaissance de l'approbation de nos parents ou de nos amis vivants. L'idée que Socrate, ou Howard, ou Washington, ou Marc-Aurèle, ou Jésus auraient sympathisé avec nous, ou que nous travaillons à notre tâche du même zèle qu'ils ont accompli la leur, cette idée a agi sur les âmes vraiment supérieures, comme un puissant encouragement à se comporter d'après leurs sentiments et leurs convictions les plus nobles.

Ce serait peu pour ces sentiments que de leur donner le nom de moralité à l'exclusion de tout autre. Ils constituent une véritable religion ; et de cette religion comme de toutes les autres, les bonnes œuvres extérieures (la plus haute signification du mot moralité), ne sont qu'une partie ; ce sont plutôt les fruits de la religion que la religion même. L'essence de la religion consiste à imprimer une direction forte et sérieuse des émotions et des désirs vers un objet idéal reconnu comme la plus haute perfection, et comme s'élevant légitimement au-dessus de tous les objets égoïstes du désir. Cette condition se trouve remplie par la religion de l'Humanité à un degré aussi éminent, et en un sens aussi élevé, que par les religions surnaturelles, même dans leurs plus nobles manifestations, et à un degré beaucoup plus élevé que dans aucune des autres.

On pourrait en dire bien davantage sur ce point, mais en voilà assez pour convaincre toutes les personnes capables de distinguer entre les aptitudes intrinsèques de la nature humaine, et les formes sous lesquelles ces aptitudes se sont développées dans le cours de l'histoire, que le sentiment que nous ne faisons qu'un avec l'humanité et un sentiment profond de sympathie pour le bien général peuvent, bien cultivés, devenir susceptibles de remplir tout ce qu'il y a d'important dans la fonction de la religion et d'en porter légitimement le nom. J'ajouterai encore que ce principe n'est pas seulement capable de remplir ces fonctions, mais qu'il les remplirait mieux qu'aucune forme de supernaturalisme. Non-seulement, il a le droit de s'appeler religion, mais c'est une meilleure religion qu'aucune de celles qui en portent ordinairement le titre.

En effet, en premier lieu, ce sentiment est désintéressé. Il transporte les idées et les sentiments hors de soi et les fixe sur un objet qui ne satisfait aucun intérêt, qu'on aime et qu'on poursuit comme une fin pour elle-même. Les religions prodigues de promesses et de menaces pour la vie à venir, font exactement le contraire ; elles rivent les idées, les empêchant de s'élever au-dessus du niveau des intérêts posthumes de l'individu ; elles le sollicitent à regarder l'accomplissement de ses devoirs envers autrui surtout comme un moyen de salut personnel ; et opposent l'un des plus sérieux obstacles à la grande fin de la culture morale, qui consiste à fortifier les éléments de désintéressement et à affaiblir les éléments d'égoïsme qui existent en nous, puisqu'ils présentent à notre imagination un bien et un mal personnel d'une grandeur si effrayante, qu'il est difficile pour quiconque croit à leur réalité d'avoir du sentiment ou de l'intérêt de reste à consacrer à tout autre objet idéal et éloigné. Il est vrai que, parmi les plus désintéressés, beaucoup ont cru au supernaturalisme, parce que leur esprit ne s'arrêtait pas aux menaces et aux promesses de leur religion, mais principalement à l'idée d'un être vers lequel ils levaient les yeux, avec amour et confiance, et dans les mains duquel ils remettaient volontiers tout ce qui les touchait d'une manière spéciale. Mais dans ses effets sur les esprits vulgaires, la religion telle qu'elle se montre aujourd'hui agit principalement par les sentiments de l'intérêt personnel. Le Christ des Évangiles même présente la promesse formelle d'une récompense du ciel comme un premier motif de pratiquer la noble et belle vertu de la bienfaisance envers nos semblables qu'il enseigne d'une façon si saisissante. Or, c'est un point où les meilleures religions surnaturelles sont inférieures à la religion de l'humanité; puisque les plus grandes choses que les influences morales puissent faire pour l'amélioration de la nature humaine, c'est de cultiver les sentiments désintéressés par la seule méthode qui puisse efficacement former toute faculté active de la nature humaine, à savoir en l'exerçant sans relâche. Mais l'habitude d'attendre dans l'autre vie une récompense pour la conduite que nous aurons tenue dans celle-ci, fait que la vertu même n'est plus un exercice des sentiments désintéressés.

En second lieu, c'est un défaut qui diminue immensément la valeur des vieilles religions, comme moyens d'élever et d'améliorer le caractère humain, qu'il leur soit à peu près, sinon absolument impossible, de ne produire leurs meilleurs effets moraux qu'à la condition d'une certaine apathie, sinon d'une déviation réelle des facultés intellectuelles. En effet, il est impossible que quiconque a l'habitude de penser, et se sent incapable d'assoupir l'ardeur de son esprit de recherche par des sophismes, puisse, à moins de céder à la crainte, continuer à attribuer la perfection absolue à l'auteur des règles d'une création aussi maladroitement faite, et aussi capricieusement gouvernée que l'est notre planète, et la vie des êtres qui l'habitent. On ne saurait adorer un tel être de bon cœur, à moins que le cœur n'ait été préalablement corrompu. Ou bien il faut que l'adoration se trouve obscurcie par le doute, et souvent tout à fait rejetée dans l'ombre, ou que les sentiments moraux s'abaissent au niveau de l'ordre de la nature; il faut que le fidèle s'habitue à penser qu'une partialité aveugle, une cruauté atroce et une injustice insouciante ne sont pas des taches dans un objet d'un culte, puisque toutes ces imperfections se retrouvent à l'excès dans les phénomènes de la nature. Il est vrai que le Dieu que l'on adore, n'est pas, généralement parlant, uniquement le Dieu de la nature, c'est aussi le Dieu de quelque révélation; or le caractère de la révélation modifiera grandement et peut-être améliorera l'influence morale de la religion. Telle est, il est vrai, l'influence du christianisme. L'auteur du Sermon sur la Montagne est assurément un être plus bienfaisant que l'auteur de la Nature. Par malheur, celui qui croit à la révélation chrétienne est obligé de croire que le même être est l'auteur des deux actes. Cette obligation, à moins que le croyant ne détourne résolument son esprit de cette question, ou qu'il ne prenne le parti d'endormir sa conscience par des sophismes, le jette dans des embarras de conscience inextricables ; puisque les voies de son Dieu dans la Nature sont, dans beaucoup d'occasions, tout à fait en désaccord avec les préceptes que, d'après sa croyance, ce même Dieu a dictés dans l'Évangile. Celui qui sort de ces embarras avec le moins de dommage moral, est probablement celui qui ne cherche jamais à réconcilier les deux types l'un avec l'autre, mais qui s'avoue que les desseins de la Providence sont mystérieux, que ses voies ne sont pas nos voies, que sa justice et sa bonté ne sont pas la justice et la bonté que nous pouvons concevoir, et qu'il convient que nous pratiquions. Toutefois, quand le sentiment qui anime le fidèle est de ce genre, le culte de la divinité cesse d'être l'adoration de la perfection morale abstraite. Ce n'est plus que l'adoration de l'image gigantesque d'une chose que nous ne sommes pas en état d'imiter. Ce n'est plus que l'adoration de la force.

Je ne parle pas des difficultés ni de la perversion morale impliquées dans la révélation même, quoique dans le Christianisme des Évangiles, au moins tel qu'on le conçoit d'ordinaire, il y en ait de si flagrantes qu'elles l'emportent presque sur la beauté, la douceur et la grandeur morale qui distinguent d'une façon si éminente les paroles et le caractère de Jésus. Par exemple, l'Evangile reconnaît comme objet du souverain culte un être qui a fait l'enfer. Quelle monstruosité morale ne justifierait-on pas en disant qu'elle est à l'image de ce Dieu? Est-il possible de l'adorer, sans renoncer, par une épouvantable résolution, à toute distinction du bien et du mal? Tous les autres outrages à la justice et à l'humanité les plus ordinaires qui découlent de la conception chrétienne du caractère moral de Dieu, deviennent insignifiantes à côté de cette effroyable idéalisation de la méchanceté. Heureusement que la plupart de ces outrages, ne sont pas d'une façon tellement incontestable les conséquences des propres paroles de Jésus, qu'on ne puisse se refuser à y voir une partie intégrante de la doctrine chrétienne. On peut douter, par exemple, que le Christianisme soit responsable des doctrines de l'expiation, de la rédemption, du péché originel et de la satisfaction vicaire : on peut en dire autant de la doctrine qui fait de la croyance à la mission divine de Jésus une condition absolue du salut. Nulle part il n'est dit que Jésus ait émis cette prétention, excepté dans le récit confus de la résurrection qui se trouve dans les derniers versets de saint Marc, que quelques critiques et, selon moi, les plus sérieux, regardent comme une interpolation. En outre, la proposition que les « pouvoirs existants sont établis par Dieu, » et toute la série des corollaires qui s'en déduisent dans les Épîtres, appartiennent à saint Paul; ils doivent vivre et mourir avec le Paulisme, non avec le Christianisme. Mais il y a une contradiction inhérente à toute forme de christianisme que nulle habileté ne saurait faire cesser, ni aucun sophisme expliquer : c'est qu'un don si précieux accordé à un petit nombre ait été refusé au grand nombre : qu'il ait été permis que d'incalculables millions d'êtres humains aient vécu et soient morts dans le péché et la souffrance, privés de la seule chose qui pût les sauver, du remède divin qui guérit du péché et de la souffrance, remède qu'il n'aurait pas plus coûté au divin Donateur de daigner accorder à tous que de le conférer par une grâce spéciale à une minorité favorisée. Ajoutez à cela que le message divin, en le supposant tel, a des titres tellement insuffisants qu'ils n'arrivent pas à convaincre une foule d'esprits parmi les plus fermes et les plus cultivés, et que la tendance à les rejeter semble grandir en même temps que la science et la critique. Pour voir dans le péché et la souffrance des imperfections voulues par un Être parfaitement bon, il faut imposer silence à toute inspiration du sentiment du bien et de la justice tel qu'il est compris parmi les hommes.

Sans doute il est possible, et les exemples n'en manquent pas, d'adorer avec une profonde dévotion l'un ou l'autre Dieu, celui de la Nature ou celui de l'Évangile, sans avoir pour cela des sentiments pervertis ; mais cela ne saurait être qu'à la condition de porter exclusivement l'attention sur ce qu'il y a de beau et de bon dans l'enseignement et l'esprit de l'Évangile, et dans les dispensations de la Nature, et de mettre complétement de côté tout ce qui est contraire comme s'il n'existait pas. En conséquence, cette foi simple et innocente ne peut, comme je l'ai dit, coexister qu'avec un état d'apathie et d'inaction de l'intelligence. Car jamais une personne d'une intelligence exercée n'arrivera à posséder une foi de ce genre que par une sophistication ou une perversion de l'esprit ou de la conscience. On pourrait presque dire tant des sectes que des individus, qui tirent leur moralité de la religion, que leur morale est d'autant plus mauvaise que leur logique est meilleure.

Il n'y a qu'une forme de croyance surnaturelle, une seule idée sur l'origine du gouvernement de l'Univers, qui soit parfaitement purgée de contradiction, et qu'on ne puisse accuser d'immoralité. C'est celle dans laquelle, abandonnant irrévocablement l'idée d'un Créateur omnipotent, on considère la nature et la vie non plus comme l'expression dans toutes leurs parties du caractère moral et des plans d'un Dieu, mais comme le produit d'une lutte entre un Être bon et habile à la fois et une matière intraitable, comme le croyait Platon, ou un Principe du Mal, comme le professaient les Manichéens. Une croyance comme celle-ci qui, à ma connaissance, a été professée avec dévotion au moins par une personne cultivée et consciencieuse de notre temps, permet de croire que tout ce qu'il y a de mal existe sans la préméditation, sans être l'œuvre de l'Être que nous sommes appelés à adorer, mais au contraire en dépit de lui. Dans cette doctrine, un homme vertueux prend le caractère élevé d'un collaborateur du Très-Haut, d'un auxiliaire de Dieu dans le grand combat; il y apporte un faible secours, mais la réunion d'un grand nombre de ces auxiliaires devient un secours puissant, qui concourt à amener l'ascendant progressif et le triomphe complet, définitif du Bien sur le Mal, que l'histoire nous montre, et que cette doctrine nous enseigne à regarder comme voulue par l'Être auquel nous sommes redevables de toutes les combinaisons favorables que nous offre la nature. Il n'y a aucune objection à faire à la tendance morale de cette croyance ; elle ne peut avoir sur l'âme de ceux qui réussissent à l'adopter, d'autre effet que de l'ennoblir. Les preuves de cette croyance, si on peut leur donner ce nom, sont trop chimériques, trop insaisissables, et les promesses qu'elle nous présente trop éloignées, trop incertaines, pour qu'elle puisse remplacer d'une façon durable la religion de l'Humanité. Mais on peut les garder ensemble. Celui pour qui le bien idéal et le progrès par lequel le monde s'en rapproche, sont déjà une religion, alors même que l'autre croyance lui paraîtrait dénuée de preuves, a la liberté de s'abandonner à la pensée agréable et encourageante qu'il est possible qu'elle soit vraie. Toute croyance dogmatique mise à part, il y a, pour ceux qui en ont besoin, une vaste région dans le domaine de l'imagination que l'on peut remplir d'hypothèses possibles dont la fausseté ne saurait être constatée ; et si quelque événement dans les spectacles de la nature vient leur prêter son appui, comme cela arrive dans ce cas (car quelque force que nous prêtions aux analogies de la nature avec les produits de l'adresse de l'homme, il n'y a pas à contester la remarque de Paley, que ce qu'il y a de bon dans la nature montre plus fréquemment de l'analogie avec l'industrie humaine que ce qu'il y a de mauvais), l'esprit a bien le droit de chercher dans la contemplation de ces hypothèses légitimes une satisfaction qui, avec le concours d'autres influences, contribue pour sa part à entretenir et à stimuler les sentiments et les penchants qui le portent vers le bien.

Un seul avantage, bien faible pourtant, que les religions surnaturelles posséderont nécessairement toujours sur la religion de l'Humanité, c'est qu'elles offrent à l'individu la perspective d'une vie après la mort. En effet, quoique le scepticisme de l'entendement ne ferme pas au théisme le domaine de l'imagination et du sentiment, et que cette religion donne lieu d'espérer que la puissance qui a tout fait pour nous, a le pouvoir et la volonté de nous donner encore une autre vie, une possibilité aussi vague doit rester toujours bien en arrière d'une conviction. Il reste donc à déterminer ce que vaut cette conception — la perspective d'un monde à venir — comme élément de notre bonheur sur cette terre. Je ne puis m'empêcher de penser qu'à mesure que les hommes feront des progrès, que leur vie deviendra plus heureuse, et qu'ils sauront mieux faire sortir leur bonheur des sentiments désintéressés, ils attacheront de moins en moins de prix à cette flatteuse espérance. Naturellement et généralement ce ne sont pas les heureux qui désirent le plus vivement une prolongation de la vie présente, ou une vie à venir. Ceux qui ont joui de leur part de bonheur peuvent supporter la perte de l'existence, mais il est dur de mourir sans avoir jamais vécu. Quand les hommes n'auront plus besoin de chercher dans l'idée d'une existence future une espérance qui les console des souffrances du présent, cette idée aura perdu l'avantage qui la leur fait paraître si précieuse pour eux-mêmes. Je parle des personnes désintéressées. Celles qui sont à ce point enveloppées dans le soi qu'elles ne sauraient identifier leurs sentiments avec rien de ce qui leur survivrait, ni sentir leur vie se prolonger dans leurs contemporains plus jeunes, et dans tous ceux qui contribuent à hâter le progrès des affaires humaines, celles-là ont besoin de l'idée que leur personne retrouvera au-delà du tombeau une nouvelle vie pour être capables de prendre encore quelque intérêt à l'existence, tant la vie actuelle, à mesure que sa fin approche, aboutit à je ne sais quoi d'insignifiant et qui ne mérite pas qu'on y tienne. Mais si la religion de l'Humanité était aussi diligemment cultivée que le sont les religions surnaturelles (et l'on n'a pas de peine à supposer qu'elle pourrait l'être bien davantage), toutes les personnes qui ont reçu le degré ordinaire de culture morale souhaiteraient, à l'heure de leur mort, de vivre d'une vie idéale dans la vie de ceux qui les suivent. Sans aucun doute, il arriverait souvent qu'elles souhaiteraient de continuer de vivre comme individus pendant un temps plus long que la durée actuelle de la vie, mais il me paraît probable qu'après un certain laps de temps, différent chez les différentes personnes, elles en auraient assez de l'existence, et se trouveraient heureuses de descendre dans la tombe et de s'endormir dans le repos éternel. En attendant et sans porter nos regards si loin, nous pouvons remarquer que ceux qui croient à l'immortalité de l'âme, quittent en général la vie avec tout autant de répugnance, sinon plus, que ceux qui n'ont pas cette espérance. La cessation pure et simple de la vie, n'est un mal pour personne; l'idée qu'elle nous offre n'est effrayante que par une illusion de l'imagination qui nous représente comme vivants avec le sentiment que nous sommes morts. Ce qu'il y a d'affreux dans la mort, ce n'est pas la mort elle-même, mais l'acte de mourir et son lugubre cortége : l'homme qui croit à l'immortalité les subit comme les autres. Je ne puis pas davantage comprendre que le sceptique perde, par le fait de son scepticisme, toute consolation réelle, une exceptée : la croyance qu'il sera réuni aux personnes qu'il chérit et qui ont terminé leur vie terrestre avant lui. Il y a là une perte qu'on ne saurait nier ni amoindrir. Bien souvent elle défie toute comparaison, toute appréciation, et elle suffirait pour entretenir dans les âmes les plus sensibles l'imagination et l'espérance d'un avenir que rien, à la vérité, ne démontre, mais aussi que rien dans notre connaissance et notre expérience, ne contredit.

L'histoire, autant que nous sachions, justifie l'opinion que l'humanité peut parfaitement bien se passer de la croyance en un ciel. Les Grecs étaient loin de se faire une idée séduisante d'une vie à venir. Leurs Champs-Élysées offraient peu d'attrait à leurs sentiments et à leur imagination. Achille, dans l'Odyssée, exprime un sentiment très-naturel, et certainement très-commun, quand il dit qu'il aimerait mieux être sur la terre l'esclave d'un pauvre que de régner sur tout un empire dans le séjour des morts. La morne tristesse qui nous frappe si vivement dans les paroles que l'empereur Adrien mourant adressait à son âme, fournit la preuve que la conception populaire n'avait pas subi de grands changements durant ce long intervalle. Nous ne voyons pas cependant que les Grecs aient goûté la vie moins que les autres peuples, ou aient plus craint la mort. La religion bouddhiste compte probablement de nos jours plus de fidèles que la chrétienne ou la musulmane. La foi bouddhiste reconnaît bien des manières de punir dans une vie à venir, ou plutôt dans des vies à venir, par la transmigration de l'âme dans de nouveaux corps d'hommes ou d'animaux; mais la bénédiction céleste qu'elle propose comme une récompense qu'il faut gagner par la persévérance dans la pratique d'une sainteté parfaite, c'est l'anéantissement, ou du moins la cessation de toute vie consciente ou séparée. Il est impossible de ne pas reconnaître dans cette religion l'œuvre de législateurs et de moralistes qui cherchaient à fournir des motifs surnaturels à la conduite qu'ils tenaient à encourager, et ils n'ont su trouver rien de plus transcendant à offrir comme prix suprême des plus sublimes efforts de travail et d'abnégation que cette idée de l'anéantissement dont on nous fait peur si souvent. Assurément, il y a là une preuve que cette idée n'est pas en réalité et de sa nature effrayante, que l'humanité tout entière, et non le philosophe seul, peut aisément s'y habituer et même la considérer comme un bien; enfin, qu'il n'est pas contraire à l'idée d'une vie heureuse de croire qu'il faille quitter la vie après qu'on a pendant longtemps joui pleinement de ce qu'elle peut donner de meilleur, quand on en a savouré tous les plaisirs, même ceux de la bienveillance, et qu'il ne reste plus rien à goûter ni à connaître qui stimule la curiosité et entretienne le désir d'une prolongation de l'existence.

Il me semble non-seulement possible, mais probable, que dans une condition supérieure et surtout plus heureuse de la vie humaine, ce ne serait pas l'anéantissement, mais l'immortalité qui serait l'idée insupportable; et que l'homme, bien que content du présent et nullement pressé de le quitter, trouverait une consolation et non une cause d'affliction à penser qu'il n'est pas enchaîné pour l'éternité à une existence consciente qu'il ne saurait être sûr de vouloir toujours conserver.

LE THÉISME

PREMIÈRE PARTIE

INTRODUCTION

Le débat qui subsiste depuis longtemps entre les partisans et les adversaires de la religion naturelle et de la religion révélée a, comme tous les autres débats demeurés sans solution, changé essentiellement de caractère d'un siècle à l'autre. De notre temps au moins dans les régions élevées de la controverse, le débat, comparé à ce qu'il était au xviiie siècle et au commencement du xixe, présente un aspect tout nouveau. Il y a dans ce changement un trait si saillant que personne ne saurait le méconnaître, c'est l'adoucissement du ton avec lequel les adversaires de la religion soutiennent la dispute. La violence de la réaction provoquée par l'intolérance de leurs adversaires s'est en grande partie épuisée. L'expérience a rabattu les ardentes espérances qu'on entretenait autrefois de régénérer l'espèce humaine par une doctrine purement négative, à savoir par la destruction de la superstition. L'étude philosophique de l'histoire, une des plus importantes créations contemporaines, a permis d'apprécier avec impartialité, en se plaçant à un point de vue relatif au lieu d'un point de vue absolu, les doctrines et les institutions du passé, comme des effets normaux du développement de l'humanité contre lesquels il est inutile de murmurer, et qui mériteraient même l'admiration et la reconnaissance pour les services qu'elles ont rendus jadis, alors même qu'on les juge incapables d'en rendre de semblables dans l'avenir. Le christianisme ou le théisme sont, aux yeux de ceux qui rejettent le surnaturel, des institutions qui ont autrefois possédé une grande valeur, mais dont on peut maintenant se passer : on ne les tient plus comme auparavant pour des institutions fausses et nuisibles *ab initio*.

En même temps que ce changement dans les idées que les penseurs incrédules se font de la moralité des croyances religieuses de l'humanité, un changement analogue s'est révélé dans leurs conceptions de la religion. La guerre contre les croyances religieuses se faisait au siècle dernier, principalement au nom du sens commun ou de la logique; aujourd'hui c'est au nom de la science. On estime que le progrès des sciences physiques a établi d'une façon péremptoire des faits avec lesquels les traditions religieuses de l'humanité ne sauraient se concilier; d'autre part, la science de la nature humaine et l'histoire montrent que les croyances du passé sont des produits naturels de l'esprit humain aux diverses époques de sa carrière, et qu'elles sont destinées à disparaître et à céder la place à d'autres convictions à une époque plus avancée. Dans le cours du débat, il semble que les considérations de cet ordre aient rejeté dans l'ombre celles qui portent directement sur la question de vérité. Il existe, au moins parmi les adversaires des religions, une tendance à les discuter, moins au point de vue de leur vérité ou de leur fausseté intrinsèque qu'en les regardant comme des produits manifestés par certains états de civilisation, et qui, comme les productions animales et végétales d'une période géologique, périssent en se transformant en ceux qui leur succèdent, parce que les conditions nécessaires à la continuation de leur existence viennent à cesser.

C'est une tendance de la spéculation contemporaine de considérer les opinions humaines surtout au point de vue historique, comme des faits qui obéissent à des lois qui leur sont propres, et qui réclament, comme d'autres faits d'observation, une explication historique ou scientifique ; et cette tendance n'est pas exclusivement propre aux sujets religieux. Il n'y a pas lieu de la blâmer, mais bien plutôt d'y applaudir ; non-seulement parce qu'elle tourne l'attention vers un point de vue important et auparavant négligé des opinions humaines, mais parce qu'elle touche en réalité, bien que d'une manière indirecte, à la question de vérité. En effet, quelque opinion qu'un penseur adopte sur des sujets qui comportent la controverse, il ne peut, s'il se tient sur ses gardes, s'y assurer complétement, tant qu'il n'est pas en état d'expliquer l'existence de l'opinion opposée. Il ne saurait se permettre de l'attribuer à une infirmité de l'entendement humain, car il doit se garder de se croire lui-même moins affligé de l'infirmité commune que le reste de l'espèce humaine, ni penser que ses adversaires ont plus de chances que lui d'être dans l'erreur. Quand il examine les preuves, il rencontre parmi les données de la question, parmi les phénomènes qu'il faut expliquer, la conviction d'autrui et peut-être du genre humain tout entier. Comme l'intelligence de l'homme, bien que faible, n'est point essentiellement pervertie, il existe une présomption en faveur de la vérité de toute opinion entretenue par un grand nombre d'esprits, et si l'on veut la réfuter, il faut montrer une autre cause réelle ou possible de l'empire qu'elle exerce. Cette considération s'applique surtout à l'examen des fondements du théisme, puisqu'il n'est pas d'argument qu'on invoque plus souvent et avec plus de confiance, en sa faveur, que l'assentiment général de l'humanité.

Mais en reconnaissant toute la valeur du point de vue historique de la question religieuse, nous ne devons pas permettre qu'il rejette dans l'ombre le point de vue dogmatique. La qualité la plus importante d'une opinion, en toute question de conséquence, est sa vérité ou sa fausseté, qualité qui pour nous se résout dans la question de savoir si les preuves sur lesquelles elle repose sont suffisantes. Il est indispensable que la question de la religion soit traitée de temps en temps comme une question scientifique, et que ses preuves soient vérifiées par les mêmes méthodes et d'après les mêmes principes que celles de toutes les conclusions philosophiques des sciences physiques. Il y a un point hors de discussion, c'est que les conclusions légitimes de la science ont le droit de primer toutes les opinions, quelque répandues qu'elles soient, qui les contredisent, et que les canons de la preuve scientifique fixés par deux mille ans de succès et de revers, sont applicables à tous les sujets dont il est possible d'atteindre la connaissance. Voyons donc quelle place il convient de faire aux croyances religieuses dans le cadre de la science, quelles preuves on peut invoquer en leur faveur que la science puisse avouer, et quel fondement il est possible de donner aux doctrines de la religion considérées comme théorèmes scientifiques.

Dans cette étude nous commencerons, cela va sans dire, par la religion naturelle, la doctrine de l'existence et des attributs de Dieu.

LE THÉISME.

Quoique j'aie dit que le problème de la théologie naturelle est celui de l'existence de Dieu, ou d'un Dieu plutôt que de plusieurs Dieux, l'histoire nous fournit les preuves les plus abondantes que la croyance à plusieurs Dieux est incomparablement plus naturelle à l'esprit humain que la croyance à un seul être auteur et régulateur de la nature. Nous y voyons que la croyance à un seul Dieu, croyance d'un ordre plus élevé, est, comparée à l'autre, un produit artificiel qui exige (quand elle n'a pas été imprimée dans l'esprit par la première éducation) une grande culture intellectuelle. Longtemps on a regardé comme forcée et absurde, l'idée que la diversité qui a éclaté dans les opérations de la nature pouvait être l'œuvre d'une seule volonté. Pour les esprits sans culture et pour tous les esprits dans les temps préscientifiques, les phénomènes de la nature semblent des résultats de forces tout à fait hétérogènes, exerçant chacune sa puissance indépendamment des autres : et bien qu'il soit éminemment naturel d'attribuer à ces forces, des volontés conscientes, la tendance naturelle portait à supposer autant de volontés indépendantes qu'il y a de forces susceptibles d'être distinguées d'une importance assez grande et d'un intérêt suffisant pour qu'elles aient été remarquées et qu'elles aient reçu un nom. Il n'y a aucune tendance dans le polythéisme pris en lui-même, à se transformer spontanément en monothéisme. Il est vrai que dans les systèmes polythéistes en général, on suppose ordinairement que la divinité dont les attributs spéciaux inspirent le plus de respect, passe ordinairement pour posséder une certaine autorité sur les autres divinités, et que dans le système polythéiste le plus inférieur, celui des Hindous, l'adulation accumule sur la divinité qui est l'objet immédiat de l'adoration, des épithètes semblables à celles qu'emploient les adorateurs d'un Dieu unique. Mais ce n'est pas là reconnaître réellement un régulateur unique. Chaque dieu gouverne son département, quoiqu'il y ait un dieu encore plus grand dont le pouvoir, quand il veut l'exercer, contrarie les desseins de la divinité inférieure. Une croyance véritable en un créateur et régulateur du monde ne pouvait se former tant que l'homme n'avait pas encore reconnu parmi la confusion des phénomènes qui l'entourent, un système qu'il lui fût possible de considérer comme pouvant être la mise en œuvre d'un plan unique. Il est possible que cette conception ait été entrevue, bien que moins souvent qu'on ne l'a supposé, par des individus d'un rare génie, mais elle ne pouvait devenir vulgaire qu'à la suite d'une longue culture des sciences.

Il n'y a rien de mystérieux dans la façon spéciale dont les études scientifiques contribuent à insinuer le monothéisme à la place du polythéisme naturel. La science a pour effet spécifique de montrer, par des preuves toujours plus nombreuses, que tout événement de la nature est lié par des lois à un fait ou à des faits qui l'ont précédé, ou, en d'autres termes, qu'il dépend pour son existence de quelque antécédent. Mais la science fait voir aussi que cet événement n'est pas lié à un certain antécédent d'une façon si étroite, qu'il ne puisse être empêché ou modifié par d'autres. En effet, les différentes chaînes de causes et d'effets sont tellement entremêlées l'une dans l'autre, l'action de chaque cause est tellement modifiée par l'intervention des autres, bien que chacune agisse d'après des lois fixes qui lui sont propres, que chaque effet est en réalité plutôt le résultat de l'agrégat de toutes les causes existantes que d'une seule uniquement. Rien ne se passe dans le monde de notre expérience qui ne fasse sentir quelque influence appréciable sur une portion plus ou moins grande de la nature, et n'en rende peut-être toutes les parties un peu différentes de ce qu'elles auraient été si cet événement n'avait pas eu lieu. Lors, donc, qu'une fois cette double conviction a trouvé accès dans l'esprit, d'abord que tout événement dépend d'antécédents, et ensuite que pour le produire il faut le concours de beaucoup d'antécédents, peut-être même de tous les antécédents de la nature, à ce point qu'une légère différence dans l'un d'entre eux eût empêché le phénomène ou en eût altéré essentiellement le caractère, cette conviction donne naissance à une autre croyance : que nul événement et certainement nul genre d'événement ne saurait être absolument préétabli ou réglé par aucun Être que celui qui tient dans ses mains les rênes de la nature entière et non celles d'une seule région. Pour le moins, dans l'hypothèse de la pluralité des dieux, il est nécessaire d'admettre qu'ils agissent avec une unité et un concert si parfaits, que la différence qui sépare cette théorie de celle de l'absolue unité de la Divinité devient le plus souvent insaisissable.

Si le monothéisme peut être pris pour le représentant du théisme d'une manière abstraite, ce n'est pas tant parce qu'il est le genre de théisme que professent les races les plus civilisées de l'espèce humaine, que parce que c'est le seul théisme qui peut se prévaloir d'un fondement scientifique. Toutes les autres théories qui attribuent le gouvernement de l'univers à des êtres surnaturels sont incompatibles aussi bien avec la permanence de ce gouvernement à travers une série continuelle d'antécédents naturels d'après des lois fixes, qu'avec la relation de dépendance mutuelle qui unit chacune de ces séries à toutes les autres, c'est-à-dire incompatibles avec les deux résultats les plus généraux de la science.

Partons donc du point de vue scientifique qui considère la nature comme un système bien lié, un tout uni, non pas de l'unité d'un tissu composé de fils sans communication entre eux, juxtaposés passivement l'un à l'autre, mais de l'unité de la texture de l'homme ou de l'animal, comme un appareil qui marche par l'effet d'actions et de réactions perpétuelles entre toutes ses parties ; nous ne tarderons pas à reconnaître que la question à laquelle le théisme donne une réponse est au moins très-naturelle et provient d'un besoin évident de l'esprit. Accoutumés, comme nous le sommes, à trouver, dans la mesure que peuvent atteindre nos moyens d'observation, un commencement défini pour chaque fait individuel, et découvrant que partout où il y a eu un commencement il y a eu un fait antécédent (que nous appelons une cause), un fait sans lequel le phénomène que nous voyons commencer n'aurait pas existé, il était impossible que notre esprit ne se demandât pas si l'ensemble dont ces phénomènes particuliers font partie, n'a pas eu aussi un commencement, et s'il en a eu un, qu'il ne se posât pas encore la question de savoir si ce commencement n'a pas été une création, s'il n'y a pas eu un antécédent à la série des faits que nous appelons la nature, un antécédent sans lequel la nature elle-même n'aurait pas existé. Si haut qu'on remonte dans l'histoire de la pensée, cette question n'est jamais restée sans recevoir une réponse hypothétique. La seule qui ait pendant longtemps donné satisfaction est le Théisme.

Envisagé uniquement au point de vue scientifique, auquel c'est notre intention de nous limiter, le problème se résout en deux questions. Premièrement : la théorie qui rapporte l'origine de tous les phénomènes de la nature à la volonté d'un créateur est-elle ou non compatible avec les résultats constatés de la science? Secondement, à supposer qu'elle le soit, ses preuves sont-elles susceptibles d'être vérifiées par les principes de la certitude, par les canons de croyance, que notre longue expérience des recherches scientifiques ont montré la nécessité de prendre pour guides?

Et d'abord, il y a une conception du théisme qui est compatible avec les vérités les plus générales qui nous ont été révélées par la science ; et il y a une autre conception qui n'est pas compatible avec ces vérités.

La conception incompatible est celle d'un Dieu qui gouverne le monde par des actes d'une volonté variable. La conception compatible est celle d'un dieu qui gouverne le monde par des lois invariables.

La conception primitive du gouvernement divin est encore celle qui de nos jours prévaut vulgairement : On croit qu'un dieu unique fait marcher le monde par des décrets spéciaux, à la façon des nombreux dieux de l'antiquité, et par des décrets rendus *pro hac vice*. On le suppose bien omniscient et omnipotent, mais on croit qu'il ne prend un parti qu'au moment de l'action ; ou au moins qu'il ne se détermine pas d'une façon tellement décisive, que ses intentions ne puissent se modifier au dernier moment sous l'influence de sollicitations appropriées. Sans chercher à résoudre la difficulté d'accorder cette notion du gouvernement divin avec la prescience et la sagesse parfaite que l'on attribue à Dieu, nous nous contenterons de remarquer qu'elle contredit ce que l'expérience nous enseigne de la manière dont les choses se produisent effectivement. Les phénomènes de la nature se produisent d'après des lois générales : ils prennent naissance d'antécédents naturels définis. Donc, si leur origine première est l'œuvre d'une volonté, il faut que cette volonté ait établi des lois générales et voulu les antécédents. S'il y a un Créateur, son intention doit avoir été que les événements dépendissent d'antécédents et se produisissent d'après des lois fixes. Mais ce point une fois admis, il n'y a rien dans l'expérience scientifique qui soit incompatible avec la croyance que ces lois et ces successions de faits soient elles-mêmes dues à une volonté divine. Nous ne sommes pas davantage obligés d'admettre que la volonté divine s'est exercée une fois pour toutes, et qu'après avoir mis dans le système de son œuvre une puissance qui la fait aller toute seule, il l'ait depuis abandonnée pour toujours à elle-même. La science ne contient rien qui répugne à l'hypothèse que tout événement résulte d'une volition spécifique de la souveraine puissance, pourvu que cette puissance adhère dans ses volitions particulières aux lois générales qu'elle a posées elle-même. L'opinion commune admet que cette hypothèse est plus à la gloire de Dieu que celle d'après laquelle l'univers aurait été fait de telle sorte qu'il pût marcher de lui-même. Toutefois il s'est rencontré des penseurs, Leibniz entre autres, qui ont jugé que la dernière était seule digne de Dieu, et protesté contre l'opinion qui assimile Dieu à un horloger dont l'horloge ne va qu'à la condition qu'il mette la main aux rouages et la fasse marcher. Nous n'avons pas à nous occuper de ces considérations dans notre travail. Nous ne traitons pas la question au point de vue de la révérence, mais à celui de la science, et ces deux suppositions sur le mode de l'action divine sont également compatibles avec la science.

Nous devons donc passer à la question suivante. Il n'y a rien qui réfute la conception de la création et d'un gouvernement de la nature par une volonté souveraine, mais y a-t-il quelque chose qui le prouve ? de quelle nature sont les preuves ? pesées à la balance de la science que valent-elles ?

LES PREUVES DU THÉISME.

Non-seulement les preuves de l'existence d'un Créateur appartiennent à divers genres distincts, mais elles présentent des caractères si différents qu'elles sont propres à saisir des esprits très-différents, et il n'est guère possible qu'un même esprit soit également influencé par toutes ces preuves. La classification bien connue qui les divise en preuves *à priori*, et en preuves *à posteriori*, nous fait voir qu'au point de vue scientifique, elles appartiennent à des écoles de philosophie différentes. En conséquence, le croyant qui ne réfléchit pas, dont la foi repose réellement sur l'autorité, fait le même accueil à tous les arguments plausibles qui appuient la croyance dans laquelle il a été élevé ; mais les philosophes qui ont dû faire un choix entre les méthodes *à priori* et *à posteriori* dans les questions de science générale, ont rarement manqué, lorsqu'ils se sont appuyés sur l'une de ces méthodes pour défendre la religion, de parler de l'autre avec plus ou moins de dédain. C'est mon devoir, dans le travail que j'entreprends, de rester complétement impartial et de faire de ces deux modes de preuves un examen loyal. En même temps, j'ai la ferme conviction que l'un des deux modes est de sa nature scientifique, et que l'autre non-seulement ne l'est pas, mais que la science le condamne. L'argument scientifique est celui qui raisonne d'après les faits et les analogies que fournit l'expérience humaine, comme un géologue qui construit par induction les états passés de notre globe terrestre, ou un astronome qui tire des conclusions touchant la constitution physique des corps célestes. Telle est la méthode *à posteriori*, dont la principale application au théisme est l'argument du plan (c'est le nom qu'on lui donne). Le mode de raisonnement que j'appelle non-scientifique, bien que, dans l'opinion de certains philosophes, il soit aussi un mode légitime de procédure scientifique, est celui qui infère les faits objectifs extérieurs d'idées ou de convictions de l'esprit. Je dis ceci indépendamment des opinions que je professe touchant l'origine de nos idées ou convictions ; car alors même que nous serions incapables de montrer de quelle façon l'idée de Dieu, par exemple, a pu germer sur les impressions de l'expérience, l'idée ne pourrait jamais prouver que l'idée et non le fait objectif, à moins pourtant d'admettre que le fait (conformément au livre de la Genèse) a été transmis par tradition depuis le temps où il existait un commerce personnel direct entre l'homme et l'Être divin. Mais, dans ce cas, l'argument ne serait plus *à priori*. La supposition qu'une idée, un désir, un besoin, même quand la nature montre à l'esprit l'objet qui y correspond, tire tout ce qui le rend plausible de la croyance déjà existante dans notre esprit que nous avons été créés par un être bienveillant qui n'aurait pas déposé en nous une croyance sans fondement, ni un besoin qu'il ne nous donne pas les moyens de satisfaire. Il y a une pétition de principe palpable à vouloir faire de cette supposition un argument en faveur de la croyance même qu'elle suppose.

En même temps, il faut admettre que tous les systèmes *à priori* en philosophie comme en religion, font en un certain sens profession de se baser sur l'expérience, puisqu'en affirmant la possibilité d'atteindre des vérités qui dépassent l'expérience, ils font pourtant de l'expérience leur point de départ (en est-il un autre?). Tous ces systèmes méritent d'être pris en considération dans la mesure où l'on peut montrer que l'expérience fournit un appui soit au système lui-même, soit à la méthode de recherche. Les arguments prétendus *à priori* sont assez souvent d'une nature mixte, participant en quelque sorte du caractère *à posteriori;* on dirait des arguments *à priori* déguisés. Les considérations *à priori* ont surtout pour effet de tirer d'un argument particulier *à posteriori* plus qu'il ne peut donner. Ce reproche est parfaitement fondé à l'égard de la nécessité d'une cause première, premier argument en faveur du théisme que je vais examiner. En effet, cet argument repose véritablement sur une large base expérimentale, à savoir l'universalité de la relation de cause à effet que nous présentent tous les phénomènes de la nature. Les philosophes théologiens, il est vrai, ne se contentent pas de cette base, ils affirment que la causalité est une vérité de raison appréhendée intuitivement en vertu de sa propre lumière.

ARGUMENT DE LA CAUSE PREMIÈRE.

On pourrait donner l'argument de la Cause première comme une conclusion de la totalité de l'expérience humaine, et en réalité on le donne pour tel. Tout ce que nous connaissons, dit-on, a une cause, et doit son existence à cette cause, comment donc se peut-il que le monde qui n'est que le nom de l'agrégat de toutes les choses que nous connaissons, n'ait pas une cause à laquelle il soit redevable de son existence?

Toutefois l'expérience, correctement exprimée, ne dit pas que tout ce que nous connaissons tire son existence d'une cause, mais seulement que tout événement ou changement provient d'une cause. Il y a dans la nature un élément permanent et aussi un élément changeant. Les changements sont toujours les effets de changements préalables; les existences permanentes, autant que nous sachions, ne sont point des effets. Il est vrai que nous avons coutume de dire non seulement des événements, mais des objets, qu'ils sont produits par des causes, comme l'eau par l'union de l'hydrogène et de l'oxygène. Mais nous ne voulons dire par là qu'une chose, à savoir que lorsqu'ils commencent à exister, leur commencement est l'effet d'une cause. Or, le commencement de leur existence n'est pas un objet, c'est un événement. Si l'on objecte que la cause d'une chose qui commence à exister peut proprement s'appeler la cause de la chose elle-même, je ne disputerai pas sur le mot. Mais ce qui dans un objet commence à exister, est cette partie de l'objet qui appartient à l'élément changeant de sa constitution, la forme et les propriétés qui dépendent de combinaisons mécaniques ou chimiques de ses parties composantes. Il y a dans chaque objet un autre élément, celui-ci permanent, à savoir la substance spécifique élémentaire, ou les substances dont il se compose, et les propriétés qui leur sont inhérentes. Il ne nous est pas connu si ces objets commencent à exister : dans le champ qui embrasse la connaissance humaine, elles n'ont pas de commencement, et par conséquent pas de cause, bien qu'elles soient elles-mêmes causes ou con-causes de tout ce qui se produit. L'expérience ne nous apporte donc aucune preuve, pas même une analogie, qui nous autorise à étendre à ce qui nous apparaît immuable une généralisation fondée sur notre expérience du variable.

Il n'est donc pas possible d'étendre légitimement à l'univers matériel lui-même l'idée de causalité, à titre de fait d'expérience, mais seulement à ses phénomènes variables. De ceux-ci, même, peut-on affirmer qu'ils aient tous sans exception des causes? La cause de tout changement est un changement antérieur, il ne saurait en être autrement; en effet s'il n'y avait pas d'antécédent nouveau, il n'y aurait pas un nouveau conséquent. Si l'état de faits qui fait naître ce phénomène, avait existé toujours, ou depuis un temps indéfini, l'effet aussi aurait existé toujours ou aurait été produit il y a un temps indéfini. Le fait de la causation, dans la sphère de notre expérience, exige donc nécessairement que les causes aussi bien que les effets aient un commencement dans le temps, et soient elles-mêmes causées. Il semblerait donc que notre expérience, loin de fournir un argument en faveur d'une cause première, y répugne, et que l'essence même de la causalité, telle qu'elle existe dans les limites de notre connaissance, est incompatible avec une cause première.

Mais il est nécessaire d'examiner la question avec une attention plus particulière, et de faire une analyse plus serrée de la nature des causes dont l'humanité a l'expérience. Car il pourrait se faire que, bien que toutes les causes aient un commencement, il y ait dans toutes les causes un élément permanent qui n'ait pas de commencement. Cet élément pourrait s'appeler avec justesse une cause première ou universelle, puisqu'il entrerait à titre de con-cause dans toute causation, bien qu'il ne suffise pas tout seul à causer quoi que ce soit. Or il se trouve que les derniers résultats auxquels la science physique est arrivée et qu'elle tire des témoignages convergents de toutes ses branches, si toutefois ces résultats sont justes, nous mettent en présence, en ce qui concerne le monde matériel, d'une conclusion de ce genre. Chaque fois qu'on remonte à la cause d'un phénomène physique et qu'on analyse cette cause, on y trouve un certain quantum de Force combiné avec des propriétés. La plus grande généralisation de la science, le principe de la conservation de la Force, nous enseigne que la variété des effets dépend en partie de la *somme* de force et en partie de la diversité des propriétés. La force est essentiellement une seule et même chose; il existe dans la nature une quantité fixe de force, qui, si la théorie est vraie, n'est jamais accrue, ni diminuée. Nous trouvons donc, même dans les changements de la nature matérielle, un élément permanent ; et selon toute apparence celui dont nous étions en quête. C'est à cet élément apparemment, si nous voulons reconnaître à quelque chose le caractère d'une Cause première, que nous devons l'assigner; car tous les effets peuvent y être rapportés, et lui-même ne saurait être rapporté, par notre expérience, à rien qui le dépasse ; seules ses transformations peuvent être ramenées à un principe supérieur, et la cause de ces transformations renferme toujours la force elle-même : la même quantité de force sous quelque forme antérieure. Il semblerait donc que dans le seul sens où l'expérience fournit un point d'appui à la doctrine de la Cause première, à savoir en autorisant l'idée d'un élément primitif et universel qui se retrouverait dans toutes les causes, la Cause première ne peut être que la Force.

Toutefois nous sommes bien loin de la solution. Au contraire, c'est justement au point où nous venons d'arriver que gît la plus grande force de l'argument. En effet, on prétend que l'Esprit est la seule cause possible de la Force, ou mieux encore que l'Esprit est une Force, et que toutes les forces doivent en être dérivées puisque l'esprit est la seule chose qui soit capable de donner naissance à un changement. Telle est, à ce qu'on dit, la leçon que nous donne l'expérience humaine. Dans les phénomènes de la nature inanimée, la force qui agit est toujours une force préexistante, non produite, mais transmise. Un objet physique en met un autre en mouvement en lui communiquant la force par laquelle il a d'abord été lui-même mis en mouvement. Le vent communique aux flots, à un moulin à vent, à un vaisseau, une partie du mouvement qui lui a été communiqué par quelque autre agent. Dans l'action volontaire seule, nous voyons un commencement, une création de mouvement ; et puisque toutes les autres causes semblent incapables d'en créer, l'expérience se prononce en faveur de la conclusion que tout mouvement qui existe doit son commencement à une seule cause, à l'action volontaire, sinon de l'homme, du moins de cet Être plus puissant.

Cet argument est très-vieux. On le trouve dans Platon ; non pas, comme on pourrait s'y attendre, dans le Phédon, dont l'argumentation n'est pas de celles auxquelles on puisse aujourd'hui trouver quelque force, mais dans son dernier ouvrage, les Lois. C'est encore aujourd'hui l'un des arguments les plus frappants pour les métaphysiciens qui inclinent le plus du côté de la théologie naturelle.

Or, en premier lieu, si la doctrine de la conservation de la Force est vraie, en d'autres termes, si la somme totale de la Force existante est constante, cette doctrine ne change pas de caractère; de vraie qu'elle est, elle ne devient pas fausse, quand elle est transportée dans le domaine de l'action volontaire. La volonté, pas plus que d'autres causes, ne crée la Force. Sans doute, la volonté donne lieu à des mouvements, mais ce n'est qu'en convertissant en cette manifestation particulière une portion de Force qui existait déjà sous d'autres formes. On sait que la source d'où cette portion de Force est dérivée, est pour la plus grande partie, sinon pour la totalité, la force dégagée dans les opérations de composition et de décomposition chimiques qui constituent l'ensemble de la nutrition. La force ainsi mise en liberté constitue un fonds sur lequel toute action musculaire et même toute action nerveuse, comme celle du cerveau dans la pensée, est une lettre de change. C'est seulement en ce sens que, selon les données les plus certaines de la science, la volonté est une cause productrice de phénomènes. La volonté ne répond donc pas à l'idée d'une cause première; puisque dans tous les cas, il faut admettre que la Force lui est antérieure; et l'expérience ne fournit pas la plus petite raison de supposer que la Force elle-même ait été créée par une volition. Tout ce qu'on peut conclure de l'expérience de l'homme, c'est que la Force a tous les attributs d'une chose éternelle et incréée.

Mais cette conclusion ne clôt pas la discussion. Si tout ce que l'expérience peut affirmer dans cette question est contraire à l'idée que la volonté puisse jamais créer la Force, et si nous pouvons avoir la certitude que la Force ne crée pas non plus la volonté, il faut admettre que la volonté est un agent, sinon antérieur à la Force, du moins co-éternel avec elle : et s'il est vrai que la volonté puisse faire naître non pas la Force, mais des transformations qui font passer la Force de l'une de ses manifestations en celle des mouvements mécaniques, et qu'il n'y ait pas dans l'expérience humaine d'autre agent capable de la faire naître, l'argument en faveur d'une volonté qui créerait, non l'univers sans doute, mais le cosmos, ou ordre de l'univers, demeure sans réponse.

Cependant la question ainsi posée ne saurait s'accorder avec les faits. Tout ce que la volition peut faire pour créer des mouvements avec d'autres formes de force, et généralement pour dégager de la force et la faire passer d'une forme latente à un état visible, peut arriver par d'autres causes. L'action chimique, par exemple, l'électricité, la chaleur, la présence seule d'un corps qui gravite, sont autant de causes de mouvement mécanique sur une bien plus vaste échelle qu'aucune des volitions que l'expérience nous présente ; et dans la plupart des effets qui se produisent ainsi le mouvement communiqué par un corps à un autre corps n'est pas comme dans les cas ordinaires de l'action mécanique, un mouvement qui a d'abord été communiqué à cet autre par un troisième corps. Le phénomène ne consiste pas seulement en une communication de mouvement mécanique, mais c'est une création de mouvement à l'aide d'une force auparavant latente ou qui se manifestait sous quelque autre forme. Considérée comme un agent dans l'univers matériel, la volition ne possède donc aucun privilége exclusif de faire commencer quelque chose : tout ce qu'elle peut faire commencer, d'autres agents de transformation peuvent aussi le faire commencer. Si l'on disait qu'il faut que ces autres agents aient tiré d'ailleurs la force qu'ils manifestent, je répondrais qu'il en est de même de la force dont la volition dispose. Nous savons que cette force provient d'une source extérieure, à savoir l'action chimique des aliments et de l'air. La force qui produit les phénomènes du monde matériel, circule à travers tous les agents physiques dans un courant qui ne finit jamais, bien qu'il présente quelquefois des intermittences. Naturellement je ne parle de la volonté que dans son action sur le monde matériel. Nous n'avons pas à nous occuper de la liberté de la volonté elle-même, en tant que phénomène mental, c'est-à-dire de la *vexata quæstio* de savoir si la volition se détermine elle-même ou si elle est déterminée par des causes. La question que je traite en ce moment ne comprend que les effets et non l'origine de la volition. On affirme que la nature physique doit avoir été produite par une Volonté, parce que la Volonté est le seul objet qui, à notre connaissance, ait le pouvoir de donner naissance à des phénomènes. Nous avons vu qu'au contraire, tout le pouvoir que la Volonté possède sur les phénomènes est partagé, autant que nous en pouvons juger, par des agents autres que la volonté et bien plus puissants qu'elle, et que dans le seul sens où ces agents ne créent pas, la Volonté ne crée pas non plus. On ne peut donc, sur le terrain de l'expérience, assigner à la volition considérée comme cause productrice de phénomènes, aucun privilége de plus qu'aux autres agents naturels. Tout ce que peut affirmer le plus ferme partisan du libre-arbitre, c'est que les volitions sont elles-mêmes sans causes, et sont par conséquent les seuls objets qui aient des droits au titre de cause première ou universelle. Mais même en supposant que les volitions ne sont pas causées, les propriétés de la matière, si loin que l'expérience étende ses découvertes, sont aussi sans causes, et ont sur toute volition particulière l'avantage d'être, aussi loin que porte l'expérience, éternelles. Le théisme, donc, en tant qu'il repose sur la nécessité d'une cause première, ne reçoit aucun appui de l'expérience.

A ceux qui, à défaut de l'expérience, considèrent la nécessité d'une cause première comme une question d'intuition, je dirai que je n'ai pas besoin, dans le cours de cette discussion, de contester leurs idées métaphysiques, puisque, même en admettant l'existence et la nécessité d'une cause première, je viens de montrer que d'autres agents ont autant de droit à ce titre que la Volonté. Un seul de leurs arguments doit trouver sa place ici. Parmi les faits qui composent l'univers dont nous avons à rechercher l'explication, disent-ils, se trouve l'Esprit ; et il est évident *à priori* que rien ne peut avoir produit l'Esprit que l'Esprit.

Nous aurons à examiner dans une autre partie de ce travail les indications spéciales que l'Esprit est censé fournir à l'appui de l'hypothèse d'une combinaison intelligente. Mais si l'on admet que le seul fait de l'existence de l'Esprit exige, comme son antécédent nécessaire, l'existence d'un autre Esprit plus grand et plus puissant, la difficulté n'est point supprimée pour avoir été reculée d'un pas. L'esprit créateur a autant que l'esprit créé besoin d'un autre esprit qui soit la source de son existence. Qu'on se rappelle que nous n'avons aucune connaissance directe (au moins en dehors de la révélation) d'un Esprit qui soit, ne fût-ce qu'en apparence, éternel, au même titre que la Force et la Matière. Un Esprit éternel est, pour la question qui nous occupe, une simple hypothèse destinée à expliquer les esprits dont nous connaissons l'existence. Or, il est une condition qu'une hypothèse ne saurait se dispenser de remplir; il faut au moins, une fois admise, qu'elle fasse disparaître la difficulté et qu'elle explique les faits. Mais ce n'est pas expliquer l'Esprit que de lui assigner pour origine un autre esprit existant avant lui. Le problème demeure sans solution; la difficulté n'est pas diminuée; au contraire, elle serait plutôt augmentée.

A ces raisons on peut objecter que la production de tout esprit humain est un fait, puisque nous savons qu'il a eu un commencement dans le temps. Nous savons de plus, et nous avons les plus fortes raisons de croire que l'espèce humaine elle-même a eu un commencement dans le temps. En effet, il y a une masse de preuves que notre planète a été jadis dans un état qui ne comportait pas la vie animale, et que l'origine de l'homme date d'une époque plus récente que le règne animal. En tous cas, il faut envisager le fait qu'il doit avoir existé une cause qui a fait naître le premier esprit humain, que dis-je, le premier germe de la vie organique. Nulle difficulté si l'on admet un Esprit éternel. Si nous ne savions pas que l'Esprit sur notre terre a commencé d'exister, nous pourrions supposer qu'il n'a pas de cause ; donc nous avons bien le droit de faire cette supposition à propos de l'esprit auquel nous attribuons son existence.

Mettre le pied sur ce terrain, c'est rentrer dans le domaine de l'expérience humaine, c'est se soumettre à ses canons, c'est nous donner le droit de demander où est la preuve que nul autre objet qu'un esprit ne peut être la cause d'un esprit. Avons-nous un autre moyen que l'expérience de savoir quelle chose en produit une autre, quelles causes sont capables de produire tels effets ? Rien ne peut produire *consciemment* l'Esprit que l'Esprit : c'est évident *à priori ;* mais il ne faut pas tenir pour évident qu'il ne peut y avoir une production inconsciente de l'esprit, car c'est justement le point qu'il s'agit de prouver. En dehors de l'expérience, et en parlant de ce qu'on appelle la raison, c'est-à-dire de ce qui est évident de soi, il semble qu'aucune cause ne puisse donner naissance à des produits d'un ordre plus noble qu'elle-même. Mais cette conclusion est en désaccord avec tout ce que nous savons de la nature. Combien plus nobles et plus précieux ne sont pas les végétaux et les animaux supérieurs, par exemple, que le sol et les engrais aux dépens et par les propriétés desquels ils croissent! Tous les travaux de la science moderne tendent à faire admettre que la nature a pour règle générale de faire passer par voie de développement les êtres d'ordre inférieur dans un ordre supérieur, et de substituer une élaboration plus grande et une organisation supérieure à une inférieure. Qu'il en soit ainsi ou non, il n'en existe pas moins dans la nature une multitude de faits qui présentent ce caractère, et cela me suffit pour la question qui nous occupe.

Nous pouvons donc clore ici cette partie de la discussion. Le résultat auquel nous avons abouti est que l'argument de la cause première n'a en lui-même aucune valeur pour servir de base au théisme : puisqu'il n'y a pas lieu d'assigner une cause à ce qui n'a point eu de commencement, et que la Matière comme la Force (quelque théorie métaphysique qu'on donne de l'une et de l'autre), autant que notre expérience nous l'enseigne, n'ont pas eu de commencement, ce qu'on ne saurait dire de l'Esprit. Les phénomènes, c'est-à-dire les changements qui surviennent dans l'univers, ont tous, il est vrai, un commencement et une cause, mais leur cause est toujours un changement antérieur, et l'expérience ne nous fournit par analogie aucune raison d'espérer, d'après la seule apparition des changements, qu'il nous serait possible, en remontant la série assez loin, d'arriver à une *Volition primordiale*. Le monde, par cela seul qu'il existe, n'est pas un témoignage en faveur de l'existence d'un Dieu : s'il nous fournit des indices qui nous portent à y croire, c'est par la nature spéciale des phénomènes, c'est par quelque chose que nous y voyons qui ressemble à une adaptation à une fin. Nous en parlerons plus tard. A ceux qui, à défaut de preuve fournie par l'expérience, s'appuient sur la preuve tirée de l'intuition, on peut répondre que si l'Esprit, en tant qu'Esprit, présente un témoignage intuitif attestant qu'il a été créé, il en doit être de même pour l'Esprit créateur, et nous ne sommes pas plus près de trouver la cause première que nous ne l'étions auparavant. Mais s'il n'y a rien dans la nature de l'esprit qui, en soi, implique un Créateur, il faut que les esprits qui ont un commencement dans le temps, comme tous ceux que notre expérience nous fait connaître, aient été causés ; seulement il n'est pas nécessaire que leur cause soit une Intelligence existant auparavant.

ARGUMENT DU CONSENTEMENT GÉNÉRAL DE L'HUMANITÉ.

Avant d'aborder l'argument du plan, qui selon moi fera toujours toute la force du théisme naturel, nous allons nous défaire rapidement de quelques autres arguments qui n'ont qu'une faible valeur scientifique, mais qui exercent sur l'esprit humain plus d'influence que des arguments bien meilleurs, parce qu'ils font appel à l'autorité, ce maître qui, plus que tout autre, et tout naturellement, gouverne les opinions de la masse des hommes. L'autorité qu'on invoque est celle du genre humain en général, et d'une manière spéciale celle des plus sages, particulièrement de ceux qui sur d'autres questions ont rompu d'une façon éclatante avec les préjugés reçus. Socrate, Platon, Bacon, Locke, Newton, Descartes, Leibniz, sont les noms que l'on cite communément.

Assurément ce qu'il y aurait de mieux à faire pour les personnes à qui leurs connaissances et leur éducation ne permettent pas de se croire bons juges des questions difficiles, c'est de se borner à tenir pour vrai ce que les hommes en général croient, et tant qu'ils le croient; ou ce qui a été cru par ceux qui passent pour les esprits les plus éminents du passé. Mais, pour un homme qui pense, l'argument tiré des opinions d'autrui n'a pas grande valeur. Ce n'est qu'un témoignage de seconde main, un avertissement qui nous invite à considérer et à peser les raisons sur lesquelles cette conviction de la masse ou des sages s'est établie. En conséquence, ceux qui ont la prétention de traiter la question en philosophes, se servent surtout de ce consentement général comme d'une preuve qu'il y a dans l'esprit de l'homme une perception intuitive ou un sentiment instinctif de Dieu. De la généralité de la croyance, ils concluent qu'elle est inhérente à notre constitution; d'où ils tirent la conclusion, précaire sans doute, mais conforme à la procédure habituelle de la philosophie intuitive, que la croyance est nécessairement vraie; quoique appliqué au théisme, cet argument constitue une pétition de principe, puisqu'en définitive il repose uniquement sur la croyance que l'esprit de l'homme est l'œuvre d'un Dieu, qui ne voudrait pas tromper ses créatures.

Mais enfin quelle raison l'universalité de la croyance en Dieu nous donne-t-elle de conclure que cette croyance est innée à l'esprit humain et n'a pas besoin de preuve ? Est-elle donc si dépourvue de preuves, même de semblants de preuves ? Paraît-elle si peu fondée sur les faits qu'on ne puisse l'expliquer qu'en la supposant innée ? Nous ne nous serions pas attendus à voir les théistes croire que les signes que la nature nous offre de l'existence d'une intelligence organisatrice, bien loin d'être suffisants, ne sont pas même plausibles, et qu'on ne saurait admettre qu'ils aient porté la conviction ni dans l'esprit des masses, ni dans celui des sages. S'il y a des preuves externes du théisme, alors même qu'elles ne seraient pas péremptoires, pourquoi aurions-nous besoin de supposer que la vérité du théisme est le résultat d'autre chose ? Les esprits supérieurs, qu'on invoque depuis Socrate jusqu'à nos jours, quand ils voulaient fournir les raisons de leur opinion, ne disaient pas qu'ils trouvaient la croyance en eux-mêmes sans en connaître l'origine, mais ils l'attribuaient toujours, sinon à une révélation, au moins à quelque argument métaphysique, ou bien à ces sortes de preuves externes qui servent de base à l'argument du plan.

Si l'on nous dit que la croyance en Dieu est universelle chez les tribus barbares, et chez les classes ignorantes des populations civilisées, et qu'on ne peut supposer que ces tribus et ces classes aient été impressionnées par les merveilleux arrangements de la nature dont la plupart leur sont inconnus ; je répondrai que chez les peuples civilisés les ignorants reçoivent leurs opinions des gens instruits, et que pour les sauvages, s'ils croient sans preuve suffisante, leur croyance n'est pas non plus suffisante. La croyance religieuse des sauvages n'est pas la croyance au Dieu de la théologie naturelle, mais une pure modification de la généralisation grossière qui attribue la vie, la conscience et la volonté à toutes les forces naturelles dont on ne peut apercevoir l'origine ni contrôler les effets. Les divinités auxquelles ils croient sont aussi nombreuses que ces forces. Chaque rivière, chaque fontaine, chaque arbre, a une divinité qui lui est propre. Voir dans cet égarement de l'ignorance primitive la main de l'Être suprême déposant chez ses créatures une connaissance instinctive de son existence, c'est un piètre compliment à faire à Dieu. La religion des sauvages est un fétichisme de l'espèce la plus grossière, qui attribue la vie et la volonté aux objets individuels et cherche à gagner leur faveur par des prières et des sacrifices. Nous ne nous étonnerons plus qu'il en soit ainsi, si nous nous rappelons qu'il n'existe pas une ligne de démarcation définie qui sépare largement l'homme doué de conscience d'avec les objets inanimés. Entre ces objets et l'homme, il existe une classe d'autres objets, quelquefois bien plus puissants que l'homme possédant la vie et la volonté, à savoir les bêtes qui, aux temps primitifs, tenaient une grande place dans la vie de l'homme ; ce qui nous fait mieux comprendre que la ligne de démarcation qui sépare la nature animée de l'inanimée, ne pouvait tout d'abord être complètement distinguée. A mesure que l'observation fait des progrès, on s'aperçoit que la plupart des objets extérieurs ont toutes leurs qualités importantes en commun avec des classes et des groupes entiers d'objets qui se comportent exactement de la même manière dans les mêmes circonstances, et, dans ces cas, le culte des objets visibles se change en un culte d'un être invisible qu'on suppose présider à toute la classe. Ce mouvement dans la voie de la généralisation se fait lentement, avec hésitation et même avec crainte ; c'est ainsi que nous voyons, chez les populations ignorantes, avec quelle difficulté l'expérience les désabuse de la croyance aux pouvoirs surnaturels, et aux terribles effets du ressentiment d'une idole particulière. Plus que toute autre chose ces craintes entretiennent chez les barbares les impressions religieuses, qui ne subissent que de légères modifications, jusqu'à ce que le théisme des esprits cultivés soit prêt à en prendre la place. Quant à ce théisme des esprits cultivés, si nous croyons ce qu'ils en disent, c'est toujours une conclusion, soit d'arguments dits rationnels, soit des phénomènes de la nature.

Il n'est pas nécessaire d'insister ici sur la difficulté de l'hypothèse d'une croyance naturelle qui n'est pas commune à tous les hommes, d'un instinct qui n'est pas universel. On peut sans doute concevoir que quelques hommes soient nés privés d'une faculté naturelle, comme on en voit qui naissent privés d'un certain sens. Mais quand cela arrive, nous devons être exigeants pour les preuves sur lesquelles on se fonde pour alléguer que cette faculté est réellement naturelle. Si au lieu de relever de l'observation, la faculté de voir que les hommes possèdent, était une question de spéculation; si les hommes n'avaient pas d'organe apparent de la vue; s'ils ne possédaient aucune autre perception ou connaissance que celle qu'ils auraient pu acquérir par des procédés détournés au moyen des autres sens, si d'autre part il existait des hommes n'ayant pas même l'idée qu'ils voient, ce fait serait un argument sérieux contre la théorie qui explique la vision par un sens visuel. Mais nous nous laisserions entraîner trop loin si nous voulions presser, pour les besoins de cette discussion, un argument qui porte si pleinement sur tout le système de la philosophie intuitive. L'intuitionniste le plus décidé ne voudrait pas soutenir qu'il faut tenir une croyance pour instinctive quand on admet universellement l'existence des faits, réels ou apparents, qui suffisent à la faire naître. À la force de ces faits il faut ajouter, dans ce cas, toutes les causes émotionnelles et morales qui inclinent les hommes à adopter cette croyance : à savoir la satisfaction qu'elle donne aux questions obstinées dont les hommes se tourmentent au sujet du passé, les espérances qu'elle ouvre pour l'avenir, les craintes aussi, puisque la crainte aussi bien que l'espérance prédispose à la croyance; à ces causes, chez les esprits les plus ardents à l'action, il faut toujours ajouter une idée du rôle puissant que la croyance au surnaturel joue dans le gouvernement des hommes, soit pour leur propre bien, soit dans l'intérêt particulier des gouvernants.

Le consentement unanime de l'humanité ne nous offre, donc, pas de raison d'admettre, même à titre d'hypothèse, qu'un fait d'ailleurs surabondamment expliqué, ait son origine dans une loi *à priori* de l'esprit humain.

ARGUMENT DE LA CONSCIENCE.

On a mis en avant beaucoup d'arguments, à vrai dire chaque métaphysicien partisan de la religion a fourni le sien, afin de prouver l'existence et les attributs de Dieu d'après les principes dits vérités de raison, et supposés indépendants de l'expérience. Descartes, le vrai fondateur de la métaphysique intuitionniste, tire la conclusion directement de la première prémisse de sa philosophie, à savoir la fameuse hypothèse que tout ce qui se peut saisir clairement doit être vrai. L'idée de Dieu parfait par la puissance, la sagesse et la bonté, est une idée claire et distincte ; elle doit, par conséquent, d'après le principe de Descartes, correspondre à un objet réel. Toutefois cette généralisation hardie qu'une conception de l'esprit est la preuve de sa propre réalité objective, Descartes est obligé de la limiter par une restriction : « à la condition, dit-il, que l'idée contienne l'existence. » Or, l'idée de Dieu impliquant la réunion de toutes les perfections, et l'existence étant une perfection, l'idée de Dieu prouve l'existence de Dieu. Cet argument très-simple qui refuse à l'homme un de ses attributs les plus familiers et les plus précieux, celui d'idéaliser, comme on dit, ou de construire à l'aide des matériaux de l'expérience une conception plus parfaite que l'expérience même ne pourrait la donner, ne satisfait guère plus personne aujourd'hui. Les successeurs de Descartes ont fait des efforts plus sérieux, sinon plus heureux, pour tirer la connaissance de Dieu d'une lumière interne : pour en faire une vérité indépendante de la preuve externe, un fait de perception immédiate, ou, comme on a coutume de l'appeler, un fait de conscience. Le monde philosophique connaît la tentative de Cousin pour montrer que toutes les fois que nous percevons un objet particulier, nous percevons Dieu, ou nous avons conscience de Dieu, en même temps que de cet objet. On connaît aussi la fameuse réfutation par laquelle Hamilton a renversé cette doctrine. Ce serait perdre le temps que d'examiner en détail les théories des deux adversaires. Chacune a un sophisme logique particulier qui la vicie, mais l'une et l'autre sont sujettes à la même infirmité, puisqu'elles prétendent qu'un homme ne peut, quelque confiance qu'il mette à affirmer qu'*il* perçoit un objet, convaincre les autres qu'ils le voient aussi. Ah! s'il prétendait posséder lui seul, par la grâce divine, une faculté de voir, grâce à laquelle il apercevrait des choses que les hommes dépourvus de ce secours ne sauraient voir, ce serait bien différent. Il s'est rencontré des gens qui ont pu faire croire qu'ils possédaient des facultés de ce genre, et tout ce que les autres pouvaient exiger d'eux c'était de produire leurs titres. Mais quand le théoricien n'affiche pas la prétention de posséder des dons exceptionnels et qu'il se contente de nous dire que nous pouvons aussi bien que lui voir ce qu'il voit, sentir ce qu'il sent, quand il va jusqu'à soutenir que nous le voyons et que nous le sentons, et que malgré les plus grands efforts nous ne parvenons pas à apercevoir ce dont il prétend que nous avons conscience, la faculté universelle d'intuition dont il nous parle n'est plus que

> « La lanterne sourde de l'esprit
> Avec laquelle nul ne peut voir que celui qui la porte. »

Alors nous avons bien le droit de demander à ceux qui portent la lanterne, s'il n'y a pas plus de chance qu'ils se soient trompés en constatant l'origine d'une impression dans leur esprit, qu'il n'y en a que d'autres n'aperçoivent pas l'existence même d'une impression dans le leur.

Kant, le plus critique des métaphysiciens *à priori*, qui a toujours parfaitement distingué ces deux questions de l'origine et de la composition des idées, et de la réalité des objets correspondants, Kant a bien vu qu'aucun des arguments à l'aide desquels on essayait de passer de la notion subjective de Dieu à sa réalité objective, n'est concluant au point de vue spéculatif. Selon Kant, l'idée de Dieu est innée dans l'esprit, en ce sens qu'elle est construite par les propres lois de l'esprit et non dérivée de l'extérieur : mais on ne saurait montrer par aucun procédé logique, ni percevoir par appréhension immédiate, que cette idée de la raison spéculative a une réalité correspondante hors de l'esprit humain. Pour Kant, Dieu n'est ni un objet d'aperception directe, ni le produit d'un raisonnement, c'est une hypothèse nécessaire ; nécessaire, non d'une nécessité logique, mais d'une nécessité pratique, imposée par la réalité de la loi morale. Le devoir est un fait de conscience : « Tu dois » est un commandement qui s'élève des profondeurs de notre être et que n'expliquent pas les impressions dérivées de l'expérience ; ce commandement suppose un être qui commande, bien qu'il y ait des doutes sur la question de savoir si Kant a voulu dire que la conviction de l'existence d'une loi contient la conviction de l'existence du législateur, ou seulement qu'il est éminemment désirable qu'un être dont la volonté a pour expression cette loi, existe. S'il a voulu dire la première supposition, son argument est basé sur un double sens du mot loi. Une règle à laquelle nous nous sentons tenus de nous conformer a pour caractère, comme toutes les lois proprement dites, d'exiger notre obéissance ; mais il ne s'en suit pas que la règle prenne naissance comme les lois du code dans la volonté d'un législateur ou de législateurs existants au dehors de l'esprit. Nous pouvons même dire qu'un sentiment d'obligation, pur résultat d'un commandement, n'est pas ce qu'on entend par obligation morale, laquelle au contraire suppose quelque chose que la conscience interne atteste, comme imposant par elle-même une obligation, à laquelle Dieu, quand il ajoute son commandement, se conforme, qu'il proclame peut-être, mais qu'il ne crée pas. Accordons pour le moment, que le sentiment moral soit aussi pleinement un pur produit de l'esprit, que l'obligation du devoir soit indépendante de l'expérience et des impressions acquises, que Kant ou tout autre métaphysicien ait pu le prétendre ;

on pourrait encore soutenir que ce sentiment d'obligation exclut plutôt qu'il n'impose la croyance en un législateur divin considéré purement comme source de l'obligation. En fait, l'obligation du devoir se fait reconnaître théoriquement et s'impose à la pratique de la façon la plus complète à bien des personnes qui n'ont aucune croyance positive en Dieu, bien qu'il y en ait peu probablement qui ne reportent habituellement leurs pensées sur Dieu considéré comme conception idéale. Mais si la croyance à l'existence de Dieu, considéré comme un législateur sage et juste, n'est pas une condition nécessaire des sentiments de moralité, on peut cependant soutenir que ces sentiments rendent son existence éminemment désirable. Sans aucun doute il en est ainsi, et c'est la raison pour laquelle nous voyons que des hommes et des femmes tiennent à cette croyance et se montrent choqués de la voir contester. Mais cela ne veut pas dire qu'il soit légitime de supposer que, dans l'ordre de l'univers, tout ce qui est désirable soit vrai. L'optimisme, même quand on croit déjà en Dieu, est une doctrine malaisée à soutenir ; il faut le prendre comme fait Leibniz en un sens restreint, et considérer que l'univers, comme l'œuvre d'un être bon, est le meilleur univers possible, et non le meilleur absolument; que la puissance divine n'avait pas le pouvoir de le faire moins imparfait qu'il n'est. Mais l'optimisme antérieur à la croyance en un Dieu, et pour servir de fondement à cette croyance, est la plus singulière des illusions spéculatives. Je crois pourtant que rien ne contribue plus à entretenir la croyance en Dieu dans l'esprit de l'humanité que le sentiment qu'elle est désirable ; sentiment qui, mis sous forme d'argument, ce qui arrive souvent, exprime naïvement la tendance de l'esprit humain à croire ce qui lui est agréable. De valeur positive, il va sans dire que cet argument n'en a pas.

Nous n'insisterons pas davantage sur ces arguments *à priori* en faveur du théisme, pas plus que sur tout autre argument du même genre, et nous passons à l'argument beaucoup plus important tiré des signes qui semblent indiquer l'existence d'un plan dans la nature.

ARGUMENT TIRÉ DES SIGNES DE PLAN DANS LA NATURE.

Nous arrivons enfin à un argument d'un caractère vraiment scientifique, qui loin de reculer devant des épreuves en usage dans les recherches de la science, prétend se faire juger d'après les règles établies de l'induction. L'argument du plan est fondé en plein sur l'expérience. Les choses qu'un esprit intelligent a faites en vue d'une fin, ont pour caractère, nous dit-on, certaines qualités. L'ordre de la nature, ou quelque grande partie de cet ordre, présentent ces qualités à un degré remarquable. D'après cette grande ressemblance dans les effets, nous avons le droit de conclure qu'il existe une ressemblance dans la cause et de croire que des choses que la puissance de l'homme ne saurait faire, mais qui ressemblent aux œuvres de l'homme en tout excepté dans la puissance, doivent aussi être l'œuvre d'une intelligence armée d'une puissance plus grande que celle de l'homme.

J'ai formulé cet argument dans toute sa force, tel qu'il se trouve formulé par les plus profonds des penseurs qui s'en servent. Mais il n'est pas besoin d'y regarder longtemps pour s'apercevoir que s'il a quelque force en général, on l'estime trop haut. L'exemple de la montre que présente Paley le prouve surabondamment. Si je trouvais une montre dans une île en apparence déserte, je conclurais qu'elle y a été laissée par un homme; je ne raisonnerais pas d'après des signes de plan, mais d'après la connaissance acquise d'avance par une expérience directe que les montres sont faites par des hommes. Je tirerais la même conclusion avec non moins de confiance d'une empreinte de pas ou de tout autre vestige quelque insignifiant qu'il soit, que l'expérience m'aurait appris à attribuer à l'homme. C'est ainsi que les géologues concluent de l'existence de coprolites à l'existence d'animaux, bien que personne ne voie dans un coprolite un signe de plan. La preuve d'un plan dans la création ne saurait jamais s'élever à la hauteur d'une induction directe; elle atteint seulement ce degré inférieur de preuve inductive qu'on appelle analogie. L'analogie concorde avec l'induction en ce qu'avec l'induction elle soutient qu'une chose qu'on sait ressembler à une autre dans certaines circonstances A et B lui ressemblera encore dans une autre circonstance C. Mais la différence entre l'analogie et l'induction consiste en ce que, dans l'induction, on sait, par une comparaison préalable d'un grand nombre de cas, que A et B sont les circonstances mêmes dont C dépend, ou avec lesquelles C est lié de quelque façon. Lorsque cette relation n'a pas été constatée, l'argument se réduit à ceci : puisqu'on ne sait pas avec laquelle des circonstances existantes, dans le cas en question, C se trouve en rapport, ces circonstances peuvent être A et B aussi bien que d'autres; et par conséquent il est plus probable que l'on trouvera C dans le cas où l'on sait que A et B existent, que dans ceux dont nous ne savons rien. Il est très-difficile d'apprécier la valeur de cet argument, et il est impossible de l'estimer avec précision. Très-fort, quand les points de concordance connus A, B, etc., sont nombreux, et les points de différence en petit nombre; ou très-faible, quand c'est l'inverse. Mais l'analogie ne saurait jamais avoir autant de valeur qu'une véritable induction. Les ressemblances avec certains arrangements de la nature et quelques-uns de ceux qui sont l'œuvre de l'homme, sont considérables, et même en tant que pures ressemblances, elles apportent une certaine présomption en faveur d'une ressemblance dans la cause. Mais il est difficile de dire quelle est la forme de cette présomption. Tout ce qu'on peut dire avec certitude, c'est que ces ressemblances rendent la théorie qui fait de la création l'œuvre d'une intelligence, bien plus probable que si les ressemblances avaient été moindres, ou que s'il n'y en avait pas eu du tout.

Toutefois cette manière de poser la question ne donne pas une juste idée de la preuve du théisme. L'argument du plan ne conclut pas de simples ressemblances dans la nature à des œuvres de l'intelligence humaine mais du caractère spécial de ces ressemblances. Les circonstances où l'on prétend que le monde ressemble aux œuvres de l'homme ne sont pas prises au hasard, ce sont des cas particuliers d'une circonstance que l'expérience montre en relation réelle avec une cause intelligente, à savoir, le fait de concourir à une fin. L'argument n'est donc pas un simple argument d'analogie. Comme analogie pure, il a sa valeur, mais il vaut mieux qu'une analogie. Il s'élève au-dessus de l'analogie autant qu'il reste au-dessous d'une induction. C'est un raisonnement inductif.

C'est un point selon moi indéniable, et ce qu'il nous reste à faire, c'est de soumettre l'argument à l'épreuve des principes de logique applicables à l'induction. Dans ce but il serait convenable de traiter non pas l'argument dans son ensemble, mais quelques faits parmi les plus saillants sur lesquels s'appuie cet argument, la structure de l'œil et de l'oreille par exemple. On soutient que la structure de l'œil prouve qu'une intelligence en a formé le plan. A quelle classe d'arguments inductifs appartient celui-ci ? et quelle est sa force ?

Il y a quatre espèces d'arguments inductifs qui correspondent aux quatre méthodes inductives de concordance, de différence, des résidus et des variations concomitantes. L'argument que nous considérons rentre dans la première de ces divisions : la méthode de concordance, c'est-à-dire dans celle qui, pour des raisons bien connues des logiciens, est la plus faible des quatre. Mais c'est cependant un des forts arguments de ce genre. On peut l'analyser logiquement de la manière suivante :

Les parties dont l'œil est composé et les dispositions qui constituent l'arrangement de ces parties, se ressemblent entre elles par cette propriété vraiment remarquable que toutes aboutissent à mettre l'animal en état de voir. Les choses étant comme elles sont, l'animal voit. Si quelqu'une de ces choses était différente de ce qu'elle est, il arriverait la plupart du temps ou bien que l'animal ne verrait pas, ou qu'il ne verrait pas si bien. Telle est la seule ressemblance marquée que nous pouvons retrouver parmi les différentes parties de cet organe, outre la ressemblance générale de composition et d'organisation qui existe entre les autres parties de l'animal. Or la combinaison particulière d'éléments organiques qu'on appelle œil a eu, dans tous les cas, un commencement dans le temps et doit par conséquent avoir été produite par une cause ou des causes. Le nombre des cas est incomparablement plus grand qu'il n'est nécessaire, en vertu des principes de la logique inductive, pour exclure le concours fortuit des causes indépendantes, ou, en termes techniques, pour éliminer le hasard. Nous avons donc le droit, au nom des canons de l'induction, de conclure que la cause qui a réuni tous ces éléments est une cause commune à tous les cas, et, puisque les éléments concordent dans l'unique circonstance de concourir à produire la vue, il faut qu'il y ait quelque relation de causalité entre la cause qui a réuni ces éléments et le fait de la vue.

Voilà selon moi une conclusion inductive légitime, et

c'est tout ce que l'induction peut faire pour le théisme. Le raisonnement s'enchaînerait naturellement de la manière suivante : la vue est un fait qui ne précède pas l'acte qui rassemble les éléments de la structure organique de l'œil, mais qui le suit; on ne peut donc rattacher la vue à la production de cette structure qu'à titre de cause finale et non de cause efficiente; en d'autres termes, ce n'est pas la vue elle-même mais une idée antécédente de la vue qui doit être la cause efficiente. Or ce raisonnement imprime à la cause de l'œil le caractère auquel on reconnaît qu'elle procède d'une volonté intelligente.

Toutefois, je suis fâché de dire que cette dernière moitié de l'argument n'est point aussi inexpugnable que la première. Une intelligence créatrice prévoyante n'est pas absolument le seul lien par lequel l'origine du mécanisme admirable de l'œil peut se rattacher au fait de la vue. Il y en a un autre sur lequel de récentes spéculations ont fortement fixé l'attention, et dont on ne peut mettre en doute la réalité, bien que la question de savoir s'il suffit à rendre compte d'aussi admirables dispositions, soit encore et doive probablement rester longtemps problématique : c'est le principe de la *survivance des plus aptes*.

Ce principe n'a pas la prétention de rendre compte du commencement de la sensation ni de la vie animale ou végétale. Mais en supposant l'existence d'un ou de plusieurs types très-inférieurs d'organismes vivants, où il n'existe pas d'adaptation complexe, ni aucune apparence marquée de plan, et en supposant, comme l'expérience nous y autorise, que plusieurs faibles variations de ces types simples se fassent jour dans tous les sens, variations transmissibles par hérédité, et dont quelqu'une serait avantageuse à la créature dans sa lutte pour l'existence, et les autres désavantageuses, les formes avantageuses tendraient toujours à survivre, et les désavantageuses tendraient toujours à périr. Il y aurait ainsi un perfectionnement général, constant, quoique lent, du type qui s'est ramifié en produisant plusieurs variétés, et qui l'accommode à des milieux et à des modes d'existence différents, jusqu'à ce qu'il parvienne, après des siècles sans nombre, à produire les types les plus parfaits qui existent de notre temps.

Il faut reconnaître qu'il y a quelque chose de très-répugnant et d'improbable *primâ facie* dans cette histoire hypothétique de la nature. Elle nous obligerait à admettre par exemple que l'animal primitif, quel qu'il ait pu être, ne pouvait voir, qu'il possédait tout au plus cette légère prédisposition à voir qui tenait à quelque action chimique de la lumière sur sa structure cellulaire. Une des variations accidentelles qui sont susceptibles de se produire dans tous les êtres organiques produirait à un moment ou à un autre une variété qui pourrait voir, mais d'une façon imparfaite. Cette particularité se transmettrait par hérédité, tandis que d'autres variations continueraient à se produire, et des races se formeraient qui, grâce à un sens de la vue, imparfait sans doute, posséderaient un grand avantage sur toutes les autres créatures qui ne pourraient voir, et avec le temps les extirperaient de partout, excepté peut-être de quelques rares habitats souterrains. De nouvelles variations survenant donneraient naissance à des races douées de facultés visuelles de plus en plus parfaites, jusqu'à ce que nous atteignions à la fin la combinaison extraordinaire de structures et de fonctions que nous observons dans l'œil de l'homme et des animaux supérieurs. De cette théorie poussée à cette extrémité, tout ce que nous pouvons dire, c'est qu'elle n'est pas si absurde qu'elle le paraît, et que les analogies découvertes dans l'expérience en faveur de sa possibilité, excèdent de beaucoup ce qu'on aurait pu supposer d'avance. On ne sait pas bien pour le moment s'il sera jamais possible d'en dire davantage. La théorie, si elle était acceptée, ne serait en aucune façon incompatible avec la création. Mais il faut reconnaître qu'elle affaiblirait singulièrement la preuve qu'on en donne.

Laissons cette remarquable théorie à la fortune que lui réserve le progrès de la science. Je pense qu'il faut reconnaître que, dans l'état actuel de nos connaissances, les adaptations de la nature donnent beaucoup de probabilité à la création par une intelligence. Il est tout aussi certain qu'il n'y a pas autre chose qu'une probabilité; et que les autres arguments de la théologie naturelle que nous avons considérés, n'ajoutent rien à la force de cette probabilité. Quelque raison qu'il y ait, abstraction faite d'une révélation, de croire à l'existence d'un auteur de la Nature, cette raison se tire de l'aspect de l'univers. La simple ressemblance qu'on y trouve avec les œuvres de l'homme, ou avec celles que l'homme pourrait faire, s'il avait sur les matériaux des corps organisés la même puissance que sur ceux d'une montre, cette ressemblance a quelque valeur comme argument analogique. Mais l'argument tire une grande force de considérations proprement inductives qui établissent qu'il existe quelque connexion de causation entre l'origine des arrangements de la nature et les fins auxquelles ils servent ; argument léger dans bien des cas, mais quelquefois aussi d'une force considérable, surtout quand il s'agit de dispositions délicates et compliquées de la vie végétale et animale.

DEUXIÈME PARTIE

LES ATTRIBUTS

Laissons la question de l'existence d'un Dieu, au point de vue purement scientifique, arrêtée aux conclusions où nous l'avons menée dans la première partie, et partant des indications de l'existence d'un Dieu, examinons quelle *sorte* de Dieu elles nous révèlent. D'après les preuves que la nature nous donne de l'existence d'un esprit créateur, quels attributs sommes-nous autorisés à assigner à cet esprit ?

Il n'est pas besoin de dire que sa puissance, sinon son intelligence, doit être tellement supérieure à celle de l'homme qu'elle défie tout calcul. Mais de là à l'omnipotence et à l'omniscience il y a loin ; et cette distinction a une importance immense au point de vue pratique.

Ce n'est pas aller trop loin que de dire que toute indication de plan dans le cosmos est une preuve contre l'omnipotence de l'Être qui a conçu le plan. En effet, qu'entend-on par plan ? L'invention : l'adaptation de moyens à une fin. Mais la nécessité d'être habile, d'employer des moyens, est une conséquence de la limitation de la puissance. Pourquoi recourir à des moyens quand pour atteindre le but on n'a qu'à parler? L'idée même de moyens implique que les moyens ont une efficacité que l'action directe de l'être qui les emploie ne possède pas. Sans cela ce ne seraient pas des moyens, mais des embarras. Un homme ne recourt pas à un appareil mécanique pour mouvoir son bras. S'il y recourt ce n'est que lorsqu'une paralysie l'a privé de la faculté de les mouvoir à volonté. Mais si l'emploi de l'invention est en lui-même un signe d'une puissance limitée, combien plus le choix attentif et ingénieux des inventions? Quelle sagesse trouvera-t-on dans le choix des moyens, quand des moyens n'ont d'autre efficacité que celle qu'ils tiennent de la volonté de celui qui les emploie, et quand sa volonté aurait pu doter d'autres moyens de la même efficacité? La sagesse et l'invention se montrent dans les difficultés vaincues, et il n'y a pas de place pour ces qualités chez un être pour lequel nulle difficulté n'existe. Donc les preuves de la théologie naturelle impliquent nettement que l'auteur du cosmos, quand il a fait son œuvre, subissait une limitation, qu'il était obligé de se plier à des conditions indépendantes de sa volonté, et d'arriver à ses fins par des arrangements que ces conditions comportaient.

Cette hypothèse concorde avec les résultats auxquels nous avons vu que tendent les faits à un autre point de vue. Nous avons trouvé que des phénomènes de la Nature indiquent certainement une création du cosmos, ou d'un ordre dans la nature : ils nous permettent de supposer que cette création consiste dans un plan, mais ils ne nous font pas voir le commencement, encore moins la création, des deux grands éléments de l'Univers, l'élément passif et l'élément actif, la Matière et la Force. La Nature ne nous offre aucune raison de supposer que ni la Matière, ni la Force, ni aucune de leurs propriétés aient été faites par l'Être qui était l'auteur des dispositions par lesquelles le monde est adapté à ce que nous considérons comme ses fins ; ni qu'il ait le pouvoir de modifier aucune de ces propriétés. Ce n'est que lorsque nous consentons à admettre cette hypothèse négative qu'il est besoin de faire intervenir la sagesse et l'industrie dans l'Univers. Dans cette hypothèse, il faut que le Dieu qui veut atteindre ses fins combine des matériaux d'une nature et de propriétés données. C'est avec ces matériaux qu'il doit construire un monde où son plan se réalise au moyen des propriétés données de la Nature et de la Force, opérant ensemble et s'adaptant les unes aux autres. Pour y réussir, il faut de l'adresse et de l'invention, et les moyens qui servent à assurer le succès sont souvent de nature à exciter notre étonnement et notre admiration ; mais c'est justement parce qu'il y faut de la sagesse, que cette nécessité implique la limitation de la puissance, ou mieux les deux façons de parler expriment les deux faces du même fait.

Si l'on alléguait qu'un Créateur omnipotent, sans être assujetti à aucune necessité d'employer des artifices, comme l'homme y est tenu, a néanmoins jugé à propos de le faire afin de laisser des traces où l'homme pût reconnaître sa main créatrice, nous répondrions que cette affirmation suppose également une limite à l'omnipotence. Car, si c'était la volonté de Dieu que les hommes connussent qu'ils sont comme le reste du monde son œuvre, il n'avait, en vertu de son omnipotence, qu'à vouloir qu'ils le sussent. Il s'est rencontré des personnes ingénieuses qui ont cherché les raisons pour lesquelles Dieu avait voulu que son existence demeurât un objet de doute, que les hommes ne fussent pas soumis à une nécessité absolue de la connaître, comme ils sont tenus de savoir que deux et trois font cinq. Les raisons qu'on a imaginées sont de bien tristes exemples de casuistique; mais alors même que nous en admettrions la validité, elles ne sauraient prêter aucun appui à la supposition de l'omnipotence; puisque s'il ne plaisait pas à Dieu de déposer dans l'homme une conviction complète de son existence, rien ne l'empêchait de laisser entre cette conviction incomplète et une certitude complète la distance qu'il voulait. D'ordinaire on se débarrasse des arguments de ce genre par une réponse aisée. Nous ne savons pas, nous dit-on, quelles sages raisons l'Être omniscient a pu avoir pour laisser sans les faire les choses qu'il avait le pouvoir d'accomplir. On ne s'aperçoit pas que cette fin de non-recevoir implique encore que l'omnipotence a une limite. Lorsqu'une chose est évidemment bonne et évidemment d'accord avec ce qui, d'après tous les témoignages de la création, paraît avoir été le plan du Créateur, et que nous disons que nous ne savons pas quelle bonne raison le créateur a pu avoir de ne pas la faire, ce que nous voulons dire, c'est que nous ne savons pas pour quel autre objet, pour quel objet meilleur encore, pour quel objet encore plus complétement dans le sens de ses fins, il peut avoir jugé à propos d'ajourner le premier. Mais la nécessité de renvoyer une chose après une autre, n'est autre que le caractère d'une puissance limitée. L'omnipotence aurait pu rendre les objets compatibles. L'omnipotence n'a pas besoin de mettre des considérations en balance. Si le créateur, comme un roi de la terre, est tenu de se plier à une série de conditions qu'il n'a pas créées, il est irrationnel et impertinent à nous de lui demander compte des imperfections de son œuvre, de nous plaindre de ce qu'il y a laissé des choses qui vont à l'encontre de ce qu'il doit avoir eu l'intention de faire, si nous en croyons les indications que nous tirons du plan. Il sait nécessairement plus que nous, et nous ne pouvons juger quel plus grand bien il aurait dû sacrifier, ou quel plus grand mal risquer, s'il s'était décidé à supprimer la tache qui nous choque. Non, s'il est omnipotent. S'il l'est, il faut qu'il ait voulu que deux objets désirables fussent incompatibles, il faut qu'il ait voulu que l'obstacle qui s'opposait au plan qu'on lui prête n'en pût être surmonté. Il n'est donc pas possible que cet obstacle *soit* une partie de son plan. Qu'on ne nous dise pas que cet obstacle était dans ses vues, qu'il avait d'autres desseins pour l'accomplissement desquels il donnait un rôle à cet obstacle, car il n'y a pas de dessein qui impose de limitation nécessaire à un autre, quand il s'agit d'un Être qui n'est pas enchaîné par des conditions de possibilité.

Il ne faut donc pas compter l'omnipotence parmi les attributs du Créateur, si l'on n'a pour se guider que les raisons de la théologie naturelle. Mais il ne faut pas exclure au même titre l'omniscience. Dès que nous supposons la puissance de Dieu limitée, rien ne contredit plus la supposition d'une connaissance parfaite et d'une sagesse absolue. Seulement rien ne prouve qu'elle existe. Incontestablement, la connaissance des pouvoirs et des propriétés des choses qu'il a fallu pour combiner et exécuter les arrangements du cosmos, dépasse autant la connaissance de l'homme que la puissance qu'il a fallu pour la création dépasse la puissance humaine. L'adresse, la subtilité de l'invention, l'habileté, comme on voudra l'appeler quand il s'agit d'une œuvre d'homme, est souvent merveilleuse. Mais rien ne nous oblige de supposer que la science ou l'adresse soient infinies. Nous ne sommes même pas obligés de croire que les inventions soient toujours les meilleures possibles. Si nous voulions les juger, comme nous jugeons les œuvres d'un artiste, nous y trouverions des défauts en abondance. Le corps humain, par exemple, est un des exemples les plus frappants d'invention habile et ingénieuse que présente la nature ; mais nous demanderons s'il n'était pas possible qu'une machine si compliquée fût faite pour durer plus longtemps, et pour ne pas se déranger si facilement et si souvent. Nous demanderons pourquoi l'espèce humaine a été constituée de telle façon qu'elle se soit traînée dans la méchanceté et la dégradation, pendant des siècles sans nombre, avant qu'une faible portion de l'humanité devînt capable de s'élever à l'état très-imparfait d'intelligence, de bonté et de bonheur dont nous jouissons. Il se peut que la puissance divine n'ait pas été de taille à faire plus, il se peut que les obstacles qui s'opposaient à un meilleur arrangement des choses aient été insurmontables. Mais il est possible aussi qu'ils ne le fussent point. L'adresse du Démiurge suffisait à produire ce que nous voyons; mais nous ne pouvons dire que cette adresse atteignît l'extrême limite de la perfection compatible avec les matériaux qu'elle employait, et les forces qu'elle avait à mettre en œuvre. Je ne sais comment l'on peut se contenter des réponses de la théologie naturelle, quand elle vient nous dire que le Créateur prévoit tout l'avenir, et qu'il connaît d'avance tous les effets qui sortiront de ses combinaisons. Une grande sagesse peut exister sans le pouvoir de prévoir et de calculer toute chose; d'autre part l'œuvre qui sort des mains d'un ouvrier nous apprend qu'il est possible, qu'avec sa connaissance des propriétés des choses qu'il met en œuvre, l'ouvrier soit en état de combiner des arrangements admirablement propres à produire un résultat donné, tandis qu'il a très-peu de pouvoir pour prévoir les forces d'un autre genre qui peuvent modifier ou contrarier l'opération du mécanisme qu'il a construit. Peut-être avec une connaissance des lois de la nature qui tiennent sous leur dépendance la vie organique, connaissance qui ne serait pas plus parfaite que celle qu'il possède en ce moment de certaines lois de la nature, et avec une puissance sur les matériaux et les forces engagés dans la vie organique, égale à celle qu'il a sur les matériaux et les forces de la nature inanimée, peut-être avec cette connaissance et cette puissance, l'homme serait-il capable de créer des êtres organisés non moins admirables et non moins adaptés à leurs conditions d'existence que ceux de la Nature.

Si, donc, nous bornant aux lumières de la religion naturelle nous nous contentons de reconnaître un Créateur qui ne soit pas Tout-puissant, nous avons à résoudre une autre question, celle de savoir en quoi consiste la cause qui limite sa puissance. L'obstacle qui arrête le pouvoir du Créateur, qui lui dit : Tu iras jusque-là et tu n'iras pas plus loin, gît-il dans le pouvoir des autres êtres intelligents, ou dans la résistance opiniâtre des matériaux de l'univers? Ou bien faut-il se résigner à admettre l'hypothèse que l'auteur du Cosmos, quoique possédant la sagesse et la science, n'est pas la toute-sagesse et la toute-science, et que peut-être il n'a pas fait le mieux qui était possible sous les conditions du problème?

La première de ces hypothèses a été jusqu'à une époque qui n'est pas bien loin de nous, et reste encore dans certaines régions la théorie dominante, même dans le Christianisme. Alors même qu'elle attribue et, en un certain sens, avec sincérité, l'omnipotence au Créateur, la religion régnante nous le représente comme tolérant pour quelque raison inscrutable, qu'un autre Être d'un caractère opposé au sien, et d'une puissance considérable bien qu'inférieure à la sienne, le Diable, ne cesse de contrecarrer ses desseins. La seule différence en ces matières qu'il y ait entre le Christianisme et la religion d'Ormuzd et d'Ahriman, c'est que le Christianisme fait à son bienveillant Créateur le mauvais compliment d'être aussi le Créateur du Diable, de pouvoir à tout moment réduire en poussière et anéantir le Diable, ses mau-

vaises actions et ses dangereux conseils, et néanmoins
de s'en abstenir. Mais, ainsi que je l'ai déjà fait remarquer, toutes les formes de polythéisme, et celle-ci comme les autres, ne sauraient se concilier avec l'idée d'un univers gouverné par des lois générales. L'obéissance à la loi est la marque d'un gouvernement établi et non d'une lutte qui se poursuit. Quand des puissances sont en guerre entre elles pour la possession du gouvernement du monde les limites qui les séparent ne sont point fixes et ne cessent de se déplacer. On pourrait croire que les choses se passent sur notre planète comme s'il y avait une lutte entre les puissances du bien et du mal quand on ne considère que les résultats. Mais quand on réfléchit aux ressorts cachés de la nature, on trouve que le bien comme le mal arrivent dans le cours spontané des choses en vertu des mêmes lois générales instituées dès l'origine; le même mécanisme faisant tantôt de bonnes tantôt de mauvaises choses, et encore plus souvent un mélange de bonnes et de mauvaises. Le partage du pouvoir ne varie qu'en apparence, il est en réalité si régulier que s'il s'agissait de potentats de la terre, nous n'hésiterions pas à déclarer que la part à faire à chacun d'eux a dû être fixée par un accord préalable. Dans cette supposition, à vrai dire, il se pourrait que ce résultat de la combinaison de forces antagonistes fût à peu près le même que dans celle d'un créateur unique, avec des desseins de tendances contraires.

Quand nous en venons à considérer non plus quelle hypothèse peut se concevoir, et se concilier avec les faits connus, mais quelle supposition se trouve indiquée par les preuves de la religion naturelle, la question change. Les indications du plan se dirigent nettement dans un seul sens, celui de la conservation des créatures dans la structure desquelles on trouve des indications. A côté des forces préservatrices, il y a des forces destructives, que nous serions tentés d'attribuer à la volonté d'un créateur différent. Mais il est rare de trouver des signes attestant une combinaison occulte de moyens de destruction, excepté quand la destruction d'une créature est un moyen de conservation des autres. L'on ne saurait non plus supposer que les forces préservatrices soient mises en jeu par un Être, et les destructives par un autre. Les forces destructives sont des parties essentielles des préservatrices. Les compositions chimiques par lesquelles la vie s'entretient ne pouvaient se faire sans une série correspondante de décompositions. Le grand agent de destruction tant dans les substances organiques que dans les inorganiques est l'oxydation ; ce n'est que par l'oxydation que la vie dure, ne fût-ce qu'une minute. Les imperfections que nous rencontrons dans l'accomplissement des fins que les signes nous indiquent, n'ont pas l'air de faire partie du plan : elles sont comme les résultats imprévus de ces accidents contre lesquels on n'a pas pris assez de précautions, ou bien d'un léger excès ou d'un faible défaut dans la quantité de quelques-unes des forces par lesquelles les fins bonnes sont obtenues ; en d'autres termes elles sont les conséquences de l'usure d'un mécanisme qui n'est pas fait pour durer toujours ; elles nous signalent ou bien une insuffisance de l'œuvre au point de vue du résultat voulu, ou des forces externes dont l'artiste ne s'est pas rendu maître, mais rien n'indique que ces forces soient au pouvoir et à la volonté d'une autre Intelligence en rivalité avec la première.

Nous conclurons donc que la théologie naturelle n'offre aucune raison d'attribuer l'intelligence ou la personnalité aux obstacles qui contrecarrent le plan qui semble voulu par le créateur. Il est plus probable que la limitation de son pouvoir résulte des qualités des matériaux; c'est-à-dire que les substances et les forces dont l'univers se compose ne peuvent se plier à aucune des dispositions par lesquelles ses fins pourraient être plus complétement atteintes. On pourrait dire encore qu'il était possible au Créateur d'atteindre plus complétement ses fins, mais qu'il n'a su comment le faire; enfin, que l'adresse du Créateur, tout admirable qu'elle est, n'était pas assez parfaite pour accomplir ses desseins plus parfaitement.

Passons maintenant aux attributs moraux de Dieu, à ceux du moins que la création paraît nous indiquer; ou, pour poser le problème de la manière la plus large, nous allons rechercher quelles indications la Nature nous donne des fins de son auteur. La question se présente à nous à un tout autre point de vue qu'aux docteurs de la théologie naturelle, qui sont embarrassés de la nécessité d'admettre l'omnipotence du Créateur. Nous n'avons pas à résoudre le problème insoluble de concilier la bonté et la justice infinies avec la puissance infinie dans le Créateur d'un monde tel que celui où nous sommes. Les efforts qu'on a faits pour résoudre ce problème, n'impliquent pas seulement une absolue contradiction au point de vue intellectuel, elles nous offrent avec excès le spectacle révoltant d'une défense jésuitique de monstruosités morales.

Je n'ai sur ce point rien à ajouter aux explications que j'ai données dans la partie de mon essai sur la Nature qui concerne cette question. Au point où nous sommes arrivés cette perplexité morale n'existe pas pour nous. Une fois admis que le pouvoir créateur a été limité par des conditions dont la nature et l'étendue nous sont totalement inconnues, la bonté et la justice du Créateur peuvent être tout ce que croient les gens les plus pieux; et tout ce qui dans son œuvre contredit ces attributs moraux, peut être imputé aux conditions qui ne laissent au Créateur d'autre alternative que le choix des maux.

Toutefois ce n'est pas tout que de savoir si une solution quelconque du problème s'accorde avec les faits connus, il faut encore savoir si quelque preuve démontre cette solution. Si nous n'avons pas d'autre moyen de juger le dessein que de considérer l'œuvre effectivement produite, il est un peu hasardeux de supposer que l'œuvre voulue par le créateur était d'une autre qualité que le résultat réalisé. Néanmoins, quoique le terrain manque de solidité, nous pouvons en prenant des précautions y faire un peu de chemin. Il y a dans l'ordre de la nature des parties qui fournissent plus de signes de plan que d'autres, il en est beaucoup, et ce n'est pas trop dire, qui n'en donnent aucun. C'est dans la structure et les opérations de la vie animale et végétale que les signes d'invention sont les plus évidents. Sans ces signes, il est probable que la partie pensante de l'humanité n'aurait jamais trouvé dans les phénomènes de la nature aucune preuve de l'existence d'un Dieu. Mais quand de l'organisation des êtres vivants, on eût inféré l'existence d'un Dieu, d'autres parties de la nature, telles que la structure du système solaire, parurent aussi fournir des témoignages plus ou moins probants à l'appui de cette croyance. Une fois que l'on a admis l'existence d'un plan dans la nature, on a beaucoup de chance de découvrir en quoi il consiste, en examinant les parties de la nature où les traces d'un plan sont les plus évidentes.

A quelle fin semblent-ils tendre, ces expédients que nous offre la construction des animaux et des végétaux, qui excitent l'admiration des naturalistes ? Il ne faut pas perdre de vue que le but le plus élevé auquel ils tendent principalement c'est de faire rester l'organisme en vie et en travail pendant un certain temps : l'individu pendant un petit nombre d'années, la race ou l'espèce plus longtemps, mais encore pendant une durée limitée. Les signes de création analogues bien que moins apparents que nous reconnaissons dans la nature inorganique, sont en général du même genre. Les adaptations, par exemple, qui se révèlent dans le système solaire consistent à le placer dans des conditions où l'action mutuelle de ses parties maintienne la stabilité du système au lieu de la détruire, et encore ne la maintienne que pour un temps, immense à la vérité, si on le compare au court moment de notre existence animée, mais qui, à nos yeux mêmes, paraît limitée ; car les faibles moyens que nous avons à notre disposition pour explorer le passé, peuvent, de l'avis de ceux qui ont étudié la question, d'après les plus récentes découvertes, fournir la preuve que le système solaire a été jadis une immense sphère de vapeur, une nébuleuse, et qu'il passe par une évolution qui, dans le cours des siècles, le réduira à l'état d'une seule masse de matière solide, glacée par un froid bien supérieur à celui des pôles. Si le mécanisme du système est disposé de manière à se maintenir en action seulement pour un temps, bien moins parfaite est encore la disposition qui le rend propre à servir de demeure aux êtres vivants, puisqu'elle ne s'y prête que durant une période relativement courte de sa durée totale, celle qui s'étend de l'époque où la planète était trop chaude, à l'époque où elle est devenue ou deviendra trop froide pour que la vie puisse s'y maintenir dans les conditions où l'expérience nous a appris qu'elle est possible. Peut-être aussi devrions-nous renverser la proposition et dire que l'organisation et la vie ne sont adaptées aux conditions du système solaire que pendant une partie relativement courte de l'existence de ce système.

Par conséquent, la plus grande partie du plan dont la nature nous offre des indications, quelque merveilleux qu'en soit le mécanisme, ne témoigne point en faveur d'attributs moraux, parce que la fin à laquelle elle tend, et son adaptation à cette fin est la preuve qu'elle tend à une fin, n'est pas une fin morale : ce n'est pas le bien d'une créature sensible, ce n'est que la durée restreinte, pour un temps limité, de l'œuvre elle-même, avec ou sans la vie. La seule conclusion qu'on en puisse tirer, touchant le caractère du Créateur, c'est qu'il ne veut pas que ses œuvres périssent aussitôt que créées; il veut qu'elles aient une certaine durée. Mais cela ne suffit pas pour tirer une conclusion juste touchant la manière dont il est disposé envers ses créatures vivantes et raisonnables.

Quand on a mis de côté les nombreuses adaptations qui n'ont pas d'autre objet apparent que de tenir la machine en mouvement, il en reste un certain nombre qui sont disposées de façon à causer du plaisir aux êtres vivants, et un certain nombre destinées à leur causer de la douleur. Il n'y a aucune certitude positive que toutes ces dispositions ne doivent pas prendre rang parmi les arrangements en vue de conserver l'existence de l'individu ou de l'espèce; car les plaisirs comme les douleurs ont une tendance conservatrice : les plaisirs étant généralement disposés de façon à attirer vers les choses qui conservent l'existence individuelle ou collective; les douleurs, de manière à détourner de celles qui pourraient la détruire.

Tout cela considéré, il est évident qu'il faut faire subir une grande réduction aux témoignages en faveur de l'existence d'un créateur, avant de les compter comme des preuves d'un dessein inspiré par la bonté; cette réduction est si grande en vérité, qu'on peut douter qu'après une telle soustraction, il reste encore quelque chose. Pourtant, quand on essaye de considérer la question sans parti pris ni préjugé, et sans laisser prendre aux désirs aucun empire sur le jugement, il semble que l'existence d'un plan une fois accordée, la majorité des témoignages est en faveur de l'idée que le Créateur a voulu le plaisir de ses créatures. Ce qui suggère cette idée, c'est d'abord, que presque toutes les choses don-

nent du plaisir d'une espèce ou d'une autre; le simple
jeu des facultés physiques et mentales est une source de
plaisir, qui ne tarit jamais; que les choses elles-mêmes
procurent du plaisir en ce qu'elles satisfont la curiosité et
qu'elles donnent le sentiment si agréable de l'acquisition
de la connaissance; c'est aussi que le plaisir, quand on
l'éprouve, semble le résultat du jeu normal du mécanisme, tandis que la peine naît naturellement de l'intervention de quelque objet extérieur dans le jeu du mécanisme, et paraît être dans chaque cas, particulier, l'effet
d'un accident. Même dans les cas où la peine semble
être, comme le plaisir, le résultat du mécanisme lui-
même, les apparences n'indiquent pas que le Créateur
ait employé son industrie pour produire intentionnellement de la douleur : elles indiquent plutôt une mala-
dresse dans les arrangements employés en vue de quelque autre fin. L'auteur du mécanisme est sans doute
responsable de l'avoir fait susceptible de peine, mais il
est possible que ce résultat ait été une condition qu'il
fallût remplir pour que le mécanisme fût susceptible de
plaisir; supposition vaine dans la théorie de l'omnipotence, mais très-probable dans celle d'un créateur réduit
à créer sous la gêne que lui imposent les lois inexorables
ou les propriétés indestructibles de la matière. On accorde que la susceptibilité rentre dans le plan, mais on
considère habituellement la peine comme n'y rentrant
pas, comme un résultat fortuit de la collision de l'organisme avec quelque force extérieure à laquelle le Créateur n'avait pas eu l'intention de l'exposer, et dont, dans
bien des cas, il a pris ses précautions pour la préserver.

Il y a donc beaucoup d'apparence que le plaisir des créatures est agréable au Créateur, et il y en a très-peu que leur douleur le soit : et l'on a quelque raison de conclure à bon droit d'après les données de la théologie naturelle seule, que la bonté est un des attributs du Créateur. Mais partir de là pour sauter à cette autre conclusion que son unique ou sa principale fin est celle que veut sa bonté, et que le seul but où tende la création est le bonheur des créatures, c'est une hardiesse que non-seulement aucune preuve ne justifie, mais qui a contre elle toutes les preuves que nous possédons. Si le motif de la Divinité, pour créer des êtres sensibles, a été le bonheur des êtres qu'elle créait, il faut avouer que son plan, au moins dans le coin de l'univers que nous habitons, si l'on tient compte des siècles passés, de tous les pays et de toutes les races, a ignominieusement échoué : et si Dieu n'avait eu d'autre fin que notre bonheur et celui des autres créatures vivantes, il n'est pas croyable qu'il les eût appelées à l'existence avec la perspective d'être complétement confondu. Si l'homme n'avait pas le pouvoir d'améliorer par ses propres forces et lui-même et les circonstances qui l'entourent, de faire pour lui-même et les autres créatures infiniment plus que Dieu n'avait fait tout d'abord, l'Être qui l'a appelé à la vie, mériterait de lui autre chose que des remercîments. Sans doute on peut dire que cette capacité de s'améliorer soi-même et d'améliorer le monde lui a été donnée par Dieu, et que le changement qu'il sera par là en état d'effectuer définitivement dans l'existence humaine vaudra bien les souffrances subies et les vies sacrifiées durant des périodes géologiques entières. C'est possible ; mais supposer que Dieu n'aurait gratifié l'homme de ses bienfaits qu'à cet effroyable prix, c'est faire à son sujet une supposition bien étrange. C'est supposer que Dieu ne pouvait, du premier coup, rien créer de mieux qu'un Boschisman ou un naturel des îles Andaman, ou quelque créature encore plus inférieures, et que pourtant il était capable de douer le Boschisman ou le naturel des îls Andaman du pouvoir de s'élever jusqu'à devenir un Newton ou un Fénelon. Assurément nous ne savons pas la nature des barrières qui limitent l'omnipotence divine ; mais il faudrait s'en faire une singulière idée pour croire qu'elles ont permis à Dieu de conférer à une créature à peu près bestiale le pouvoir de produire par une succession d'efforts ce que Dieu lui-même n'avait aucun autre moyen de créer.

Telles sont les indications de la religion naturelle à l'égard de la bonté de Dieu. Si nous considérons l'un quelconque des autres attributs moraux que certains philosophes ont l'habitude de distinguer de la bonté, comme par exemple la justice, nous ne trouvons absolument rien. Il n'y a aucune preuve dans la nature en faveur de la justice divine, quelque type de justice que nos opinions éthiques nous portent à reconnaître. Dans les arrangements généraux de la nature, il n'y a pas l'ombre de justice : à quelque imparfaite réalisation qu'elle arrive dans une société humaine (réalisation très-imparfaite comme celle d'aujourd'hui), elle la doit à l'homme qui s'élève à la civilisation en luttant contre d'immenses difficultés naturelles, et se fait une seconde nature bien meilleure et bien plus désintéressée que celle qu'il a reçue au moment de la création. Mais j'en ai dit assez sur ce point dans un autre essai, la Nature, auquel j'ai déjà renvoyé le lecteur.

Voilà donc les résultats nets de la théologie naturelle sur la question des attributs divins. Un être d'un pouvoir grand mais restreint, sans que nous puissions même soupçonner comment et par quoi il est restreint, d'une intelligence grande, peut-être illimitée, mais peut-être aussi resserrée dans des limites plus étroites que sa puissance, qui désire le bonheur de ses créatures et fait quelque chose pour l'assurer, mais qui semble avoir encore d'autres motifs d'action auxquels il tient davantage, ce qui ne permet guère de supposer qu'il a créé l'univers dans l'unique but d'assurer ce bonheur. Tel est le Dieu que la religion naturelle nous montre du doigt, et toute idée d'un Dieu plus séduisant ne saurait dériver que de nos désirs, ou bien des enseignements d'une révélation vraie ou imaginaire.

Nous allons examiner si la lumière de la nature donne quelque indication sur l'immortalité de l'âme et la vie future.

TROISIÈME PARTIE

L'IMMORTALITÉ

On peut diviser les indications de l'immortalité en deux ordres : celles qui sont indépendantes de toute théorie touchant le créateur et ses intentions, et celles qui dépendent d'une croyance préalable sur ces matières. Quant au premier ordre, les penseurs des différentes époques ont présenté un grand nombre d'arguments ; ceux que nous trouvons dans le Phédon de Platon en sont des exemples ; mais pour la plupart ils ne sont plus soutenus par personne et l'on n'a plus besoin d'en faire une réfutation en règle. Ils reposent généralement sur des théories préconçues quant à la nature du principe pensant de l'homme, considéré comme un être distinct et séparable du corps, et sur d'autres théories préconçues touchant la mort. On croyait, par exemple, que la mort, ou dissolution, est toujours une séparation de parties, et que l'âme étant une et sans parties, simple et indivisible, n'est pas susceptible de cette séparation.

Il est assez curieux de voir que dans le Phédon l'un des interlocuteurs prévoit la réponse qu'un adversaire de l'immortalité ferait aujourd'hui à cet argument : à savoir que la pensée et la conscience, bien qu'on puisse arriver à les distinguer du corps par une vue de l'esprit, ne seraient pas une substance distincte et séparable, mais un résultat du corps, soutenant avec lui la même relation, pour employer la comparaison de Platon, qu'un air de musique avec l'instrument sur lequel on le joue. L'argument du Phédon qui sert à prouver que l'âme ne périt pas avec le corps, servirait également à prouver que l'air ne périt pas avec l'instrument, mais qu'il survit à sa destruction et continue de subsister séparément. En réalité, les modernes qui contestent les preuves de l'immortalité de l'âme, ne croient pas, en général, que l'âme soit une substance *per se*, mais ils la considèrent comme le nom d'un faisceau d'attributs, des attributs de sentiment, de la pensée, du raisonnement, de la croyance, de la volonté, etc. Ils regardent ces attributs comme des conséquences de l'organisation corporelle, et ils concluent qu'il est tout aussi déraisonnable de supposer que ces attributs survivent quand cette organisation est dissoute, que de supposer que la couleur et l'odeur d'une rose survivent quand la rose elle-même a péri. Ceux, donc, qui déduiraient l'immortalité de l'âme de sa propre nature ont d'abord à prouver que les attributs en question ne sont pas des attributs du corps, mais d'une substance à part. Or quel est le verdict de la science sur ce point? Il n'est pas parfaitement décisif, ni dans l'un ni dans l'autre sens. D'abord, il ne prouve pas expérimentalement que tout mode d'organisation ait le pouvoir de produire le sentiment et la pensée. Pour le prouver il faudrait que nous fussions capables de produire un organisme, et de vérifier si cet organisme est sensible. Nous ne le pouvons pas : il n'est pas au pouvoir de l'homme de produire des organismes : ils ne peuvent se développer qu'en naissant d'organismes préexistants. D'un autre côté, il est à peu près complétement prouvé que toute pensée, tout sentiment est rattaché à quelque action de l'organisme corporel comme à son antécédent ou à son conséquent immédiat ; que les variations spécifiques et spécialement les différents degrés de complication de l'organisation nerveuse et cérébrale, correspondent à des différences dans le développement des facultés mentales ; et bien que nous n'ayons aucune preuve, si ce n'est des preuves négatives, que la conscience mentale cesse pour toujours quand les fonctions du cerveau s'arrêtent, nous savons que les maladies du cerveau troublent les fonctions mentales, que l'usure ou la faiblesse du cerveau en diminue la force. Nous avons donc une preuve suffisante que l'action cérébrale est, sinon la cause, au moins, dans notre état actuel d'existence, une condition *sine quâ non* des opérations mentales. A supposer que l'esprit soit une substance à part, sa séparation d'avec le corps ne serait pas, comme certains s'en sont flattés, un événement qui l'affranchit de ses entraves et lui rend la liberté, ce serait un arrêt de ses fonctions et un retour à l'inconscience, s'il ne se rencontrait un nouveau système de conditions, et jusqu'au moment où il s'en rencontrerait un, qui fût capable de la rendre à l'activité, mais sur l'existence duquel l'expérience ne nous donne pas la plus faible indication.

En même temps, il importe de remarquer que ces considérations ne signifient pas autre chose qu'un manque de preuve ; elles ne fournissent pas le moindre argument contre l'immortalité. Il faut se garder de donner une validité *à priori* à des conclusions d'une doctrine *à posteriori*. La racine de toute pensée *à priori* est la tendance à transporter aux choses externes une association fortement liée dans l'esprit entre les idées qui correspondent à ces choses ; et les penseurs qui cherchent avec le plus de sincérité à limiter leurs croyances par l'expérience, et qui honnêtement croient le faire, ne sont pas toujours suffisamment sur leurs gardes contre cette erreur. Il en est qui considèrent comme une vérité de raison l'impossibilité des miracles ; il en est d'autres aussi qui, parce que les phénomènes de vie et de conscience sont associés dans leur esprit par une expérience invariable avec l'action des organes matériels, croient absurde *per se* d'imaginer que ces phénomènes puissent exister sous d'autres conditions. Ils devraient pourtant se rappeler que la coexistence uniforme d'un fait avec un autre n'exige pas que l'un de ces faits soit partie de l'autre, ou ne fasse qu'un avec l'autre. La relation qui unit la pensée à un cerveau matériel, n'est pas une nécessité métaphysique, mais simplement une relation de coexistence constante dans les limites de l'observation. D'ailleurs, analysé à fond d'après les principes de la philosophie associationniste, le cerveau, tout comme les fonctions mentales et comme la matière elle-même, n'est qu'un système de sensations de l'homme, les unes actuelles, les autres connues comme possibles, à savoir celles que reçoit l'anatomiste quand il ouvre un crâne, et les impressions que sans doute nous recevrions nous-mêmes des mouvements moléculaires ou autres pendant la marche de la fonction cérébrale, si elle ne nous était pas cachée par une enveloppe osseuse et si nous possédions des sens et des instruments assez délicats. L'expérience ne nous offre aucun exemple d'une série d'états de conscience, sans que ce système de sensations contingentes n'y soit attaché, mais il est tout aussi facile d'imaginer une série d'états de conscience sans cet accompagnement qu'avec lui, et nous ne trouvons dans la nature des choses aucune raison qui empêche d'admettre que cette série en puisse être séparée. Nous pouvons supposer que les mêmes pensées et les mêmes émotions, les mêmes volitions et aussi les mêmes sensations que nous avons dans cette vie puissent persister ou recommencer quelque part ailleurs sous d'autres conditions, exactement comme nous pouvons supposer que d'autres pensées et d'autres sensations peuvent exister sous d'autres conditions et dans d'autres parties de l'univers. En admettant cette supposition, nous ne sommes pas obligés de nous embarrasser d'aucune difficulté métaphysique sur une substance pensante. La substance n'est qu'un nom général pour exprimer la permanence des attributs : partout où il y a une série de pensées reliées ensemble par des souvenirs, il y a une substance pensante. La distinction absolue qui sépare dans la pensée, et la possibilité que nous avons de séparer dans la représentation, nos états de conscience d'avec la série des conditions auxquelles ils sont unis seulement par la constante répétition des mêmes associations, équivaut dans la pratique à l'antique distinction des deux substances appelées Matière et Esprit.

Il n'y a donc aux yeux de la science aucune preuve positive contre l'immortalité de l'âme ; il n'y a qu'une preuve négative qui consiste dans l'absence de preuve en sa faveur. Et même dans ce cas la preuve négative n'a pas toute la force qu'elle possède ordinairement. Prenons la magie pour exemple : il n'y a aucune preuve qu'elle ait jamais existé et ce fait est aussi concluant que pourrait l'être une preuve positive qu'elle n'a pas existé : car si elle a existé, c'est sur cette terre, ou dans ce cas la preuve de fait eût certainement suffi à la démontrer. Mais pour l'existence de l'âme après la mort, le cas n'est pas le même. Qu'elle ne reste pas sur la terre, et qu'elle cesse de donner autour d'elle des signes de son existence ou d'intervenir dans les événements de la vie, nous en avons des preuves de même poids que celles qui démontrent la fausseté de la magie, mais qu'elle n'existe pas ailleurs, il n'y en a absolument aucune. Une présomption très-faible, s'il en est une, voilà tout ce qu'il est permis de conclure de la disparition de l'âme de la surface de notre planète.

Selon quelques-uns, il existe contre l'immortalité du principe pensant et conscient une autre présomption, et cette fois une présomption très-forte, qu'on peut tirer de l'analyse de tous les autres objets de la nature. Tout dans la nature périt : les choses les plus belles, les plus parfaites sont, ainsi que les philosophes aussi bien que les poètes le déplorent, les plus périssables. Une fleur d'une forme et d'une couleur exquises pousse sur une racine, met des semaines et des mois à parvenir à la perfection, et ne dure que quelques heures ou quelques jours. Pourquoi en serait-il autrement de l'homme? dites-vous ; mais pourquoi donc aussi n'en serait-il pas autrement ? Le sentiment et la pensée ne sont pas seulement différents de ce que nous appelons matière inanimée, mais ils occupent le pôle opposé de l'existence, et raisonner de l'un à l'autre par analogie c'est tirer une conclusion de faible ou de nulle valeur. Le sentiment et la pensée sont beaucoup plus réels que toute autre chose ; ce sont les seules choses dont nous connaissions directement la réalité, toutes les autres ne sont que les conditions inconnues d'où les sentiments et les pensées dépendent dans notre état actuel d'existence ou dans un autre. Toute matière, en dehors des sentiments des êtres sentants, n'a qu'une existence hypothétique et insubstantielle : c'est une pure supposition destinée à expliquer nos sensations ; elle-même nous ne la percevons pas, nous n'en avons pas conscience, nous n'avons conscience que des sensations que l'on dit que nous recevons d'elle : en réalité la matière n'est qu'un nom qui sert à exprimer l'attente des sensations ou la croyance que nous pouvons avoir certaines sensations quand certaines autres nous en donnent un indice. Que ces possibilités contingentes de sensation prennent fin tôt ou tard et fassent place à d'autres, cela prouve-t-il que la série de nos sentiments doive elle-même être rompue ? Raisonner ainsi, ce ne serait pas passer d'une espèce de réalité substantielle à une autre, mais tirer de quelque chose qui n'a aucune réalité si ce n'est par rapport à quelque autre chose, des conclusions applicables à l'objet qui est la seule réalité substantielle. L'esprit (il n'importe quel nom nous donnions à l'objet impliqué dans la conscience d'une série continuée de sentiments) est au point de vue philosophique la seule réalité dont nous ayons quelque preuve, et on ne saurait reconnaître aucune analogie, ni établir aucune comparaison entre l'esprit et les autres réalités parce qu'il n'y a pas d'autres réalités connues auxquelles on puisse le comparer. Ceci n'empêcherait pas que l'esprit ne fût périssable ; mais la question de savoir s'il est périssable ou non demeure *res integra*, que les résultats de l'expérience et de la connaissance de l'homme n'effleurent pas. C'est un de ces cas très-rares, où il y a réellement absence totale de preuve d'un côté comme de l'autre, et où l'absence de preuve pour l'affirmative ne crée pas, comme cela arrive si souvent, une forte présomption en faveur de la négative.

Toutefois, il est probable que la croyance à l'immortalité de l'âme humaine, dans les esprits des hommes en général, ne repose pas sur un argument scientifique, soit physique, soit métaphysique, mais sur des bases bien plus solides pour la plupart des esprits, à savoir d'une part le désagrément de quitter la vie, pour ceux au moins à qui elle a été agréable, et de l'autre des traditions générales de l'humanité. A la tendance naturelle qui porte la croyance à céder à ces deux sollicitations, nos propres désirs et l'assentiment général des autres, s'est ajouté dans le cas qui nous occupe l'effort suprême de toute la puissance de l'enseignement public et privé. Les gouvernements et les maîtres de l'éducation ont de tout temps, en vue de donner plus d'autorité à leurs prescriptions, soit pour des motifs particuliers, soit pour des raisons d'intérêt public, encouragé de toutes leurs forces la croyance à une vie après la mort, où l'homme aura pour lot et des souffrances et des plaisirs bien plus grands que ceux de la terre, selon qu'il aura fait ou négligé pendant sa vie ce qu'on lui commandait au nom de pouvoirs invisibles. Comme causes de croyances, ces diverses circonstances sont extrêmement puissantes. Comme bases rationnelles qui la légitiment elles n'ont aucune valeur.

On veut que ce qu'il y a de consolant dans une opinion, c'est-à-dire le plaisir que nous avons à la croire vraie, serve de raison pour la faire croire; c'est une doctrine irrationnelle en elle-même, et qui d'ailleurs sanctionnerait la moitié des illusions dangereuses dont l'histoire a gardé le souvenir, ou qui ont égaré la conduite des individus. Dans le sujet qui nous occupe, on la rencontre quelquefois déguisée sous un langage quasi-scientifique. On nous dit que le désir de l'immortalité est un de nos instincts, et qu'il n'y a pas d'instinct qui ne corresponde à un objet réel propre à la satisfaire. Pour la faim, il y a quelque part un aliment; pour le sentiment sexuel, il y a quelque part un sexe; pour l'amour il y a quelque part un être à aimer, etc. De même puisque le désir de la vie éternelle existe, il faut qu'il y ait une vie éternelle. La réponse se présente d'elle-même dès le premier pas.

Il n'est pas nécessaire de se livrer à des considérations bien profondes sur les instincts, ni de discuter la question de savoir si le désir dont nous parlons est ou n'est pas un instinct. Supposé que partout où il y a un instinct, l'objet existe auquel cet instinct aspire, peut-on affirmer qu'il existe en quantité infinie, ou suffisante pour satisfaire l'ambition infinie des désirs humains ? Ce qu'on appelle le désir de la vie éternelle est simplement le désir de la vie; l'objet auquel ce désir aspire n'existe-t-il pas ? La vie n'existe-t-elle pas ? L'instinct, si tant est que ce soit un instinct, n'est-il pas satisfait par la possession et la conservation de la vie ? Supposer que le désir de la vie nous garantit personnellement la réalité de la vie pendant toute l'éternité, c'est comme si l'on supposait que le désir de prendre des aliments nous assure que nous aurons toujours de quoi manger autant que nous pourrons le faire pendant toute la durée de notre vie et aussi loin dans l'avenir que nous pouvons prolonger notre vie par la pensée.

L'argument tiré de la tradition ou de la croyance générale de l'espèce humaine, si nous l'acceptons comme un guide pour notre propre croyance, doit être accepté en entier : mais alors nous sommes tenus de croire que les âmes des hommes non-seulement survivent après la mort, mais qu'elles se montrent comme des esprits aux vivants ; en effet nous ne trouvons personne qui ait professé une croyance sans l'autre. Il est vrai que probablement la première croyance est née de la dernière et que les premiers hommes n'auraient jamais supposé que l'âme ne meurt pas avec le corps, s'ils ne s'étaient pas imaginés qu'ils en recevaient des visites après la mort. Rien de plus naturel qu'une telle imagination ; elle se réalise, en apparence, complétement dans les rêves, qu'Homère considérait et qu'à toutes les époques comme celle d'Homère, on a considérés comme des apparitions d'êtres réels. Aux rêves nous n'avons pas seulement à ajouter les hallucinations de l'état de veille, mais les illusions, quelque dénuées de fondement qu'elles soient, de la vue et de l'ouïe, ou pour mieux dire les fausses interprétations des données de ces sens, la vue ou l'ouïe ne fournissant que des indications avec lesquelles l'imagination compose un tableau complet qu'elle revêt de l'attribut de la réalité. Il ne faut pas juger ces illusions d'après nos idées modernes. Dans les premiers temps, la ligne de démarcation entre la perception et l'imagination était loin d'être nettement tracée ; on ne savait rien ou peu de chose des connaissances que nous possédons aujourd'hui sur le cours de la nature, en vertu desquelles nous refusons de croire tout ce qui est en désaccord avec les lois connues. Dans l'ignorance où vivaient les hommes des limites de la nature, et de ce qui était ou n'était pas compatible avec elle, aucune chose n'était, au point de vue physique, plus improbable qu'une autre chose. Lors donc que nous rejetons, comme nous le faisons, et comme nous avons les meilleures raisons de le faire, les histoires et les légendes des apparitions réelles d'esprits privés de corps, nous retirons à la croyance générale de l'humanité à une vie après la mort l'appui qui, selon toute probabilité, constituait sa principale base, et nous lui ôtons même la valeur très-faible que l'opinion des temps grossiers pouvait posséder pour jouer le rôle de preuve. Si l'on nous disait que cette croyance s'est maintenue en des siècles qui ont cessé d'être grossiers et qui rejettent les superstitions dont elle était jadis accompagnée, nous pourrions en dire autant de plusieurs autres opinions des siècles grossiers, surtout sur les sujets les plus importants et les plus intéressants, parce que c'est sur ces sujets que l'opinion régnante, quelle qu'elle puisse être, est le plus soigneusement inculquée à tous ceux qui naissent dans le monde. En outre, si cette opinion particulière a en somme gardé ses positions, il n'est pas moins vrai que le nombre des dissidents n'a pas cessé d'aller en croissant surtout parmi les esprits cultivés. Finalement ces esprits cultivés qui adhèrent à la croyance à l'immortalité la fondent, nous avons bien le droit de le supposer, non sur la croyance d'autrui, mais sur des arguments et des preuves ; et ces arguments, comme ces preuves, il nous appartient de les apprécier et de les juger.

Les arguments qui précèdent nous offrent des exemples suffisants de l'ordre d'arguments en faveur d'une vie future qui ne supposent pas une croyance préalable à l'existence de Dieu, ni aucune théorie de ses attributs. Il nous reste à considérer les arguments fournis par les lumières, ou les bases de conjectures, que la théologie naturelle nous apporte sur ces grandes questions.

Nous avons vu que ces lumières sont bien faibles : que sur la question de l'existence d'un Créateur, tout ce qu'elles montrent c'est qu'il y a plus de probabilité en faveur de l'affirmative ; que sur la question de la bonté, qu'il y a aussi plus de probabilité, mais moins qu'en faveur de l'existence ; que, cependant, il y a des raisons de croire que le Créateur se préoccupe des plaisirs de ses créatures, mais nullement que cette fin soit son unique souci, et que d'autres ne prennent souvent le pas sur elle. Son intelligence doit être adéquate à l'habileté qui se manifeste dans l'univers, mais il n'est pas nécessaire qu'elle soit plus qu'adéquate, et non-seulement il n'est pas démontré que la puissance de Dieu est infinie, mais la seule preuve réelle que fournisse la théologie naturelle tend à démontrer qu'elle est limitée, puisque l'habileté est un moyen de surmonter les difficultés, et suppose toujours des difficultés à surmonter.

Nous avons maintenant à considérer quelle conclusion on peut légitimement tirer de ces prémisses, en faveur d'une vie future. Il me semble quant à moi, à moins d'une révélation expresse, qu'il n'y en a point.

Les arguments communs sont la bonté de Dieu ; il est improbable qu'il ait voulu l'anéantissement de l'être qui est son ouvrage le plus noble et le plus brillant, après que cet être a consumé la plus grande partie des courtes années de sa vie à acquérir des facultés, et que le temps de leur faire porter des fruits ne lui a pas été accordé ; surtout il est improbable qu'il ait mis en nous un désir instinctif de la vie éternelle, et l'ait condamné à un désappointement complet.

Ces arguments seraient de mise dans un monde dont la constitution permettrait de soutenir sans contradiction qu'il est l'œuvre d'un Être à la fois omnipotent et bon. Mais ce ne sont pas des raisons dans un monde comme celui où nous vivons. La bonté de l'Être divin peut être parfaite, seulement son pouvoir étant sujet à des restrictions inconnues, nous ne savons pas s'il a pu nous donner ce que nous croyons avec tant de confiance qu'il a voulu nous accorder ; s'il *l'a pu,* voulons-nous dire, sans rien sacrifier de plus important. Sa bonté même, si légitime que soit cette inférence, ne nous est pas indiquée comme l'interprétation de la totalité de ses fins ; et puisque nous ne saurions dire jusqu'à quel point d'autres fins n'ont pas contrecarré l'exercice de sa bonté, nous ne savons pas s'il *a voulu*, ni même s'il a pu nous assurer une vie éternelle.

Il est improbable, objecte-t-on, qu'il nous ait donné le désir sans les moyens de le satisfaire. Nous pouvons répondre la même chose : le plan qu'il était obligé d'adopter, soit à cause des bornes de son pouvoir, soit à cause du conflit des fins, exigeait peut-être que nous eussions le désir sans être destinés à le satisfaire. Il y a toujours une chose absolument certaine sur le gouvernement du monde par Dieu, c'est qu'il n'a pas pu ou qu'il n'a pas voulu nous accorder tout ce que nous désirons. Nous désirons la vie, et il nous a accordé de la vie : que nous désirions (ou que certains d'entre nous désirent) une vie d'une durée illimitée, et qu'elle ne nous soit pas accordée, cela ne déroge pas aux règles ordinaires du gouvernement de Dieu. Bien des gens aimeraient à posséder les trésors de Crésus ou la puissance de César Auguste, dont les désirs se contentent de la modeste satisfaction d'une livre par semaine ou du poste de secrétaire d'une association ouvrière. Il n'y a donc rien qui nous assure

d'une vie après la mort, d'après la religion naturelle.
Mais si quelqu'un trouve sa satisfaction ou son avantage à
espérer une vie future comme une chose possible, rien
ne l'empêche de s'adonner à cette espérance. Il y a des
signes de l'existence d'un Être qui possède une grande
puissance sur nous, toute celle que suppose la création
du cosmos, ou du moins des êtres organisés qui l'habitent ; il y en a aussi de la bonté de cet être, mais qui
ne prouvent pas que la bonté soit son attribut prédominant ; et comme nous ne savons pas les limites de sa
puissance, ni de sa bonté, nous avons le champ libre
pour espérer que l'un ou l'autre attribut aille jusqu'à
nous assurer la possession d'une vie éternelle, pourvu
que cette vie soit avantageuse pour nous. La même raison qui permet d'espérer, nous autorise à attendre que,
s'il y a une vie future, elle sera au moins aussi bonne
que la vie présente, et qu'elle ne sera pas dépouillée
des plus précieux priviléges de la vie présente, la possibilité de nous perfectionner par nos propres efforts.
Rien ne saurait être plus opposé à tous nos calculs de
probabilité, que l'idée vulgaire de la vie future où l'on
voit un état de récompenses et de punitions en un
autre sens que celui où les conséquences de nos actions sur notre caractère et nos aptitudes nous suivent dans l'avenir comme elles ont fait dans le passé et
le présent. Quelles que soient les probabilités de *la
réalité* d'une vie future, toutes les probabilités *en cas*
d'une vie future sont que tels que nous avons été faits
ou que nous nous sommes faits nous-mêmes, avant le
changement, tels nous entrerons dans la vie à venir ; et

que l'avénement de la mort ne produira aucune interruption dans notre vie spirituelle, ni n'influencera notre caractère autrement que tout autre changement important dans notre manière d'exister aurait toujours pu le modifier. Notre principe pensant a ses lois qui dans cette vie sont invariables, et l'analogie doit nous faire admettre d'après les faits de cette vie que les mêmes lois persisteront. Supposer que la main de Dieu opérera un miracle au moment de la mort, qui rendra parfaits tous ceux qu'il voudra faire entrer au nombre de ses élus, c'est un effort d'imagination qu'une révélation dûment prouvée justifierait peut-être, mais c'est une supposition complétement opposée à tout ce qu'il est permis de présumer d'après les lumières de la Nature.

QUATRIÈME PARTIE

LA RÉVÉLATION

Dans les pages qui précèdent, la discussion n'a porté que sur les preuves du théisme qui dérivent des lumières fournies par la Nature. Une question nouvelle se pose, celle de savoir quel secours ces preuves ont reçu, et jusqu'à quel point les conclusions qu'elles comportaient ont été étendues ou modifiées par l'effet d'une communication directe entre l'homme et l'Être Suprême. Ce serait sortir des limites de cet Essai que de nous mettre à examiner les preuves positives de la foi chrétienne, ou de toute autre foi qui prétende au titre de révélation du Ciel. Cependant des considérations générales qui porteraient non sur un système particulier, mais sur la révélation générale, sont à leur place ici; il est même nécessaire de les y faire entrer pour donner une portée pratique aux résultats que nous venons d'obtenir.

En premier lieu, les indices de l'existence d'un Créateur, et de ses attributs, indices que nous pouvons découvrir dans la Nature, bien que fort légers et moins concluants, même pour démontrer son existence que ne le voudraient les âmes pieuses, et bien qu'ils ne nous donnent au sujet des attributs du Créateur que des informations encore moins satisfaisantes, ces indices suffisent néanmoins pour donner à la supposition d'une révélation un point d'appui qu'elle n'aurait pas eu sans cela. La révélation qui s'annonce n'est pas obligée de construire son système depuis les fondations : elle n'a pas à prouver l'existence même de l'Être d'où elle a la prétention de descendre; elle se donne pour le message d'un Être dont l'existence, la puissance et jusqu'à un certain point la sagesse et la bonté sont, sinon prouvées, au moins indiquées avec plus ou moins de probabilité par les phénomènes de la nature. L'Être qui envoie le message n'est pas une pure invention : il y a des raisons indépendantes du message lui-même pour croire qu'il existe, raisons qui tout insuffisantes qu'elles sont pour une démonstration, suffisent néanmoins pour faire disparaître tout ce qu'il y avait jusque-là d'improbable dans la supposition qu'on pourrait réellement recevoir de lui un message. Bien plus, c'est un grand avantage pour la révélation que l'imperfection même des preuves fournies par la théologie naturelle en faveur des attributs divins, écarte certains obstacles qui s'opposaient à la croyance à une révélation. En effet, les objections fondées sur les imperfections trouvées dans la révélation même, bien que concluantes contre la révélation si on la considère comme un monument des actes ou une expression de la sagesse d'un Être en possession d'une puissance infinie combinée avec la sagesse et la bonté infinies, ces objections ne prouvent pas que la révélation ne vienne pas d'un Être, comme celui que la cause de la nature nous a fait concevoir, dont peut-être la sagesse, et certainement la puissance sont limitées, et dont la bonté, réelle sans doute, ne paraît pas avoir été le seul motif qui l'ait porté à accomplir l'œuvre de la Création. L'argument que Butler présente dans son *Analogy* est, au point de vue où se place l'auteur, tout à fait concluant. La religion chrétienne, dit-il, ne prête le flanc à aucune objection, soit morale, soit rationnelle, qui ne s'applique pas au moins également à la théorie naturelle du théisme. La morale des Évangiles est bien plus élevée, bien plus parfaite que celle qui se révèle dans l'ordre de la nature, et ce qu'on peut contester au point de vue moral dans la théorie chrétienne du monde, n'est contestable que parce qu'on l'associe à la doctrine de l'omnipotence de Dieu. Ces points (au moins pour les chrétiens les plus éclairés) n'accusent pas du tout une imperfection morale chez un être dont on suppose que la puissance est restreinte par des obstacles réels bien qu'inconnus, qui l'ont empêché d'accomplir entièrement ses desseins. L'erreur grave où Butler est tombé, c'est d'avoir reculé devant l'hypothèse de la limitation de la puissance divine; et l'invitation qu'il nous adresse revient à dire : la croyance chrétienne n'est ni plus absurde ni plus immorale que celle des déistes qui reconnaissent un Créateur omnipotent, acceptons donc l'une et l'autre à la fois en dépit de l'absurdité et de l'immoralité. Il eût mieux fait de dire : retranchons de notre croyance de part et d'autre ce qui implique absurdité ou immoralité, ce qui est contradictoire en soi ou moralement mauvais.

Mais revenons à la question principale. Dans l'hypothèse d'un Dieu, auteur du monde, et qui en le faisant a eu égard au bonheur des créatures sensibles, quelque limite que d'autres considérations aient pu apporter à ces intentions bienveillantes, il n'y a rien d'improbable en soi dans la supposition que cet intérêt pour leur bien continue, et que Dieu puisse une ou plusieurs fois en fournir la preuve en communiquant à ses créatures au sujet de lui-même des connaissances qu'elles ne pouvaient acquérir par leurs propres facultés privées de secours, ainsi que des connaissances ou des préceptes utiles qui les guident à travers les difficultés de la vie. Dans la seule hypothèse soutenable, celle d'une puissance bornée, il ne nous est pas possible d'objecter que ces secours doivent avoir été plus grands, ou en quelque sorte autres qu'ils ne sont. La seule question dont nous ayons à nous occuper, et dont nous ne puissions pas nous dispenser de nous occuper, est celle de la preuve de la révélation. Existe-t-il une preuve susceptible de prouver une révélation divine ? De quelle nature et de quelle valeur doit être cette preuve ? Que les preuves spéciales du christianisme, ou de toute autre religion arrivent ou non à cette valeur, c'est une autre question dans laquelle je ne me propose pas d'entrer. La seule que je veuille examiner est celle de savoir quelle preuve est requise, à quelles conditions générales elle doit satisfaire, et si ces conditions sont telles que, d'après ce que nous savons de la constitution des choses, elles puissent être remplies.

On divise ordinairement les preuves de la Révélation en externes et internes. Les preuves externes sont le témoignage des sens ou de témoins. Par preuves internes on entend les indications que la Révélation est censée fournir touchant son origine divine; que l'on fait consister principalement dans l'excellence de ses préceptes et dans son aptitude à s'adapter aux conditions et aux besoins de la nature humaine.

L'examen de ces preuves internes est une chose très-importante, mais elles n'ont qu'une importance négative; elles peuvent être des raisons concluantes de rejeter une révélation, mais elles ne sauraient nous autoriser à l'accepter comme divine. Si le caractère moral des doctrines d'une prétendue révélation est mauvais et dégradant, nous devons la rejeter de qui qu'elle vienne; car elle ne peut venir d'un Être bon et sage. Mais l'excellence de leur morale ne saurait jamais nous autoriser à leur attribuer une origine surnaturelle; en effet nulle raison concluante de croire que les facultés humaines qui peuvent percevoir et reconnaître l'excellence de certaines doctrines morales, sont en même temps impuissantes à découvrir ces doctrines. Par conséquent, il n'y a que la preuve externe, c'est-à-dire la présentation de faits surnaturels qui puisse prouver la divinité d'une révélation. Nous avons donc à considérer s'il est possible de prouver l'existence de faits surnaturels, et, si c'est possible, de rechercher quelle preuve il faut fournir pour les démontrer.

Autant que je sache, cette question n'a été soulevée du côté des sceptiques que par Hume. C'est la question impliquée dans le fameux argument contre les miracles, argument qui va au fond de la question, mais dont la vraie portée (dont peut-être ce grand penseur n'a pas eu lui-même une conscience parfaitement juste) a été méconnue complétement par les gens qui ont essayé de lui répondre. Le Dr Campbell, par exemple, un des plus graves adversaires de Hume, s'est cru obligé, afin de soutenir la crédibilité des miracles, d'émettre des doctrines allant jusqu'à soutenir que l'improbabilité en soi n'est jamais une raison suffisante pour refuser de croire une proposition quand elle est bien attestée. L'erreur du Dr Campbell consiste en ce qu'il n'aperçoit pas que le mot improbabilité a deux sens comme je l'ai montré dans ma *Logique*, et même plus tôt, dans une note que j'avais ajoutée au *Traité des Preuves* de Bentham.

Prenons la question au commencement. Évidemment, il est impossible de soutenir que si un fait surnaturel arrive réellement, la preuve de cet événement ne puisse être accessible aux facultés humaines. Le témoignage de nos sens peut prouver ce fait comme d'autres choses. Pour mettre les choses au pire, supposons que j'aie vu et entendu réellement un Être, soit de forme humaine, soit d'une forme qui m'était auparavant inconnue, commander à un monde nouveau d'exister, et ce monde nouveau surgir réellement à l'existence et commencer à se mouvoir à travers l'espace à ce commandement. Incontestablement cette preuve ferait passer la création des mondes de l'état de pure conception à celui de fait d'expérience. On dira peut-être que je ne pouvais savoir si une apparition aussi singulière n'était pas tout simplement une hallucination de mes sens. Il est vrai, mais le même doute existe au premier abord à l'égard de tout fait imprévu et surprenant qui fait son entrée au milieu de nos connaissances physiques. Il est possible que nos sens aient été trompés. C'est une question qu'il faut considérer et traiter ; et nous la traitons de différentes façons. Si nous répétons l'expérience, et toujours avec le même résultat ; si au moment de l'observation les impressions de nos sens sont à tous les autres points de vue, les mêmes que d'habitude, ce qui rend extrêmement improbable la supposition qu'ils sont dans ce cas particulier affectés de quelque trouble morbide ; par-dessus tout, si les sens d'autres personnes confirment le témoignage des nôtres, nous concluons avec raison que nous pouvons avoir confiance en nos sens. A vrai dire, nos sens sont nos seuls garants. C'est d'eux que nous tirons jusqu'aux prémisses fondamentales de nos raisonnements. Contre leurs décisions nul appel, si ce n'est de sens sans précaution à des sens armés de toutes les précautions convenables. Quand le témoignage sur lequel une opinion repose, a la même valeur que celui sur lequel se base tout l'ensemble de la conduite et ce qui fait la sécurité de notre vie, nous n'avons rien à demander de plus. Des objections qui s'appliquent également à tout témoignage n'ont de valeur contre aucun. Elles ne prouvent qu'une faillibilité abstraite.

Mais le témoignage en faveur des miracles, au moins aux yeux des chrétiens protestants, n'appartient pas de notre temps à cette espèce de témoignages irrésistibles. Ce n'est pas un témoignage de nos sens, mais de témoins, et encore nous ne l'avons pas de première main, nous le trouvons dans des livres et des traditions. Lors même qu'on aurait affaire à des témoins oculaires, les faits surnaturels qu'on affirme d'après ce prétendu témoignage, ne possèdent pas le caractère transcendant que nous trouvons dans l'exemple que nous avons donné, sur la nature duquel il ne saurait y avoir le moindre doute et qu'on ne pourrait attribuer à une cause naturelle. Au contraire, les miracles dont parle la tradition, sont pour la plupart de telle nature qu'il aurait été extrêmement difficile de vérifier les faits, et de plus il est toujours possible d'admettre qu'ils ont été produits par des moyens humains ou par des forces spontanées de la nature. C'est aux cas de ce genre que s'adressait l'argument de Hume contre la crédibilité des miracles.

Voici en quoi consiste cet argument. La preuve des miracles se compose de témoignages. La raison que nous avons de nous fier au témoignage est l'expérience que, certaines conditions étant données, le témoignage est généralement véridique. Mais la même expérience nous dit que, même dans les conditions les plus favorables, le témoignage est souvent faux, avec ou sans intention. Lors, donc, que le fait en faveur duquel le témoignage est porté, est un fait dont la production serait plus en désaccord avec l'expérience que ne l'est la fausseté du témoignage, nous ne devons pas y croire. Cette règle, d'ailleurs, tout le monde l'observe dans la conduite de la vie. Ceux qui ne l'observent pas sont sûrs de souffrir de leur crédulité.

Or un miracle (c'est toujours l'argument de Hume) est

le plus possible en contradiction avec l'expérience : en effet s'il n'était pas en contradiction avec l'expérience ce ne serait pas un miracle. La raison même qui fait qu'on le regarde comme un miracle c'est qu'il rompt la fixité de la loi de la nature, c'est-à-dire la fixité d'un ordre invariable et inviolable dans la succession des événements naturels. Il y a donc pour refuser de le croire la plus forte raison que l'expérience puisse donner pour faire rejeter une croyance. Mais dans les limites de l'expérience nous trouvons un autre fait, et même un fait commun, c'est qu'une déposition de témoins, fussent-ils nombreux et parfaitement sincères, peut être mensongère et erronée. Il faut donc préférer cette supposition.

Deux points paraissent faibles dans cet argument. Le premier, c'est que le témoignage de l'expérience auquel Hume fait appel est seulement négatif et n'est pas aussi concluant qu'un témoignage positif, puisqu'on découvre souvent des faits dont on n'avait jamais eu aucune expérience, et dont la vérité se prouve pourtant par expérience positive. L'autre point qui semble prêter le flanc est celui-ci. L'argument paraît supposer que le témoignage de l'expérience contre les miracles est unanime et indubitable, ce qu'il serait en effet si, aucun miracle n'ayant eu lieu dans le passé, la question portait sur la probabilité de miracles à venir. Au contraire, on affirme dans le camp des adversaires de Hume qu'il y a eu des miracles et que le témoignage de l'expérience n'est pas tout entier du côté de la négative. Tout témoignage en faveur d'un miracle quelconque doit être accueilli à titre de déposition contradictoire qui réfute la raison sur laquelle on se fonde pour rejeter les miracles. On ne peut juger la question loyalement à moins de faire la balance des témoignages : d'un côté une certaine somme de témoignages positifs en faveur des miracles, de l'autre une présomption négative tirée du cours général de l'expérience humaine contre les miracles.

Pour appuyer l'argument de Hume après lui avoir fait subir cette double correction, il faut montrer que la présomption négative contre un miracle est beaucoup plus forte que celle que peut soulever un fait tout simplement nouveau et étonnant. Evidemment il en est ainsi. Une nouvelle découverte en physique, alors même qu'elle consisterait en la destruction d'une loi de la nature bien établie, n'est que la découverte d'une autre loi auparavant inconnue. Il n'y a rien là qui ne soit familier à notre expérience : nous savions que nous ne connaissions pas toutes les lois de la nature, et nous savions qu'une loi de la nature est susceptible d'être contrariée par d'autres. Le nouveau phénomène, quand il a apparu, s'est montré pourtant dépendant d'une loi ; il se reproduit toujours exactement quand les mêmes conditions se trouvent réunies. Son apparition ne dépasse donc pas les limites des variations que présente l'expérience, que l'expérience elle-même découvre. Mais un miracle, par le fait même que c'est un miracle, ne se donne pas pour une substitution d'une loi naturelle à une autre, mais pour la suspension de la loi même qui comprend toutes les autres, et selon les enseignements de l'expérience s'étend universellement à tous les phénomènes, à savoir que les phénomènes dépendent de quelque loi ; qu'ils sont toujours les mêmes quand les mêmes antécédents phénoménaux existent, qu'ils ne se produisent pas en l'absence de leurs causes phénoménales, et qu'ils ne manquent jamais de se produire quand leurs conditions phénoménales sont toutes présentes.

Il est évident que cet argument contre la croyance aux miracles ne reposait sur rien avant l'époque relativement moderne où les sciences ont fait des progrès. Quelques générations avant la nôtre, non-seulement la dépendance qui relie tous les phénomènes sans exception à des lois invariables n'était pas reconnue de la masse des hommes, mais les gens instruits ne pouvaient même pas y voir une vérité établie d'une façon scientifique. Il y avait beaucoup de phénomènes qui semblaient très-irréguliers dans leur cours et qui ne paraissaient dépendre d'aucun antécédent connu : on avait dû sans doute toujours reconnaître une certaine régularité dans l'apparition des phénomènes les plus familiers, mais pour ces phénomènes mêmes, on n'avait pas ramené à la règle générale les exceptions qui ne cessaient de se produire, parce qu'on n'avait ni découvert ni généralisé les circonstances de leur production. Les corps célestes étaient depuis les temps les plus reculés les types les plus remarquables de l'ordre régulier et invariable : et cependant même parmi ces corps, les comètes présentaient un phénomène en apparence produit en dehors de toute loi. Aussi regarda-t-on pendant longtemps les comètes et les éclipses comme des faits de nature miraculeuse destinés à servir de signes et de présages du sort des hommes. Il eût été impossible à cette époque de prouver à qui que ce fût que cette supposition était improbable en soi ; elle paraissait plus conforme aux apparences que l'hypothèse d'une loi inconnue.

Mais aujourd'hui que, par les progrès de la science, il a été démontré à l'aide de preuves incontestables, que tous les phénomènes sont réductibles à une loi, et que même dans le cas où ces lois n'ont pas encore été constatées exactement, le retard de cette constatation s'explique pleinement par les difficultés spéciales de la question, les défenseurs des miracles ont adapté leur argument à ce nouvel état de choses ; ils soutiennent qu'un miracle n'est pas nécessairement la violation d'une loi. Un miracle, disent-ils, peut avoir lieu en vertu d'une loi plus cachée, inconnue de nous.

Si l'on veut dire par là seulement que l'Être divin, dans l'exercice de son pouvoir d'intervenir dans l'exécution des lois qu'il a lui-même posées et de les suspendre, se dirige d'après quelque principe général, ou d'après une règle de conduite, rien ne saurait prouver le contraire, et cette supposition est en elle-même la plus probable. Mais si l'on veut dire qu'un miracle peut être l'accomplissement d'une loi dans le même sens où les évènements ordinaires de la nature sont l'accomplissement de certaines lois, on fait voir qu'on ne sait pas bien ce que c'est qu'une loi, et qu'on ne sait pas mieux ce qui constitue un miracle.

Quand nous disons qu'un fait physique ordinaire a lieu suivant quelque loi invariable, nous voulons dire qu'il est uni par un lien uniforme de succession ou de co-existence à quelque groupe d'antécédents physiques ;

que chaque fois que ce groupe est exactement reproduit, le même phénomène se montre, à moins qu'il ne soit contrarié par les lois de quelques autres antécédents physiques ; et chaque fois qu'il se montre, on trouve que son groupe spécial d'antécédents (ou un de ces groupes, s'il en a plusieurs) a préexisté. Or un événement qui a lieu de cette façon n'est pas un miracle. Pour être un miracle, il faut qu'il soit produit par une volition directe, sans l'emploi de moyens ou au moins de moyens dont la simple répétition le reproduirait. Pour qu'un phénomène soit un miracle, il faut qu'il ait lieu sans avoir été précédé de conditions phénoménales antécédentes toujours suffisantes pour le reproduire, ou que ce soit un phénomène dont les conditions antécédentes qui le produisent existaient, et qui ait été arrêté et empêché sans qu'aucun antécédent phénoménal qui l'arrêterait ou l'empêcherait dans un cas à venir soit intervenu. Ce qui constitue un miracle peut se formuler ainsi : existait-il dans le cas en question de ces causes externes, de ces causes secondes, comme nous pouvons les appeler, qui chaque fois qu'elles se trouvent réunies sont suivies de l'apparition du phénomène ? Si oui, ce fait n'est pas un miracle ; si non, c'est un miracle, mais le fait ne s'est pas accompli en vertu d'une loi, c'est un événement produit sans loi, ou en dépit d'une loi.

On dira peut-être qu'un miracle n'exclut pas nécessairement l'intervention des causes secondes. Si c'était la volonté de Dieu de faire éclater une tempête mêlée de coups de tonnerre par miracle, rien ne l'empêcherait de le faire au moyen des vents et des nuages. Assurément;

mais de deux choses l'une, ou les vents et les nuages sont suffisants, quand ils existent, pour exciter la tempête et les tonnerres, sans autre assistance divine, ou ils ne le sont pas. S'ils ne le sont pas, la tempête n'est pas l'accomplissement mais la violation de la loi. S'ils suffisent, il y a un miracle, mais ce n'est pas la tempête, qui est le miracle, c'est la production des vents et des nuages, ou de n'importe quel anneau de la chaîne des causes, qui aura apparu sans le concours d'antécédents physiques. Si ce concours n'a jamais manqué, et si, au contraire, l'événement prétendu miraculeux a été produit par des moyens naturels, et ceux-ci à leur tour par d'autres, et ainsi de suite depuis le commencement des choses ; si l'événement n'est l'acte d'un Dieu qu'à la condition d'être prévu et préétabli par lui comme la conséquence des forces mises en jeu au moment de la création ; alors il n'y a plus de miracle du tout, ni rien qui diffère de l'ordinaire opération de la Providence de Dieu.

Prenons un autre exemple : une personne qui se donne comme commissionnée de Dieu guérit un malade par l'application de quelque substance en apparence insignifiante. Cette application dans les mains d'une personne qui ne serait pas spécialement commissionnée auraitelle produit la guérison ? si oui, il n'y a pas de miracle ; si non, il y a un miracle, mais il y a une violation de loi.

Toutefois l'on dira que si ces faits sont des violations de lois, la loi est violée chaque fois qu'un effet extérieur est produit par un acte volontaire de l'homme. La volition humaine ne cesse de modifier les phénomènes naturels, non en violant leurs lois, mais en se servant de leurs lois. Pourquoi la volition divine ne ferait-elle pas la même chose? Le pouvoir des volitions sur les phénomènes est lui-même une loi et une des lois de la nature qui ont été le plus connues et reconnues. Il est vrai que la volonté humaine exerce sa puissance sur les objets d'une façon indirecte, par l'intermédiaire de la puissance qu'elle possède d'agir directement sur les muscles de l'homme. Mais Dieu possède une puissance directe, non-seulement sur une chose, mais sur tous les objets qu'il a créés. Il n'y a donc pas plus de violation de loi à supposer que les événements sont produits, empêchés ou modifiés par l'action de Dieu, que lorsqu'ils sont produits, empêchés ou modifiés par l'action de l'homme. Les deux cas sont également compatibles avec ce que nous savons du gouvernement de toute chose par la loi.

Ceux qui raisonnent ainsi sont, pour la plupart, des partisans du libre arbitre, et soutiennent que toute volition humaine crée une nouvelle chaîne de causes, dont elle constitue le premier chaînon, chaînon qui n'est point rattaché par un rapport de succession invariable à un fait antérieur. Par conséquent, lors même qu'une intervention divine serait venue se jeter au travers de la chaîne des événements, en introduisant une nouvelle cause créatrice sans racine dans le passé, ce ne serait pas une raison pour n'y pas croire, puisque tout acte humain de volition fait exactement la même chose. Si l'un est une violation de loi, les autres sont aussi des violations de loi. En fait le règne de la loi ne s'étend pas à la production de la volonté.

Les adversaires de la théorie du libre arbitre qui considèrent la volition comme ne faisant pas exception à la loi universelle de cause et d'effet, peuvent répondre que les volitions loin d'interrompre la chaîne des causes, sont des anneaux de cette chaîne ; la relation de cause et d'effet étant exactement de même nature quand elle unit le motif à l'acte que lorsqu'elle rattache une combinaison d'antécédents physiques à un conséquent physique. Mais que ceci soit vrai ou non, l'argument reste le même, car l'intervention de la volonté humaine dans le cours de la nature n'est point une exception à la loi du moment que nous comprenons parmi les lois le rapport de motif à volition ; et en vertu de la même règle l'intervention opérée par la volonté divine ne serait pas non plus une exception ; puisque nous ne pouvons nous empêcher de supposer que Dieu, dans chacun de ses actes, est déterminé par des motifs.

Donc l'analogie qu'on veut établir est bonne : mais elle ne prouve que ce que j'ai soutenu depuis le commencement, à savoir que l'intervention divine dans la nature pouvait être prouvée si nous avions en faveur de son existence le même genre de preuves qu'en faveur de celle de l'homme. La question de l'improbabilité en soi ne se pose que parce que l'intervention divine n'est pas certifiée par le témoignage direct de la perception, mais qu'au contraire elle reste toujours question d'inférence et d'inférence plus ou moins spéculative. Un moment d'examen montrera que, dans ces circonstances, la présomption d'emblée contre la vérité de l'inférence est extrêmement forte.

Quand la volonté humaine intervient pour produire

un phénomène physique, excepté les mouvements du corps humain, elle intervient en employant des moyens : et elle est obligée d'employer les moyens qui par leurs propriétés physiques suffisent à produire l'effet voulu. L'intervention divine procède, par hypothèse, autrement que la volonté humaine ; elle produit des effets sans moyens, ou avec des moyens qui en eux-mêmes sont insuffisants. Dans le premier cas, tous les phénomènes physiques, excepté le premier mouvement corporel, se produisent en conformité stricte avec la causation physique ; et l'on rapporte par une observation positive ce premier mouvement à la cause (la volition) qui le produit. Dans l'autre cas, on suppose que l'événement n'a pas du tout été produit par causation physique, et il n'y a aucun témoignage direct qui le rattache à une volition. La raison pour laquelle on l'attribue à une volition est seulement négative ; on le fait parce qu'on ne voit pas d'autre moyen d'en expliquer l'existence.

Mais dans cette explication purement spéculative, il y a toujours une autre hypothèse possible, à savoir que l'événement a peut-être été produit par des causes physiques d'une façon qui n'est pas apparente. Il peut provenir d'une loi d'ordre physique encore inconnue, ou de la présence inconnue des conditions nécessaires pour le produire conformément à quelque loi connue ; à supposer même que l'événement censé miraculeux ne parvienne pas jusqu'à nous à travers le milieu incertain du témoignage humain, mais qu'il repose sur le témoignage direct de nos propres sens ; même alors, tant qu'il n'y a pas de témoignage direct qui nous atteste que cet événement a son origine dans une volition divine, comme celui que nous avons par la production des mouvements corporels par les volitions humaines. Aussi longtemps, donc, que le caractère miraculeux d'un événement ne sera qu'une inférence tirée de l'insuffisance prétendue des lois de la nature physique à l'expliquer, aussi longtemps l'hypothèse d'une origine naturelle de ce phénomène aura le droit de primer celle d'une origine surnaturelle. Les principes les plus vulgaires d'un jugement sain nous interdisent de supposer pour un effet une cause dont l'expérience ne nous a absolument rien appris, à moins que nous n'ayons constaté l'absence de toutes celles que l'expérience nous a fait connaître. Or y a-t-il rien que l'expérience nous montre plus fréquemment que des faits physiques inexplicables pour notre connaissance, soit qu'ils dépendent de lois que l'observation aidée par la science n'a pas encore découvertes, soit de faits dont nous ne soupçonnons pas la présence dans le cas en question. Par conséquent quand nous entendons parler d'un prodige, nous croyons toujours, dans nos temps modernes, que s'il s'est réellement passé, il n'est ni l'œuvre d'un Dieu, ni l'œuvre d'un démon, mais la conséquence de quelque loi naturelle inconnue ou de quelque fait caché. Ni l'une, ni l'autre de ces suppositions ne perd ses droits lorsque, comme dans le cas d'un miracle proprement dit, l'événement merveilleux semblait dépendre de la volonté d'un homme. Il est toujours possible qu'il y ait une loi non encore découverte que le thaumaturge ait, qu'il le sache ou non, la puissance de mettre en jeu ; il se peut encore que la merveille ait été opérée (comme dans les tours vraiment extraordinaires de certains jongleurs) par des moyens qui mettent en jeu, sans que nous le voyions, les lois ordinaires : ce qui n'est pas non plus nécessairement un cas de fraude volontaire. Enfin, l'événement peut n'avoir aucun lien avec la volition, mais la coïncidence qui les unit peut être l'effet d'un artifice ou d'un accident, le faiseur de miracles ayant paru, ou affecté de paraître produire par sa volonté ce qui était déjà en train d'arriver ; comme si, par exemple, un homme commandait une éclipse de soleil au moment précis où il saurait, d'après l'astronomie, qu'une éclipse va avoir lieu. Dans un cas de ce genre, on peut contrôler le miracle, en défiant le faiseur de miracle de le répéter. Mais il est bon de remarquer que les miracles dont on conserve le souvenir ont été rarement, ou n'ont jamais été soumis à cette épreuve. Nul faiseur de miracles ne paraît avoir *pratiqué habituellement* la résurrection des morts. Ce miracle et les autres opérations miraculeuses les plus signalées, n'ont été accomplis que dans un seul cas ou dans un petit nombre de cas isolés, qui pouvaient être ou habilement choisis, ou des effets d'une coïncidence accidentelle. Bref, rien n'exclut la supposition que tout miracle dont on parle soit dû à des causes naturelles ; et tant que cette supposition demeure possible nul homme de science qui observerait des faits merveilleux, nul homme de bon sens n'admettrait, par voie de conjecture, une cause qu'il n'y aurait pas d'autre raison de croire réelle que la nécessité d'expliquer quelque chose qui s'explique assez sans cela.

Si nous nous arrêtions là, la question semblerait complétement tranchée contre les miracles. Mais en l'examinant de plus près, on verra que nous ne pouvons, en nous fondant sur les considérations énoncées, conclure absolument qu'il faille rejeter d'emblée la théorie qui explique la production d'un phénomène par un miracle. Toute la conclusion que nous pouvons tirer, c'est que la puissance extraordinaire que l'on a parfois cru que des hommes exerçaient sur la nature, ne saurait être une preuve de dons miraculeux pour aucun de ceux auxquels l'existence d'un Être surnaturel et son intervention dans les affaires humaines n'est pas déjà une *vera causa*. Il n'est pas possible de prouver l'existence de Dieu par des miracles, car, à moins d'avoir reconnu l'existence de Dieu, on peut toujours rendre compte du miracle apparent par une hypothèse plus probable que celle de l'intervention d'un Être de l'existence duquel le miracle est la seule preuve. Jusqu'ici l'argument de Hume est concluant. Mais il n'en est plus de même quand l'existence d'un Être qui a créé l'ordre présent de la nature, et par conséquent qu'on peut croire en possession de le modifier, est admise comme un fait ou même comme une probabilité reposant sur un témoignage indépendant. Admettre du même coup l'existence d'un Dieu et la production par sa volonté directe d'un effet qui, en tous cas, devrait son origine à son pouvoir créateur, ce n'est plus une hypothèse purement arbitraire, émise pour expliquer le fait, c'est une hypothèse dont il faut reconnaître la sérieuse possibilité. La question change de caractère, et on ne peut la décider qu'en s'appuyant sur ce qu'on sait, ou sur ce qu'on peut raisonnablement conjecturer sur la façon dont Dieu gouverne l'univers : cette connaissance ou conjecture rend-elle très-probable la supposition qui attribue l'événement aux forces ordinairement au service de son gouvernement? fait-elle de l'événement le résultat d'une interposition extraordinaire de la volonté divine substituée à ces forces ordinaires?

En premier lieu donc, en supposant acquis le fait de l'existence de la Providence de Dieu, tout ce que nous savons par l'observation de la nature nous prouve à l'aide de témoignages indéniables que le gouvernement de Dieu se fait au moyen de causes secondes ; que tous les faits, ou, au moins, tous les faits physiques, découlent uniformément de conditions physiques données, et n'ont jamais lieu que lorsque l'ensemble des conditions physiques qu'il faut pour les produire se trouve effectivement réuni. Je limite l'assertion aux faits physiques afin de laisser le cas de la volition humaine à l'état de question ouverte ; bien qu'en réalité, je n'en aie pas besoin, car si la volonté humaine est libre, elle a été laissée libre par le créateur, et elle n'est pas contrôlée par lui, ni par le moyen de causes secondes, ni directement, en sorte que n'étant pas gouvernée, elle n'est pas un spécimen de sa manière de gouverner. Sur quoi que s'exerce son gouvernement, il se sert pour agir de causes secondes. Ce point n'était pas évident dans l'enfance de la science, la vérité en a été reconnue de plus en plus, à mesure que les procédés de la nature ont été plus attentivement et plus exactement examinés, jusqu'à ce qu'il ne reste plus une classe de phénomènes dont on ne le sache positivement, sauf quelques cas dont l'obscurité et la complication défient encore nos procédés scientifiques, et dans lesquels, par conséquent, la preuve qu'ils sont aussi gouvernés par des lois naturelles ne saurait, dans l'état présent de la science, être plus complète. La preuve, bien que purement négative, que ces circonstances nous donnent que le gouvernement de Dieu s'exerce universellement par des causes secondes, est reconnue comme concluante par tout le monde excepté quand il s'agit des fins où la religion est directement intéressée. Lorsqu'un savant pour des fins scientiques, ou un homme du monde pour des fins de la vie pratique, font une enquête au sujet d'un événement, ils se demandent quelle en est la cause, et non s'il a une cause surnaturelle. On se ferait rire au nez si l'on proposait, comme une alternative à examiner, l'hypothèse qu'il n'y a pas d'autre cause à cet événement que la volonté de Dieu.

Contre une preuve négative de cette valeur, nous avons à opposer la preuve positive qu'on peut produire en attestation d'exception, en d'autres termes, la preuve positive des miracles. J'ai déjà admis que l'on pouvait concevoir que cette preuve fût de nature à rendre l'exception tout aussi certaine que la règle. Si nous avions le témoignage direct de nos sens pour un fait surnaturel, on pourrait le constater et le rendre aussi certain que tout fait naturel. Mais ce témoignage nous fait toujours défaut. Le caractère surnaturel du fait est toujours, comme je l'ai dit, matière d'inférence ou de spéculation :

et le mystère admet toujours la possibilité d'une solution qui ne soit pas surnaturelle. Ceux qui croient déjà à une puissance surnaturelle, peuvent bien trouver l'hypothèse surnaturelle plus probable que la naturelle, mais à une condition seulement, c'est qu'elle s'accorde avec ce que nous savons ou que nous conjecturons raisonnablement sur les voies de l'agent surnaturel. Or tout ce que nous savons d'après le témoignage de la nature sur ses voies est en harmonie avec la théorie naturelle et répugne à la surnaturelle. Il y a donc une immense probabilité à opposer au miracle, et pour la contrebalancer, il ne faudrait pas moins que démontrer l'existence d'une conformité vraiment extraordinaire et incontestable dans le prétendu miracle et les circonstances au milieu desquelles il se produit avec ce que nous croyons savoir, ou que nous avons des raisons de croire, relativement aux attributs divins.

Cette conformité extraordinaire est censée exister quand le but du miracle est extrêmement profitable à l'humanité, par exemple lorsqu'il sert à accréditer quelque croyance très-importante. La bonté de Dieu, dit-on, rend extrêmement probable la supposition qu'il ferait une exception à la règle générale de son gouvernement en faveur d'un but si bon. Cependant pour des raisons dont j'ai déjà parlé, toutes les conclusions que nous avons tirées de la bonté de Dieu pour décider ce qu'il a ou n'a pas fait, sont incertaines au dernier point. Si nous concluons de la bonté de Dieu à des faits positifs, il ne devrait y avoir dans le monde ni misère, ni vice, ni crime. Nous ne pouvons voir aucune raison dans la bonté divine qui explique pourquoi, si Dieu a dérogé une fois au système ordinaire de son gouvernement, en vue de faire du bien à l'homme, il ne l'eût pas fait cent fois ; nous ne voyons aucune raison qui explique pourquoi, si le bien en vue duquel une certaine dérogation a été faite, la révélation du christianisme, par exemple, était transcendant et unique, ce don précieux n'a été octroyé qu'après un laps de temps de plusieurs siècles ; ni pourquoi, lorsqu'il fut enfin octroyé, la preuve de ce don a dû rester exposée à tant de doutes et de difficultés. Rappelons-nous aussi que la bonté de Dieu n'apporte aucune présomption en faveur d'une dérogation de son système général de gouvernement, à moins que le but favorable n'ait pu être atteint sans dérogation. Si Dieu voulait que l'humanité reçût le Christianisme, ou tout autre don, il eût été plus conforme à tout ce que nous savons de son gouvernement d'avoir tout disposé dans le plan de la création pour faire surgir le Christianisme au moment fixé par le développement naturel de l'humanité, et, disons-le, tout ce que nous savons de l'histoire de l'esprit humain, tend à prouver qu'il en est réellement ainsi.

A toutes ces considérations, il convient d'ajouter que le témoignage même que nous avons des miracles réels ou supposés qui ont accompagné la fondation du Christianisme ou de toute autre religion révélée est extrêmement imparfait. Ce n'est tout au plus que le témoignage non contrôlé de gens extrêmement ignorants, crédules, comme ils le sont ordinairement, honnêtement crédules, quand l'excellence de la doctrine ou un respect mérité pour le maître les poussait à croire avec ardeur. Ces gens n'étaient point habitués à tracer une ligne de démarcation entre les perceptions des sens et les éléments que les suggestions d'une imagination vive y ajoutent ; ils ne connaissaient pas l'art difficile de décider entre l'apparence et la réalité, entre le naturel et le surnaturel, à une époque où personne ne croyait qu'il valût la peine de nier la réalité d'un miracle raconté. C'était en effet la croyance de l'époque que les miracles en eux-mêmes ne prouvaient rien, puisqu'ils pouvaient être l'œuvre d'un esprit de mensonge aussi bien que celle de l'esprit de Dieu. Tels étaient les témoins, et encore nous ne possédons pas leur témoignage direct. Les documents d'une date bien postérieure, même d'après la théorie orthodoxe, qui contiennent la seule relation existante de ces événements, nomment rarement les prétendus témoins oculaires. Ces documents contiennent (il n'est que juste d'en convenir) ce qu'il y avait de mieux et de moins absurde parmi les histoires merveilleuses qui circulaient en grand nombre chez les premiers chrétiens ; mais quand ils nomment exceptionnellement des personnes qui étaient les sujets ou les spectateurs du miracle, ils le font sans aucun doute d'après la tradition, et citent les noms qui restaient unis, peut-être par quelque accident, dans l'esprit du peuple au corps du récit. En effet quiconque a observé la façon dont aujourd'hui même un récit grandit sur une légère donnée, qui l'a vu s'enfler à chaque pas de détails nouveaux, sait bien que ce récit d'abord anonyme, finit par contenir des noms propres. Le nom de l'individu par qui peut-être l'histoire a été racontée, s'introduit dans l'histoire même, d'abord comme celui d'un témoin, et plus tard y reste comme celui d'un acteur.

Il faut remarquer aussi, et c'est une considération très-importante, que les récits de miracles ne se développent que parmi les ignorants, et ne sont adoptés par les gens instruits, s'ils le sont jamais, qu'après être devenus la foi des multitudes. Ceux que les protestants admettent, ont pris naissance à des époques et parmi des nations où l'on ne connaissait guère aucun canon de probabilité, et où les miracles étaient rangés au nombre des phénomènes les plus communs. L'Eglise catholique, il est vrai, admet comme article de foi que les miracles n'ont jamais cessé, qu'il continue à s'en faire çà et là, auxquels on croit même de notre temps, dans notre génération incrédule : non pas sans doute dans la partie incrédule de cette génération, mais parmi les gens d'une ignorance enfantine qui ont grandi, à la manière de ceux dont le clergé catholique fait l'éducation, dans la croyance que la foi est un devoir, le doute un péché, que rien n'est si contraire à la piété que l'incrédulité, et qu'il y a danger à être sceptique sur les matières où la foi est commandée au nom de la religion. Pourtant, ces miracles que personne ne croit excepté les catholiques romains, et encore nous ne disons pas tous les catholiques romains, reposent sur une somme de témoignages qui surpasse de beaucoup celle que nous avons en faveur des premiers miracles, et qui lui est notamment supérieure sur un des points les plus essentiels, à savoir que dans bien des cas les témoins oculaires sont connus et que nous tenons l'histoire de ces miracles de première main.

Telle est donc la balance des témoignages au sujet de la réalité des miracles, en supposant que l'existence et la providence de Dieu soient prouvées par d'autres moyens. D'une part la grande présomption négative qui naît de la totalité des révélations que la nature nous fournit sur le gouvernement divin, qui l'accomplit par l'intermédiaire des causes secondes et par des séquences invariables d'effets physiques liés à des antécédents constants. D'autre part un petit nombre de cas exceptionnels attestés par témoignage, mais par un témoignage qui n'est pas de nature à donner de la certitude à la croyance en des faits qui seraient le moins du monde insolites ou improbables. Le témoin oculaire est inconnu dans la plupart des cas; dans aucun cas il n'est compétent, par le genre d'éducation qu'il a reçue, pour rechercher avec soin la nature réelle des phénomènes qu'il peut avoir vus (1). En outre il obéit à un concours des plus puissants motifs qui puissent animer les hommes, d'abord à se persuader eux-mêmes, ensuite à persuader aux autres que ce qu'ils ont vu est un miracle. Les faits, lors même qu'ils sont racontés le plus fidèlement, ne sont jamais incompatibles avec la supposition qu'ils ont été, soit de pures coïncidences, soit le produit de moyens naturels, lors même qu'on ne peut rien conjecturer sur la nature spécifique de ces

---

1. Saint Paul, qui faisait seul exception à l'ignorance et au manque d'éducation de la première génération des chrétiens, n'atteste pas d'autre miracle que celui de sa propre conversion, celui de tous les miracles du Nouveau Testament qui peut le mieux s'expliquer par des causes naturelles.

moyens, ce qui, en général, est possible. La conclusion que j'en tire, c'est que les miracles n'ont aucun titre au caractère de faits historiques, et sont complétement sans valeur comme preuves d'une révélation.

Ce qu'on peut dire avec vérité en faveur des miracles revient seulement à ceci : nous remarquons d'abord que l'ordre de la nature porte témoignage en faveur de l'existence réelle d'un créateur, et de sa bonne volonté envers ses créatures, sans démontrer, toutefois, que cette bonne volonté est le seul mobile de sa conduite envers elles. Nous observons en outre que tout ce qui témoigne en faveur de l'existence du Créateur prouve aussi qu'il n'est pas tout-puissant, et que dans notre ignorance des limites qui restreignent sa puissance, nous ne pouvons décider d'une manière positive s'il a été en son pouvoir de nous assurer par avance, au moyen du plan originel de la création, tout le bien qu'il entrait dans ses intentions de nous faire, ou même de nous en faire une partie plus tôt que nous ne l'avons effectivement reçue. Ensuite, comme nous considérons qu'un don extrêmement précieux nous a été fait, dont l'événement, bien que facilité par ce qui s'était passé auparavant, ne semble pas en être le résultat nécessaire, mais est bien plutôt le produit, autant qu'on peut se fier aux apparences, des facultés mentales et morales particulières d'un certain homme, et comme de plus nous savons que cet homme proclamait ouvertement que ce don ne venait pas de lui-même, mais de Dieu dont il n'aurait été que l'instrument, nous avons le droit de dire qu'il n'y a dans cette supposition rien de foncièrement impossible, ni d'absolument incroyable qui empêche d'espérer que l'objet en soit réel. Je dis espérer ; je ne vais pas au-delà, car je ne peux reconnaître aucune valeur testimoniale au témoignage même du Christ sur un tel sujet, puisqu'on ne dit jamais qu'il ait fait connaître aucune autre preuve de sa mission (à moins qu'on n'en voie une dans l'interprétation qu'il donnait à certaines prophéties) que la conviction interne ; et chacun sait que dans les temps préscientifiques, les hommes supposaient toujours que les facultés insolites qui leur arrivaient sans qu'ils sussent comment, étaient des inspirations de Dieu ; les hommes supérieurs se montraient toujours les plus prompts à rapporter tout ce qui leur faisait honneur à cette cause souveraine, plutôt qu'à leurs propres mérites.

CINQUIÈME PARTIE

CONCLUSION.

D'après l'examen que nous venons de faire des preuves du théisme et de celles d'une révélation (le théisme étant présupposé), il faut conclure que l'attitude rationnelle d'un penseur à l'égard du surnaturel, tant dans la religion naturelle que dans la révélée, est celle du scepticisme, c'est-à-dire une attitude qui n'est ni la croyance en Dieu, ni l'athéisme ; et nous donnons le nom d'athéisme à la forme négative aussi bien qu'à la positive de la non-croyance à l'existence d'un Dieu, c'est-à-dire non-seulement à la doctrine qui nie dogmatiquement son existence, mais à celle qui nie qu'il ait aucune preuve pour ou contre, ce qui la plupart du temps dans la pratique équivaut à la négation même de l'existence de Dieu. Dans notre étude, nous avons reconnu qu'il existait en faveur de l'existence de Dieu des témoignages, mais insuffisants pour servir de preuve, et qui n'ont que la valeur d'une faible probabilité. L'indication fournie par ces témoignages nous atteste la création, non de l'univers, mais de l'ordre présent de l'univers par un Être intelligent dont la puissance sur les matériaux préexistants n'était pas absolue, dont l'amour pour ses créatures n'était pas l'unique motif qui le fît agir, mais qui néanmoins désirait leur bien. Il faut absolument rejeter la notion d'un gouvernement providentiel par un Être omnipotent en vue du bien de ses créatures. De l'existence continue du Créateur nous n'avons même qu'une seule garantie, c'est la raison qu'il ne peut être soumis à la loi de la mort qui affecte les êtres terrestres, puisqu'il est l'auteur des conditions qui produisent la mortalité partout où l'on sait qu'elle existe. Que cet Être ne soit pas omnipotent, et qu'il ait produit un mécanisme restant en arrière de ses intentions, et qui réclame de temps en temps l'intervention du doigt de son auteur, c'est une supposition qui n'a en soi rien d'absurde ni d'impossible. Toutefois dans aucun des cas où l'on croit que cette intervention a eu lieu, la preuve qui la démontrerait n'est de nature à la prouver. Cette intervention reste à l'état de simple possibilité, à laquelle peuvent bien se rattacher ceux qui en retirent l'avantage d'admettre qu'ils peuvent acquérir des biens inaccessibles aux forces ordinaires de l'homme non par le secours d'une puissance humaine extraordinaire, mais grâce à la bonté d'un Être intelligent supérieur à l'homme, et qui ne cesse de s'occuper de l'homme. La possibilité d'une vie après la mort repose sur les mêmes bases, c'est-à-dire sur une faveur que cet Être puissant désireux du bonheur de l'homme peut avoir la puissance d'accorder, et qu'il aurait effectivement promise, si le messager qu'on dit qu'il a envoyé émane réellement de lui. Tout le domaine du surnaturel est donc écarté de la région de la croyance et relégué dans celle de la pure espérance ; et autant que nous en pouvons juger, il n'en doit jamais sortir, puisqu'il ne nous est guère possible d'augurer que l'on obtienne jamais un témoignage positif de l'action directe de la bonté divine dans la destinée humaine, ou que l'on découvre une raison qui fasse sortir du cercle des choses possibles la réalisation des espérances humaines sur ce point.

Nous avons maintenant à considérer s'il est irrationnel de se laisser aller, guidé par l'imagination seule, à une espérance sur la réalisation de laquelle il n'y a pas apparence qu'on ait jamais une raison probable de compter. Faut-il décourager cette espérance comme une dérogation au principe rationnel qui nous ordonne de régler avec rigueur sur des preuves nos sentiments aussi bien que nos opinions ?

Sur ce point, sans doute, les penseurs décideront diversement, au moins pendant longtemps, suivant leur tempérament particulier. Il faut des principes pour diriger la culture de l'imagination et la régler, d'une part en vue de l'empêcher de troubler la rectitude de l'intelligence, et la bonne direction des actions et de la volonté, et d'autre part afin de l'employer comme une force pour accroître la somme de bonheur de la vie et donner de l'élévation au caractère. Mais jamais les philosophes n'ont soumis ces principes à un examen sérieux, bien que presque toutes les opinions qu'on a émises sur le caractère et l'éducation impliquent une théorie sur cette matière. J'espère qu'à l'avenir, cette question sera considérée comme une branche d'études très-importante pour ses applications pratiques, d'autant plus que l'affaiblissement des croyances positives relatives aux états d'existence supérieurs à celui de l'homme, laisse l'imagination des choses élevées moins pourvue de matériaux provenant du domaine de la réalité supposée. La vie humaine, chétive et resserrée comme elle est, et comme, à ne la considérer que dans son cours ici-bas, elle doit probablement demeurer, alors même que les progrès moraux et matériels l'affranchiraient de la plupart des calamités qui l'accablent, la vie humaine a grandement besoin, il me semble, de plus d'étendue et d'élévation pour ses aspirations en ce qui la touche et en ce qui touche sa destinée, que ne saurait lui en assurer l'exercice de l'imagination enserrée par le témoignage des faits positifs. Je crois qu'il est de la sagesse de tirer tout le parti possible des probabilités, fussent-elles faibles, que nous présente cette question et qui fournissent à l'imagination un terrain où elle s'appuie. Je suis convaincu que la culture de cette tendance dans l'imagination, pourvu qu'elle marche *pari passu* avec celle d'une raison sévère, ne risque point de pervertir le jugement. Je crois qu'on peut faire une évaluation parfaitement exacte des preuves pour ou contre dans une question tout en laissant l'imagination se porter de préférence sur les solutions possibles qui sont à la fois les plus propres à nous consoler et à nous rendre meilleurs, sans pour cela exagérer en rien la force des raisons qu'on a d'attendre que ces solutions possibles seront réalisées effectivement plutôt que d'autres.

Cette règle, il est vrai, ne se trouve point au nombre des maximes transmises par la tradition et dont on a fait les guides de la conduite, mais nous nous y conformons tacitement, et c'est de cette observance que dépend en grande partie le bonheur de la vie. Que signifie par exemple cette tendance du caractère où l'on a toujours vu un des principaux éléments du bonheur, la disposition à la joie ? Qu'est-ce ? si ce n'est un penchant résultant, soit de la constitution, soit de l'habitude, de s'occuper surtout du côté séduisant du présent et de l'avenir ? S'il fallait que tout ce qu'il y a d'agréable ou de triste dans chaque chose occupât exactement dans notre imagination la même place que dans la réalité, et qu'il doit occuper par conséquent dans notre raison réfléchie, l'état que nous appelons disposition à la joie ne serait qu'une des formes de la folie, au même titre, à part le plaisir qui l'accompagne, que la disposition dans laquelle le point de vue habituellement prédominant consiste à considérer le côté triste et pénible de toute chose. Mais en pratique, on ne trouve pas que ceux qui prennent la vie gaîment soient moins vifs à saisir les points de vue rationnels du mal ou du danger, ni plus négligents que d'autres à recourir aux précautions propres à les garantir. Ils sont bien plutôt portés de l'autre côté; en effet la disposition à l'espérance aiguillonne les facultés et tient toutes les forces actives en bon état pour l'action. Quand l'imagination et la raison reçoivent chacun la culture qui lui convient, l'une ne saurait empiéter sur les prérogatives de l'autre. Il n'est pas nécessaire, pour conserver la conviction que nous ne devons pas périr, que nous soyons toujours occupés à méditer sur la mort. Ce qui vaut bien mieux, c'est de ne penser à ce que nous ne saurions empêcher qu'autant qu'il est nécessaire pour obéir aux règles de la prudence dans notre intérêt et dans celui d'autrui, et pour remplir tous les devoirs qui nous incombent en vue de l'événement inévitable. Le moyen d'assurer cette obéissance n'est pas de penser sans cesse à la mort, mais de penser sans cesse à nos devoirs et à la règle de la vie. La véritable règle de la sagesse pratique ne consiste pas à accorder dans nos méditations habituelles la même importance à tous les points de vue des choses, mais à en donner le plus à ceux qui dépendent de notre propre conduite, ou que notre conduite peut modifier. Dans les choses qui ne dépendent pas de nous, ce n'est pas en vue de rendre la vie plus gaie qu'il est bon d'entretenir l'habitude de considérer les choses et les hommes de préférence par le côté agréable, c'est aussi parce que cela nous rend capables de les aimer mieux et de travailler avec plus d'ardeur à leur amélioration. Dans quel but, en effet, nourririons-nous notre imagination de ce qu'il y a de laid dans les personnes et les choses ? S'attacher *sans nécessité* à considérer les maux de la vie, c'est, pour ne rien dire de plus, faire une dépense inutile de force nerveuse ; et quand je dis sans nécessité, je veux parler d'une attention qui n'est ni inévitable, ni obligatoire pour l'accomplissement de nos devoirs et pour empêcher notre sentiment de la réalité de ces maux de tourner à la spéculation pure et de s'obscurcir. Mais si c'est souvent un gaspillage de force que de s'attacher à l'idée des maux de la vie, c'est bien pis encore quand on prend l'habitude de s'absorber dans la pensée que la vie est chose de valeur médiocre et vile. Il est nécessaire de ne pas l'ignorer ; mais quand on passe la vie à en contempler les misères, on ne peut guère maintenir son esprit dans les régions élevées. L'imagination et les sentiments s'abaissent ; des associations dégradantes, au lieu de celles qui ennoblissent, se lient aux objets qui nous entourent ainsi qu'aux incidents de la vie, donnent leur teinte aux idées, comme il arrive pour les associations de sensualité chez ceux qui s'abandonnent à ce genre de pensées. Les hommes ont bien souvent senti ce qu'il en coûte d'avoir l'imagination corrompue par certaines idées, et je crois qu'ils doivent éprouver le même genre de peine, quand certaines associations d'idées basses viennent ravir leur poésie aux choses qui en sont le plus remplies, que lorsqu'ils entendent chanter sur des paroles triviales et vulgaires un beau morceau de musique associé dans leur pensée à des termes très-poétiques. Je dis cela uniquement pour montrer que dans le règlement de l'imagination, la vérité littérale des faits n'est pas la seule chose à considérer. La vérité est le domaine de la raison, et c'est par la culture de la faculté rationnelle que l'on se dispose à la connaître toujours, à y penser aussi souvent qu'il est nécessaire pour bien accomplir son devoir et pour se diriger au milieu des circonstances de la vie. Mais quand la raison est fortement cultivée, que l'imagination suive sa propre fin et fasse de son mieux pour rendre la vie aimable et riante au dedans de la place, il n'y a pas de danger et l'on peut se fier au rempart élevé et entretenu par la raison autour de ses limites.

D'après ces principes, il me semble qu'on fait une chose légitime et soutenable au point de vue philosophique en se laissant aller à l'espérance relativement au gouvernement de l'univers et à la destinée de l'homme après la mort, tout en reconnaissant comme une vérité certaine que nous n'avons pas de raison pour faire plus que d'espérer. Il s'en faut que l'effet bienfaisant d'une telle espérance soit sans valeur : elle fait de la vie et de la nature humaine des objets d'un bien plus haut prix pour le cœur, elle communique plus de force comme aussi plus de solennité à tous les sentiments qui sont éveillés en nous par nos semblables et par l'humanité en général ; elle affaiblit le sentiment de cette ironie de la nature qui devient si pénible quand nous voyons toute une vie d'efforts et de sacrifices n'aboutir à former un esprit sage et noble que pour qu'il disparaisse au moment où il semble prêt à répandre sur le monde les fruits de ses labeurs. L'adage que la vie est courte et l'art long est depuis longtemps l'expression de l'une des nécessités les plus décourageantes de notre condition ; l'espérance en une autre vie permet de croire que l'art consacré à embellir et à améliorer l'âme elle-même peut être bon à quelque chose ailleurs, alors même qu'il paraît sans utilité ici-bas. Mais le profit consiste moins à posséder une espérance spécifique qu'à donner plus d'étendue à la gamme des sentiments, du moment que les aspirations les plus élevées ne sont plus si fortement tenues en échec et rabattues par le sentiment de l'insignifiance de la vie humaine, par le sentiment désastreux qu'elle *ne vaut pas la peine* qu'elle cause. L'augmentation du nombre des mobiles qui nous portent à nous rendre meilleurs jusqu'à la fin de notre vie, est pour nous un gain si évident qu'il n'est pas nécessaire de dire en quoi il consiste.

Il est un autre emploi extrêmement important de l'imagination, qui dans le passé et le présent s'est conservé surtout grâce aux croyances religieuses, et qui est infiniment précieux pour l'humanité, d'autant plus précieux que l'excellence de l'homme dépend beaucoup de ce qu'on a fait pour l'entretenir. Je veux parler de l'habitude de concevoir par l'imagination un Être moralement parfait, et de celle de prendre l'approbation de cet être comme la *norme* ou le type auquel nous devons comparer et sur lequel nous devons régler notre caractère et notre vie. On peut porter à l'idéal notre type d'excellence dans une personne, même quand on conçoit cette personne comme purement imaginaire. Mais la religion, depuis la naissance du Christianisme, a inculqué la croyance que nos conceptions les plus élevées de la sagesse unie à la bonté existent à l'état concret dans un Être vivant qui a les yeux sur nous, et veille sur notre bonheur. Aux époques les plus sombres et les plus corrompues le Christianisme a tenu haut ce flambeau, il a offert ce modèle à l'imitation et à la vénération de l'homme. L'image de la perfection, il faut l'avouer, a été fort imparfaite, et à bien des égards capable de dépraver et de corrompre, non-seulement à cause des idées morales inférieures du temps, mais à cause de la masse des contradictions morales que le fidèle déçu était contraint de gober parce qu'on croyait nécessaire de flatter le principe du bien en lui attribuant la puissance infinie. C'est un des signes les plus universels et les plus surprenants de la nature humaine, et une des preuves les plus frappantes de l'infériorité d'où la raison de l'humanité en général n'est pas encore parvenue à se tirer, que l'homme puisse ne pas voir des contradictions morales ou intellectuelles; qu'il reçoive dans son esprit des propositions complétement incompatibles l'une avec l'autre, non-seulement sans être choqué par la contradiction; mais sans empêcher les croyances contradictoires d'y produire au moins une partie de leurs conséquences naturelles. Des hommes et des femmes de grande piété n'ont pas hésité à attribuer à Dieu de certains actes et une certaine manière générale de vouloir et d'agir incompatible avec la conception la plus vulgaire et la plus étroite de la bonté morale : ils ont vu leurs notions morales, sur des points très-importants, complétement bouleversées et dévoyées, et pourtant ils ont continué à concevoir leur Dieu comme paré de tous les attributs de la plus sublime bonté idéale que leur état d'esprit leur permettait de concevoir; et leurs aspirations vers la bonté se sont trouvées stimulées et encouragées par cette conception. D'ailleurs on ne saurait contester qu'une croyance sans réserve à l'existence réelle d'un Être qui réalise notre idéal de la perfection et l'entière dépendance qui nous rattache à cet Être conçu comme le régulateur de l'univers, ne donne à ces sentiments bien plus de force qu'ils n'en sauraient puiser dans une conception purement idéale.

Ils ne sauraient jouir de cet avantage particulier, ceux qui considèrent au point de vue de la raison la nature et la valeur des preuves de l'existence et des attributs du Créateur. D'autre part, ils ne sont pas embarrassés par les contradictions morales qui s'attachent à toutes les formes de religion dont la tendance est de justifier aux yeux de la morale l'ensemble du gouvernement du monde. Aussi sont-ils capables de se faire une conception plus vraie et plus consistante de la bonté idéale que ne le peut celui qui croit nécessaire de trouver la bonté idéale dans un maître omnipotent du monde. Or une fois qu'on a reconnu que la puissance du créateur est limitée, rien n'empêche plus de supposer que sa bonté est parfaite ; rien ne nous défend de croire que le caractère idéalement parfait à la ressemblance duquel notre devoir serait de chercher à nous modeler, et dont nous voudrions obtenir l'approbation pour nos actions, peut avoir une existence réelle dans un Être auquel nous devons tout le bien dont nous jouissons.

Une chose domine tout : l'effet précieux que le Christianisme a produit sur le génie de l'homme en lui présentant dans une personne divine un type d'excellence et un modèle à imiter, est utile même à un incrédule absolu, et ne saurait être jamais perdu pour l'humanité. C'est le Christ, plutôt que Dieu, que le Christianisme a présenté aux croyants comme le modèle de la perfection pour l'humanité. C'est le Dieu fait chair, plus que le Dieu des Juifs ou de la Nature, qui, idéalisé, a pris un empire si étendu et si salutaire sur l'esprit moderne. De quelque croyance que la critique rationnelle nous dépouille, le

Christ nous reste; figure unique, qui s'élève autant au-dessus de ses précurseurs que de ses successeurs, et de ceux même qui ont eu le privilége de recevoir directement de sa bouche son enseignement. Il ne sert de rien de dire que le Christ, tel que le présentent les Évangiles, n'est pas un personnage historique, et que nous ne savons pas démêler parmi les traits que nous admirons en lui, ceux que la tradition de ses successeurs a pu inventer. La tradition des successeurs suffit à expliquer l'introduction des faits merveilleux, peut-être de tous les miracles que Jésus aurait opérés. Mais parmi ses disciples ou parmi ses prosélytes qui était capable d'inventer les paroles qu'on attribue à Jésus ou d'imaginer la vie et le caractère moral révélé par les Évangiles? Certes ce n'étaient pas les pêcheurs de Galilée, ni saint Paul dont le génie et les dispositions natives étaient d'un genre si différent. C'étaient encore moins les premiers écrivains chrétiens : chez eux, rien ne nous frappe davantage que de voir que le bien qu'ils portaient en eux, ils le faisaient toujours venir, comme il venait en effet, de la source supérieure. Ce qu'un disciple pouvait ajouter et interpoler, nous le voyons dans les parties mystiques de l'Évangile de saint Jean : ce sont des doctrines empruntées à Philon et aux Platoniciens d'Alexandrie, et mises dans la bouche du Sauveur sous forme de longs discours sur sa personne, dont les autres Évangiles ne contiennent pas la plus légère trace, bien que l'auteur les donne pour des paroles prononcées en des circonstances extrêmement intéressantes et quand ses principaux disciples étaient tous présents, et principalement à son dernier souper. L'Orient était rempli de gens capables de plagier des parties de cette pauvre doctrine ; et plus tard les nombreuses sectes de gnostiques ne s'en firent pas faute. Mais la vie et les paroles de Jésus portent un cachet d'originalité personnelle unie à des vues profondes. Si nous renonçons à la vaine espérance d'y trouver une précision scientifique, quand elles avaient une autre portée, ces vues profondes doivent placer le prophète de Nazareth, même aux yeux de ceux qui ne le croient point inspiré, au premier rang parmi les hommes d'un génie sublime dont notre espèce ait le droit d'être fière. Quand on songe qu'à ce génie sublime entre tous il unissait le titre du réformateur des mœurs et celui du martyr de cette œuvre probablement le plus illustre qui ait jamais existé sur la terre, on ne peut pas dire que la religion ait fait un mauvais choix, en jetant les yeux sur cet homme pour en faire le représentant idéal et le guide de l'humanité. Il ne serait pas facile, même aujourd'hui, à un incrédule de trouver une meilleure façon de traduire la règle de la vertu de l'abstrait en concret, ni d'essayer de vivre de telle sorte que le Christ approuvât sa vie. Ajoutons encore qu'aux yeux du sceptique rationaliste, il est possible que le Christ fût réellement ce qu'il croyait être lui-même, non pas Dieu, car il n'a jamais le moins du monde prétendu à la divinité, et il eût considéré cette prétention comme un blasphème, aussi bien que les juges qui le condamnèrent, mais qu'il était un homme chargé d'une mission expresse et unique par Dieu, pour conduire l'humanité à la vérité et à la vertu. Après tout cela nous pouvons bien conclure que les influences de la religion sur le caractère qui persistent après que la critique rationnelle a fait l'impossible contre les preuves de la religion, valent bien la peine d'être conservées, et que ce qui leur manque de force directe en comparaison de celles d'une croyance plus solide est plus que compensé par la vérité et la rectitude supérieure de la morale qu'elles sanctionnent.

Des sentiments comme ceux-ci, bien qu'en eux-mêmes ils ne soient pas l'équivalent de ce qu'on appelle proprement une religion, me semblent tout à fait propres à aider et à fortifier cette religion réelle quoique purement humaine qui s'appelle tantôt la religion de l'Humanité tantôt celle du devoir. Aux autres motifs qui nous engagent à entretenir une dévotion religieuse pour le bien de nos semblables, afin d'en faire une barrière sacrée que nulle aspiration égoïste ne devra franchir, et une fin pour l'avancement de laquelle nul sacrifice ne saurait être trop grand, ces sentiments en suscitent un nouveau, celui qu'en faisant de ce but la loi de notre vie, nous pourrons coopérer avec l'Être invisible auquel nous devons tous les biens de la vie. Il est un sentiment élevé que cette idée religieuse comporte et qu'interdit la croyance à l'omnipotence du principe du bien dans l'univers, c'est le sentiment qu'on aide Dieu, qu'on s'acquitte du bien qu'il nous a fait, en lui prêtant un concours volontaire, dont il a besoin puisqu'il n'est pas omnipotent, et grâce auquel ses desseins peuvent se rapprocher de leur accomplissement. Les conditions de l'existence humaine sont très-favorables au développement d'un tel sentiment, d'autant plus que la lutte entre les puissances du bien et celles du mal continue sans relâche, lutte où la plus humble créature n'est pas incapable de jouer un rôle. Dans cette lutte tout secours, même le plus faible, dans le sens du bien contribue à promouvoir le progrès très-lent et souvent presque insensible, par lequel le bien gagne graduellement du terrain sur le mal, et en gagne si visiblement dans le cours d'un long laps de temps qu'on peut compter sur sa victoire encore très-éloignée de nous, mais non douteuse. Faire quelque chose pendant la vie, même sur la plus humble échelle, si rien de plus n'est à sa portée, pour hâter si peu que ce soit ce triomphe final, c'est la pensée la plus stimulante et la plus fortifiante qui puisse inspirer un homme. C'est cette pensée qui, avec ou sans sanction surnaturelle, est destinée à constituer la religion de l'avenir. Je n'en saurais douter. Mais il me semble que les espérances surnaturelles du genre et du degré de celles que l'état d'esprit que j'ai appelé scepticisme rationnel ne refuse pas d'avouer, peuvent encore contribuer à donner à cette religion l'ascendant légitime qu'elle doit posséder sur l'esprit humain.

FIN.

ERRATUM

Page 65, ligne 29, *au lieu de:* pour l'un et pour l'autre, *lisez :* pour l'un ou pour l'autre.

Page 99, ligne 27, *au lieu de :* seulement que, *lisez :* que seulement.

Page 144, ligne 28, *au lieu de :* quoique appliqué, *lisez :* quoique, appliqué.

Page 167, ligne 21, *au lieu de :* n'en, *lisez :* ne.

Page 186, ligne 2, *au lieu de :* connues, *lisez :* conçues.

Page 197, ligne 1, *au lieu de :* avénement, *lisez :* événement.

Page 227, ligne 11, *au lieu de :* qu'il ait, *lisez :* qu'il y ait.

TABLE DES MATIÈRES

Avertissement I
La Nature 1
Utilité de la Religion 63
Le Théisme 117

PREMIÈRE PARTIE.

Introduction 117
Le Théisme 121
Les preuves du Théisme 128
Argument de la cause première 131
Argument du consentement général de l'humanité 143
Argument de la conscience 149
Argument des signes de plan dans la nature 154

DEUXIÈME PARTIE.

Les Attributs 163

TROISIÈME PARTIE.

L'Immortalité 182

QUATRIÈME PARTIE.

La Révélation 198

CINQUIÈME PARTIE.

Conclusion 227

Erratum 242

FIN DE LA TABLE DES MATIÈRES.

Coulommiers. — Typ. A. MOUSSIN.

LIBRAIRIE
GERMER BAILLIÈRE

CATALOGUE

DES

LIVRES DE FONDS

(N° 2)

OUVRAGES HISTORIQUES

ET PHILOSOPHIQUES

NOVEMBRE 1874

PARIS

17, RUE DE L'ÉCOLE-DE-MÉDECINE, 17

COLLECTION HISTORIQUE DES GRANDS PHILOSOPHES

PHILOSOPHIE ANCIENNE

SOCRATE. **La philosophie de Socrate**, par M. Alf. Fouillée. 2 vol. in-8. 16 fr.

PLATON. **La philosophie de Platon**, par M. Alf. Fouillée. 2 vol. in-8. 16 fr.

— **Études sur la Dialectique dans Platon et dans Hegel**, par M. Paul Janet. 1 vol. in-8........ 6 fr.

ARISTOTE (Œuvres d'). traduction de M. Barthélemy Saint-Hilaire.
- **Psychologie** (Opuscules) 1 v.. 10 fr.
- **Rhétorique.** 2 vol......... 16 fr.
- **Politique.** 1 vol.......... 10 fr.
- **Physique.** 2 vol........... 20 fr.
- **Traité du ciel.** 1 vol...... 10 fr.
- **Météorologie.** 1 vol....... 10 fr.
- **Morale.** 3 vol............. 24 fr.
- **Poétique.** 1 vol........... 5 fr.
- **De la production des choses.** 1 vol................. 10 fr.
- **De la logique d'Aristote**, par M. Barthélemy Saint-Hilaire. 2 vol. in-8................ 10 fr.

ÉCOLE D'ALEXANDRIE. **Histoire critique de l'École d'Alexandrie**, par M. Vacherot. 3 vol. in-8..... 24 fr.

— **L'École d'Alexandrie**, par M. Barthélemy Saint-Hilaire. 1 vol. in-8. 6 fr.

PHILOSOPHIE MODERNE

LEIBNIZ. **Œuvres philosophiques**, avec introduction et notes par M. Paul Janet. 2 vol. in-8......... 16 fr.

MALEBRANCHE. **La philosophie de Malebranche**, par M. Ollé Laprune. 2 vol. in-8.............. 16 fr.

VOLTAIRE. **La philosophie de Voltaire**, par M. Ern. Bersot. 1 vol. in-12. 2 fr. 50

— **Les sciences au XVIIIe siècle.** Voltaire physicien, par M. Em. Saigey. 1 vol. in-8................ 5 fr.

RITTER. **Histoire de la Philosophie moderne**, trad. par P. Challemel-Lacour.

PHILOSOPHIE ÉCOSSAISE

DUGALD STEWART. **Éléments de la philosophie de l'esprit humain**, traduits de l'anglais par L. Peisse. 3 vol. in-12. 9 fr.

W. HAMILTON. **Fragments de philosophie**, traduits de l'anglais par L. Peisse. 1 vol. in-8.............. 7 fr. 50

— **La philosophie de Hamilton**, par J. Stuart Mill. 1 vol. in-8.... 10 fr.

PHILOSOPHIE ALLEMANDE

KANT. **Critique de la raison pure**, traduite par M. Tissot, 2 vol. in-8. 16 fr.

— Même ouvrage, traduction par M. Jules Barni. 2 vol. in-8.......... 16 fr.

— **Éclaircissements sur la critique de la raison pure**, traduits par J. Tissot. 1 vol. in-8................ 6 fr.

— **Critique du jugement**, suivie des *Observations sur les sentiments du beau et du sublime*, traduite par J. Barni. 2 vol. in-8................ 12 fr.

KANT. **Critique de la raison pratique**, précédée des *fondements de la métaphysique des mœurs*, traduite par J. Barni. 1 vol. in-8................ 6 fr.

— **Examen de la critique de la raison pratique**, traduit par M. J. Barni. 1 vol. in-8................ 6 fr.

— **Principes métaphysiques du droit**, suivis du *projet de paix perpétuelle*, traduction par M. Tissot. 1 vol. in-8. 8 fr.

— Même ouvrage, traduction par M. Jules Barni. 1 vol. in-8.......... 8 fr.

— **Principes métaphysiques de la morale**, augmentés des *fondements de la métaphysique des mœurs*, traduction par M. Tissot. 1 vol. in-8..... 8 fr.

— Même ouvrage, traduction par M. Jules Barni. 1 vol. in-8........... 8 fr.

— **La logique**, traduction par M. Tissot. 1 vol. in-8................ 4 fr.

— **Mélanges de logique**, traduction par M. Tissot. 1 vol. in-8......... 6 fr.

— **Prolégomènes à toute métaphysique future** qui se présentera comme science, traduction de M. Tissot. 1 vol. in-8................ 6 fr.

— **Anthropologie**, suivie de divers fragments relatifs aux rapports du physique et du moral de l'homme et du commerce des esprits d'un monde à l'autre, traduction par M. Tissot. 1 vol. in-8.. 6 fr.

FICHTE. **Méthode pour arriver à la vie bienheureuse**, traduite par Francisque Bouillier. 1 vol. in-8.. 8 fr.

— **Destination du savant et de l'homme de lettre**, traduite par M. Nicolas. 1 vol. in-8.......... 3 fr.

— **Doctrines de la science.** Principes fondamentaux de la science de la connaissance, traduits par Grimblot. 1 vol. in-8................ 9 fr.

SCHELLING. **Bruno** ou du principe divin, trad. par Cl. Husson. 1 vol. in-8. 3 fr. 50

— **Idéalisme transcendental.** 1 vol. in-8................... 3 fr. 50

— **Écrits philosophiques** et morceaux propres à donner une idée de son système, trad. par Ch. Bénard. 1 vol. in-8.. 9 fr.

HEGEL. **Logique**, traduction par A. Véra. 2e édition. 2 vol. in-8....... 14 fr.

— **Philosophie de la nature**, traduction par A. Véra. 3 vol. in-8...... 25 fr.

— **Philosophie de l'esprit**, traduction par A. Véra. 2 vol. in-8....... 18 fr.

— **Esthétique.** 2 vol. in-8 traduite par M. Bénard................ 16 fr.

— **Introduction à la philosophie de Hegel**, par A. Véra. 1 v. in-8. 6 fr. 50

— **La dialectique dans Hegel et dans Platon**, par Paul Janet. In-8... 6 fr.

BIBLIOTHEQUE

DE

PHILOSOPHIE CONTEMPORAINE

Volumes in-18 à 2 fr. 50 c.

Cartonnés 3 fr.

H. Taine.

LE POSITIVISME ANGLAIS, étude sur Stuart Mill.   1 vol.

L'IDÉALISME ANGLAIS, étude sur Carlyle.   1 vol.

PHILOSOPHIE DE L'ART, 2ᵉ éd. 1 v.

PHILOSOPHIE DE L'ART EN ITALIE.   1 vol.

DE L'IDÉAL DANS L'ART.   1 vol.

PHILOSOPHIE DE L'ART DANS LES PAYS-BAS.   1 vol.

PHILOSOPHIE DE L'ART EN GRÈCE.   1 vol.

Paul Janet.

LE MATÉRIALISME CONTEMPORAIN. Examen du système du docteur Büchner, 2ᵉ édit.   1 vol.

LA CRISE PHILOSOPHIQUE. Taine, Renan, Vacherot, Littré.   1 vol.

LE CERVEAU ET LA PENSÉE.   1 vol.

PHILOSOPHIE DE LA RÉVOLUTION FRANÇAISE.   1 vol.

Odysse-Barot.

PHILOSOPHIE DE L'HISTOIRE.   1 vol.

Alaux.

PHILOSOPHIE DE M. COUSIN.   1 vol.

Ad. Franck.

PHILOSOPHIE DU DROIT PÉNAL.   1 vol.

PHILOSOPHIE DU DROIT ECCLÉSIASTIQUE.   1 vol.

LA PHILOSOPHIE MYSTIQUE EN FRANCE AU XVIIIᵉ SIÈCLE.   1 vol.

Charles de Rémusat.

PHILOSOPHIE RELIGIEUSE.   1 vol

Émile Saisset.

L'AME ET LA VIE, suivi d'une étude sur l'Esthétique franç.   1 vol.

CRITIQUE ET HISTOIRE DE LA PHILOSOPHIE (frag. et disc.).   1 vol.

Charles Lévêque.

LE SPIRITUALISME DANS L'ART.   1 vol.

LA SCIENCE DE L'INVISIBLE. Étude de psychologie et de théodicée.   1 vol.

Auguste Laugel.

LES PROBLÈMES DE LA NATURE.   1 vol.

LES PROBLÈMES DE LA VIE.   1 vol.

LES PROBLÈMES DE L'AME.   1 vol.

LA VOIX, L'OREILLE ET LA MUSIQUE.   1 vol.

L'OPTIQUE ET LES ARTS.   1 vol.

Challemel-Lacour.

LA PHILOSOPHIE INDIVIDUALISTE.   1 vol.

L. Büchner.

SCIENCE ET NATURE, trad. de l'allem. par Aug. Delondre.   2 vol.

Albert Lemoine.

LE VITALISME ET L'ANIMISME DE STAHL.   1 vol.

DE LA PHYSIONOMIE ET DE LA PAROLE.   1 vol.

Milsand.

L'ESTHÉTIQUE ANGLAISE, étude sur John Ruskin.   1 vol.

A. Véra.

ESSAIS DE PHILOS. HÉGÉLIENNE.   1 v.

Beaussire.

ANTÉCÉDENTS DE L'HÉGÉLIANISME DANS LA PHILOS. FRANÇ.   1 vol.

Bost.

LE PROTESTANTISME LIBÉRAL.   1 v.

Francisque Bouillier.
Du Plaisir et de la Douleur. 1 v.
De la Conscience. 1 vol.

Ed. Auber.
Philosophie de la médecine. 1 vol.

Leblais.
Matérialisme et Spiritualisme, précédé d'une Préface par M. E. Littré. 1 vol.

Ad. Garnier.
De la Morale dans l'antiquité, précédé d'une Introduction par M. Prévost-Paradol. 1 vol.

Schœbel.
Philosophie de la raison pure. 1 vol.

Beauquier.
Philosoph. de la musique. 1 vol.

Tissandier.
Des sciences occultes et du Spiritisme. 1 vol.

J. Moleschott.
La Circulation de la vie. Lettres sur la physiologie, en réponse aux Lettres sur la chimie de Liebig, trad. de l'allem. 2 vol.

Ath. Coquerel fils.
Origines et Transformations du Christianisme. 1 vol.
La Conscience et la Foi. 1 vol.
Histoire du Credo. 1 vol.

Jules Levallois.
Déisme et Christianisme. 1 vol.

Camille Selden.
La Musique en Allemagne. Étude sur Mendelssohn. 1 vol.

Fontanès.
Le Christianisme moderne. Étude sur Lessing. 1 vol.

Saigey.
La Physique moderne. 1 vol.

Mariano.
La Philosophie contemporaine en Italie. 1 vol.

Letourneau.
Physiologie des passions. 1 vol.

Faivre.
De la Variabilité des espèces. 1 vol.

Stuart Mill.
Auguste Comte et la Philosophie positive, trad. de l'angl. 1 vol.

Ernest Bersot.
Libre philosophie. 1 vol.

A. Réville.
Histoire du dogme de la divinité de Jésus-Christ. 1 vol.

W. de Fonvielle.
L'Astronomie moderne. 1 vol.

C. Coignet.
La Morale indépendante. 1 vol.

E. Boutmy.
Philosophie de l'architecture en Grèce. 1 vol.

Et. Vacherot.
La Science et la Conscience. 1 vol.

Ém. de Laveleye.
Des formes de gouvernement. 1 vol.

Herbert Spencer.
Classification des Sciences. 1 v.

Gauckler.
Le Beau et son histoire.

Max Müller.
La Science de la Religion. 1 v.

Léon Dumont.
Haeckel et la théorie de l'évolution en Allemagne. 1 vol.

Bertauld.
L'Ordre social et l'ordre moral. 1 vol.

Th. Ribot.
Philosophie de Schopenhauer. 1 vol.

Al. Herzen.
Physiologie de la volonté. 1 vol.

Bentham et Grote.
La Religion naturelle 1 vol.

BIBLIOTHÈQUE DE PHILOSOPHIE CONTEMPORAINE

FORMAT IN-8.
Volumes à 5 fr., 7 fr. 50 c. et 10 fr.

JULES BARNI. **La Morale dans la démocratie.** 1 vol. 5 fr.

AGASSIZ. **De l'Espèce et des Classifications**, traduit de l'anglais par M. Vogeli. 1 vol. in-8. 5 fr.

STUART MILL. **La Philosophie de Hamilton.** 1 fort vol. in-8, traduit de l'anglais par M. Cazelles. 10 fr.

STUART MILL. **Mes Mémoires.** Histoire de ma vie et de mes idées, traduit de l'anglais par M. E. CAZELLES, 1 vol. in-8 5 fr.

STUART MILL. **Système de logique** déductive et inductive. Exposé des principes de la preuve et des méthodes de recherche scientifique, traduit de l'anglais par M. Louis Peisse, 2 vol. 20 fr.

STUART MILL. **Essais sur la Religion**, traduits de l'anglais, par M. E. Cazelles.

DE QUATREFAGES. **Ch. Darwin et ses précurseurs français.** 1 vol. in-8. 5 fr.

HERBERT SPENCER. **Les premiers Principes.** 1 fort vol. in-8, traduits de l'anglais par M. Cazelles. 10 fr.

HERBERT SPENCER. **Principes de psychologie**, traduits de l'anglais par MM. Th. Ribot et Espinas. T. Ier, 1 vol. in-8. 10 fr.

AUGUSTE LAUGEL. **Les Problèmes** (Problèmes de la nature, problèmes de la vie, problèmes de l'âme). 1 fort vol. in-8. 7 fr. 50

ÉMILE SAIGEY. **Les Sciences au XVIIIe siècle**, la physique de Voltaire. 1 vol. in-8. 5 fr.

PAUL JANET. **Histoire de la science politique** dans ses rapports avec la morale, 2e édition, 2 vol. in-8. 20 fr.

TH. RIBOT. **De l'Hérédité.** 1 vol. in-8. 10 fr.

HENRI RITTER. **Histoire de la philosophie moderne**, trad. franç. préc. d'une intr. par M. P. Challemel-Lacour, 3 v. in-8. 20 fr.

ALF. FOUILLÉE. **La liberté et le déterminisme.** 1 v. in-8. 7 f. 50

BAIN. **Des Sens et de l'Intelligence.** 1 vol. in-8, trad. de l'anglais par M. Cazelles. 10 fr.

DE LAVELEYE. **De la propriété et de ses formes primitives**, 1 vol. in-8. 7 fr. 50

BAIN. **La Logique inductive et déductive**, traduite de l'anglais par M. Compayré. 2 vol.

HARTMANN. **Philosophie de l'Inconscient**, traduite de l'allemand. 1 vol. (*Sous presse.*)

ÉDITIONS ÉTRANGÈRES

Éditions anglaises.

AUGUSTE LAUGEL. The United-States during the war. 1 beau volume in-8 relié. 7 shill. 6 p.

ALBERT RÉVILLE. History of the doctrine of the deity of Jesus-Christ. 1 vol. 3 sh. 6 p.

H. TAINE. Italy (Naples et Rome). 1 beau vol. in-8 relié. 7 sh. 6 p.

H. TAINE. The Philosophy of art. 1 vol. in-18, rel. 3 shill.

PAUL JANET. The Materialism of present day, translated by prof. Gustave Masson. 1 vol. in-18, rel. 3 shill.

Éditions allemandes.

JULES BARNI. Napoléon Ier und sein Geschichtschreiber Thiers. 1 volume in-18. 1 thal.

PAUL JANET. Der Materialismus unserer Zeit, übersetzt von Prof. Reichlin-Meldegg mit einem Vorwort von prof. von Fichte. 1 vol. in-18. 1 thal.

H. TAINE. Philosophie der Kunst, 1 vol. in-18. 1 thal.

BIBLIOTHÈQUE D'HISTOIRE CONTEMPORAINE
Volumes in-18, à 3 fr. 50 c. — Cartonnés, 4 fr.

Carlyle.
HISTOIRE DE LA RÉVOLUTION FRANÇAISE, traduite de l'angl. 3 vol.

Victor Meunier.
SCIENCE ET DÉMOCRATIE. 2 vol.

Jules Barni.
HISTOIRE DES IDÉES MORALES ET POLITIQUES EN FRANCE AU XVIIIe SIÈCLE. 2 vol.
NAPOLÉON Ier ET SON HISTORIEN M. THIERS. 1 vol.
LES MORALISTES FRANÇAIS AU XVIIIe SIÈCLE. 1 vol.

Auguste Laugel.
LES ÉTATS-UNIS PENDANT LA GUERRE (1861-1865). Souvenirs personnels. 1 vol.

De Rochau.
HISTOIRE DE LA RESTAURATION, traduite de l'allemand. 1 vol.

Eug. Véron.
HISTOIRE DE LA PRUSSE depuis la mort de Frédéric II jusqu'à la bataille de Sadowa. 1 vol.
HISTOIRE DE L'ALLEMAGNE depuis la bataille de Sadowa jusqu'à nos jours, 1 vol.

Hillebrand.
LA PRUSSE CONTEMPORAINE ET SES INSTITUTIONS. 1 vol.

Eug. Despois.
LE VANDALISME RÉVOLUTIONNAIRE. Fondations litt., scientif. et artist. de la Convention. 1 vol.

Bagehot.
LA CONSTITUTION ANGLAISE, trad. de l'anglais. 1 vol.
LOMBARD STREET, le marché financier en Angl., tr. de l'angl. 1 v.

Thackeray.
LES QUATRE GEORGE, trad. de l'anglais par M. Lefoyer. 1 vol.

Émile Montégut.
LES PAYS-BAS. Impressions de voyage et d'art. 1 vol.

Émile Beaussire.
LA GUERRE ÉTRANGÈRE ET LA GUERRE CIVILE. 1 vol.

Édouard Sayous.
HISTOIRE DES HONGROIS et de leur littérature politique de 1790 à 1815. 1 vol.

Éd. Bourloton.
L'ALLEMAGNE CONTEMPORAINE. 1 v.

Boert.
LA GUERRE DE 1870-71 d'après le colonel féd. suisse Rustow. 1 v.

Herbert Barry.
LA RUSSIE CONTEMPORAINE, traduit de l'anglais. 1 vol.

H. Dixon.
LA SUISSE CONTEMPORAINE, traduit de l'anglais. 1 vol.

Louis Teste.
L'ESPAGNE CONTEMPORAINE, journal d'un voyageur. 1 vol.

J. Clamageran.
LA FRANCE RÉPUBLICAINE. 1 vol.

E. Duvergier de Hauranne.
LA RÉPUBLIQUE CONSERVATRICE. 1 v.

H. Reynald.
HISTOIRE DE L'ESPAGNE, depuis la mort de Charles III jusqu'à nos jours. 1 vol.
HISTOIRE DE L'ANGLETERRE, depuis la mort de la reine Anne jusqu'à nos jours. 1 vol.

L. Asseline.
HISTOIRE DE L'AUTRICHE, depuis la mort de Marie-Thérèse jusqu'à nos jours.

FORMAT IN-8.

Sir G. Cornewall Lewis.
HISTOIRE GOUVERNEMENTALE DE L'ANGLETERRE DE 1770 JUSQU'A 1830, trad. de l'anglais. 1 vol. 7 fr.

De Sybel.
HISTOIRE DE L'EUROPE PENDANT LA RÉVOLUTION FRANÇAISE. 2 vol. in-8. 14 fr.

Taxile Delord.
HISTOIRE DU SECOND EMPIRE, 1848-1870.
1869. Tome Ier, 1 vol. in-8. 7 fr.
1870. Tome II, 1 vol. in-8. 7 fr.
1872. Tome III, 1 vol. in-8 7 fr.
1874. Tome IV, 1 vol. in-8. 7 fr.
1874. Tome V, 1 vol. in-8. 7 fr.
1875. Tome VI et dernier. 7 fr.

REVUE	REVUE
Politique et Littéraire	Scientifique
(Revue des cours littéraires, 2ᵉ série.)	(Revue des cours scientifique 2ᵉ série.)

Directeurs : MM. Eug. YUNG et Ém. ALGLAVE

La septième année de la **Revue des Cours littéraires** et de la **Revue des Cours scientifiques**, terminée à la fin de juin 1871, clôt la première série de cette publication.

La deuxième série a commencé le 1ᵉʳ juillet 1871, et depuis cette époque chacune des années de la collection commence à cette date. Des modifications importantes ont été introduites dans ces deux publications.

REVUE POLITIQUE ET LITTÉRAIRE

La *Revue politique* continue à donner une place aussi large à la littérature, à l'histoire, à la philosophie, etc., mais elle a agrandi son cadre, afin de pouvoir aborder en même temps la politique et les questions sociales. En conséquence, elle a augmenté de moitié le nombre des colonnes de chaque numéro (48 colonnes au lieu de 32).

Chacun des numéros, paraissant le samedi, contient régulièrement :

Une *Semaine politique* et une *Causerie politique* où sont appréciés, à un point de vue plus général que ne peuvent le faire les journaux quotidiens, les faits qui se produisent dans la politique intérieure de la France, discussions de l'Assemblée, etc.

Une *Causerie littéraire* où sont annoncés, analysés et jugés les ouvrages récemment parus : livres, brochures, pièces de théâtre importantes, etc.

Tous les mois la *Revue politique* publie un *Bulletin géographique* qui expose les découvertes les plus récentes et apprécie les ouvrages géographiques nouveaux de la France et de l'étranger. Nous n'avons pas besoin d'insister sur l'importance extrême qu'a prise la géographie depuis que les Allemands en ont fait un instrument de conquête et de domination.

De temps en temps une *Revue diplomatique* explique au point de vue français les événements importants survenus dans les autres pays.

On accusait avec raison les Français de ne pas observer avec assez d'attention ce qui se passe à l'étranger. La *Revue* remédie à ce défaut. Elle analyse et traduit les livres, articles, discours ou conférences qui ont pour auteurs les hommes les plus éminents des divers pays.

Comme au temps où ce recueil s'appelait la *Revue des cours littéraires* (1864-1870), il continue à publier les principales leçons du Collège de France, de la Sorbonne et des Facultés des départements.

Les ouvrages importants sont analysés, avec citations et extraits, dès le lendemain de leur apparition. En outre, la *Revue politique* publie des articles spéciaux sur toute question que recommandent à l'attention des lecteurs, soit un intérêt public, soit des recherches nouvelles.

Parmi les collaborateurs, nous citerons :

Articles politiques. — MM. de Pressensé, Ernest Duvergier de Hauranne, H. Aron, Em. Beaussire, Anat. Dunoyer, Clamageran.

Diplomatie et pays étrangers. — MM. Albert Sorel, Reynald, Léo Quesnel, Louis Leger.

Philosophie. — MM. Janet, Caro, Ch. Lévêque, Véra, Léon Dumont, Fernand Papillon, Th. Ribot, Huxley.

Morale. — MM. Ad. Franck, Laboulaye, Jules Barni, Legouvé, Ath. Coquerel, Bluntschli.

Philologie et archéologie. — MM. Max Müller, Eugène Benoist, L. Havet, E. Ritter, Maspéro, George Smith.

Littérature ancienne. — MM. Egger, Havet, George Perrot, Gaston Boissier, Geffroy, Martha.

Littérature française. — MM. Ch. Nisard, Lenient, L. de Loménie, Édouard Fournier, Bersier, Gidel, Jules Claretie, Paul Albert.

Littérature étrangère. — MM. Mézières, Büchner.

Histoire. — MM. Alf. Maury, Littré, Alf. Rambaud, H. de Sybel.

Géographie, Economie politique. — MM. Levasseur, Himly, Gaidoz, Alglave.

Instruction publique. — Madame C. Coignet, M. Buisson.

Beaux-arts. — MM. Gebhart, C. Selden, Justi, Schnaase, Vischer.

Critique littéraire. — MM. Eugène Despois, Maxime Gaucher.

Ainsi la *Revue politique* embrasse tous les sujets. Elle consacre à chacun une place proportionnée à son importance. Elle est, pour ainsi dire, une image vivante, animée et fidèle de tout le mouvement contemporain.

REVUE SCIENTIFIQUE

Mettre la science à la portée de tous les gens éclairés sans l'abaisser ni la fausser, et, pour cela, exposer les grandes découvertes et les grandes théories scientifiques par leurs auteurs mêmes ;

Suivre le mouvement des idées philosophiques dans le monde savant de tous les pays :

Tel est le double but que la *Revue scientifique* poursuit depuis dix ans avec un succès qui l'a placée au premier rang des publications scientifiques d'Europe et d'Amérique.

Pour réaliser ce programme, elle devait s'adresser d'abord aux Facultés françaises et aux Universités étrangères qui comptent dans leur sein presque tous les hommes de science éminents. Mais, depuis deux années déjà, elle a élargi son cadre afin d'y faire entrer de nouvelles matières.

En laissant toujours la première place à l'enseignement supérieur proprement dit, la *Revue scientifique* ne se restreint plus désormais aux leçons et aux conférences. Elle poursuit tous les développements de la science sur le terrain économique, industriel, militaire et politique.

Elle publie les principales leçons faites au Collége de France, au Muséum d'histoire naturelle de Paris, à la Sorbonne, à l'Institution royale de Londres, dans les Facultés de France, les universités d'Allemagne, d'Angleterre, d'Italie, de Suisse, d'Amérique, et les institutions libres de tous les pays.

Elle analyse les travaux des Sociétés savantes d'Europe et d'Amérique, des Académies des sciences de Paris, Vienne, Berlin, Munich, etc., des Sociétés royales de Londres et d'Édimbourg, des Sociétés d'anthropologie, de géographie, de chimie, de botanique, de géologie, d'astronomie, de médecine, etc.

Elle expose les travaux des grands congrès scientifiques, les Associations *française*, *britannique* et *américaine*, le congrès des naturalistes allemands, la Société helvétique des sciences naturelles, les congrès internationaux d'anthropologie préhistorique, etc.

Enfin, elle publie des articles sur les grandes questions de philosophie naturelle, les rapports de la science avec la politique, l'industrie et l'économie sociale, l'organisation scientifique des divers pays, les sciences économiques et militaires, etc.

Parmi les collaborateurs nous citerons :

Astronomie, météorologie. — MM. Leverrier, Faye, Balfour-Stewart, Janssen, Normann Lockyer, Vogel, Wolf, Miller, Laussedat, Thomson, Rayet, Secchi, Briot, Herschell, etc.

Physique. — MM. Helmholtz, Tyndall, Jamin, Desains, Carpenter, Gladstone, Grad, Boutan, Becquerel, Cazin, Fernet, Onimus, Bertin.

Chimie. — MM. Wurtz, Berthelot, H. Sainte-Claire Deville, Bouchardat, Grimaux, Jungfleisch, Mascart, Odling, Dumas, Troost, Peligot, Cahours, Graham, Friedel, Pasteur.

Géologie. — MM. Hébert, Bleicher, Fouqué, Gaudry, Ramsay, Sterry-Hunt, Contejean, Zittel, Wallace, Lory, Lyell, Daubrée.

Zoologie. — MM. Agassiz, Darwin, Haeckel, Milne Edwards, Perrier, P. Bert, Van Beneden, Lacaze-Duthiers, Pasteur, Pouchet, Joly, De Quatrefages, Faivre, A. Moreau, E. Blanchard, Marey.

Anthropologie. — MM. Broca, De Quatrefages, Darwin, De Mortillet, Virchow, Lubbock, K. Vogt.

Botanique. — MM. Baillon, Brongniart, Cornu, Faivre, Spring, Chatin, Van Tieghem, Duchartre.

Physiologie, anatomie. — MM. Claude Bernard, Chauveau, Fraser, Gréhant, Lereboullet, Moleschott, Onimus, Ritter, Rosenthal, Wundt, Pouchet, Ch. Robin, Vulpian, Virchow, P. Bert, du Bois-Reymond, Helmholtz, Frankland, Brücke.

Médecine. — MM. Chauffard, Chauveau, Cornil, Gubler, Le Fort, Verneuil, Broca, Liebeich, Lorain, Axenfeld, Lasègue, G. Sée, Bouley, Giraud-Teulon, Bouchardat.

Sciences militaires. — MM. Laussedat, Le Fort, Abel, Jervois, Morin, Noble, Reed, Usquin.

Philosophie scientifique. — MM. Alglave, Bagehot, Carpenter, Léon Dumont, Hartmann, Herbert Spencer, Laycock, Lubbock, Tyndall, Gavarret, Ludwig.

Prix d'abonnement :

Une seule revue séparément			Les deux revues ensemble		
	Six mois.	Un an.		Six mois.	Un an.
Paris.......	12f	20f	Paris........	20f	36f
Départements.	15	25	Départements.	25	42
Étranger....	18	30	Étranger....	30	50

L'abonnement part du 1er juillet, du 1er octobre, du 1er janvier et du 1er avril de chaque année.

Chaque volume de la première série se vend : broché...... 15 fr.
relié........ 20 fr.
Chaque année de la 2e série, formant 2 vol., se vend : broché.. 20 fr.
relié.... 25 fr.

Prix de la collection de la première série :

Prix de la collection complète de la *Revue des cours littéraires* (1864-1870), 7 vol. in-4.................................. 105 fr.

Prix de la collection complète des deux *Revues* prises en même temps, 14 vol. in-4.................................. 182 fr.

Prix de la collection complète des deux séries :

Revue des cours littéraires et *Revue politique et littéraire* (décembre 1863 — juillet 1874), 13 vol. in-4.................. 165 fr.

— Avec la *Revue des cours scientifiques* et la *Revue scientifique*, 26 vol. in-4 .... 290 fr.

BIBLIOTHÈQUE SCIENTIFIQUE INTERNATIONALE

Le premier besoin de la science contemporaine, — on pourrait même dire d'une manière plus générale des sociétés modernes, — c'est l'échange rapide des idées entre les savants, les penseurs, les classes éclairées de tous les pays. Mais ce besoin n'obtient encore aujourd'hui qu'une satisfaction fort imparfaite. Chaque peuple a sa langue particulière, ses livres, ses revues, ses manières spéciales de raisonner et d'écrire, ses sujets de prédilection. Il lit fort peu ce qui se publie au delà de ses frontières, et la grande masse des classes éclairées, surtout en France, manque de la première condition nécessaire pour cela, la connaissance des langues étrangères. On traduit bien un certain nombre de livres anglais ou allemands ; mais il faut presque toujours que l'auteur ait à l'étranger des amis soucieux de répandre ses travaux, ou que l'ouvrage présente un caractère pratique qui en fait une bonne entreprise de librairie. Les plus remarquables sont loin d'être toujours dans ce cas, et il en résulte que les idées neuves restent longtemps confinées, au grand détriment des progrès de l'esprit humain, dans le pays qui les a vues naître. Le libre échange industriel règne aujourd'hui presque partout ; le libre échange intellectuel n'a pas encore la même fortune, et cependant il ne peut rencontrer aucun adversaire ni inquiéter aucun préjugé.

Ces considérations avaient frappé depuis longtemps un certain nombre de savants anglais. Au congrès de l'Association britannique à Édimbourg, ils tracèrent le plan d'une *Bibliothèque scientifique internationale*, paraissant à la fois en anglais, en français et en allemand, publiée en Angleterre, en France, aux États-Unis, en Allemagne, et réunissant des ouvrages écrits par les savants les plus distingués de tous les pays. En venant en France pour chercher à réaliser cette idée, ils devaient naturellement s'adresser à la *Revue scientifique*, qui marchait dans la même voie, et qui projetait au même moment, après les désastres de la guerre, une entreprise semblable destinée à étendre en quelque sorte son cadre et à faire connaître plus rapidement en France les livres et les idées des peuples voisins.

La *Bibliothèque scientifique internationale* n'est donc pas une entreprise de librairie ordinaire. C'est une œuvre dirigée par les auteurs mêmes, en vue des intérêts de la science, pour la populariser sous toutes ses formes, et faire connaître immédiatement dans le monde entier les idées originales, les directions nouvelles, les découvertes importantes qui se font jour dans tous les pays. Chaque savant exposera les idées qu'il a introduites dans la science et condensera pour ainsi dire ses doctrines les plus originales.

On pourra ainsi, sans quitter la France, assister et participer au mouvement des esprits en Angleterre, en Allemagne, en Amérique, en Italie, tout aussi bien que les savants mêmes de chacun de ces pays.

La *Bibliothèque scientifique internationale* ne comprendra point seulement des ouvrages consacrés aux sciences physiques et naturelles ; elle abordera aussi les sciences morales comme la philosophie, l'histoire, la politique et l'économie sociale, la haute législation, etc. ; mais les livres traitant des sujets de ce genre se rattacheront encore aux sciences naturelles, en leur empruntant les méthodes d'observation et d'expérience qui les ont rendues si fécondes depuis deux siècles.

Cette collection paraît à la fois en français, en anglais, en allemand et en Russe : à Paris, chez Germer Baillière ; à Londres, chez Henry S. King et Cie ; à New-York, chez Appleton ; à Leipzig, chez Brockaus ; et à Saint-Pétersbourg, chez Koropchevski et Goldsmith.

EN VENTE : *Volumes cartonnés avec luxe.*

J. TYNDALL. **Les glaciers et les transformations de l'eau**, avec figures. 1 vol. in-8. 6 fr.

MAREY. **La machine animale**, locomotion terrestre et aérienne, avec de nombreuses figures. 1 vol. in-8. 6 fr.

BAGEHOT. **Lois scientifiques du développement des nations** dans leurs rapports avec les principes de la sélection naturelle et de l'hérédité. 1 vol. in-8. 6 fr.

BAIN. **L'esprit et le corps**. 1 vol. in-8. 6 fr.

PETTIGREW. **La locomotion chez les animaux**, marche, natation, vol. 1 vol. in-8 avec figures. 6 fr.

HERBERT SPENCER. **La science sociale**. 1 vol. 6 fr.

VAN BENEDEN. **Les commensaux et les parasites dans le règne animal**, 1 vol. in-8, avec figures. 6 fr.

O. SCHMIDT. **La descendance de l'homme et le darwinisme**. 1 vol. in-8 avec figures. 6 fr.

MAUDSLEY. **Le Crime et la Folie**. 1 vol. in-8 6 fr.

Liste des principaux ouvrages qui sont en préparation :

AUTEURS FRANÇAIS

Claude Bernard. Phénomènes physiques et Phénomènes métaphysiques de la vie.
Henri Sainte-Claire Deville. Introduction à la chimie générale.
Émile Alglave. Physiologie générale des gouvernements.
A. de Quatrefages. Les races nègres.
A. Wurtz. Atomes et atomicité.
Berthelot. La synthèse chimique.
H. de Lacaze-Duthiers. La zoologie depuis Cuvier.
Friedel. Les fonctions en chimie organique
Taine. Les émotions et la volonté.
Alfred Grandidier. Madagascar.
Débray. Les métaux précieux.

AUTEURS ANGLAIS

Huxley. Mouvement et conscience.
W. B. Carpenter. La physiologie de l'esprit.
Ramsay. Structure de la terre.
Sir J. Lubbock. Premiers âges de l'humanité.
Balfour Stewart. La conservation de la force.
Charlton Bastian. Le cerveau comme organe de la pensée.
Norman Lockyer. L'analyse spectrale.
W. Odling. La chimie nouvelle.
Lawder Lindsay. L'intelligence chez les animaux inférieurs.
Stanley Jevons. Les lois de la statistique.
Michael Foster. Protoplasma et physiologie cellulaire.
Ed. Smith. Aliments et alimentation.
K. Clifford. Les fondements des sciences exactes.

AUTEURS ALLEMANDS

Virchow. Physiologie pathologique.
Rosenthal. Physiologie générale des muscles et des nerfs.
Bernstein. Physiologie des sens.
Hermann. Physiologie de la respiration.
O. Liebreich. Fondements de la toxicologie.
Steinthal. Fondements de la linguistique.
Vogel. Chimie de la lumière.

AUTEURS AMÉRICAINS

J. Dana. L'échelle et les progrès de la vie.
S. W. Johnson. La nutrition des plantes.
A. Flint. Les fonctions du système nerveux
W. D. Whitney. La linguistique moderne.

OUVRAGES
De M. le professeur VÉRA
Professeur à l'université de Naples.

INTRODUCTION
A LA
PHILOSOPHIE DE HEGEL
1 vol. in-8, 1864, 2ᵉ édition.... 6 fr. 50

LOGIQUE DE HEGEL
Traduite pour la première fois, et accompagnée d'une Introduction
et d'un commentaire perpétuel.
2 volumes in-8, 1874, 2ᵉ édition. 14 fr.

PHILOSOPHIE DE LA NATURE
DE HEGEL
Traduite pour la première fois, et accompagnée d'une Introduction
et d'un commentaire perpétuel.
3 volumes in-8. 1864-1866........ 25 fr.
Prix du tome II... 8 fr. 50.— Prix du tome III... 8 fr. 50

PHILOSOPHIE DE L'ESPRIT
DE HEGEL
Traduite pour la première fois, et accompagnée d'une Introduction
et d'un commentaire perpétuel.
1867. Tome 1ᵉʳ, 1 vol. in-8. 9 fr.
1870. Tome 2ᵉ, 1 vol. in-8. 9 fr.

Philosophie de la Religion de Hégel. 2 vol. in-8. (*Sous presse.*)

L'Hégélianisme et la philosophie. 1 vol. in-18. 1861. 3 fr. 50
Mélanges philosophiques. 1 vol. in-8. 1862. 5 fr.
Essais de philosophie hégélienne (de la *Bibliothèque de philosophie contemporaine*). 1 vol. 2 fr. 50
Platonis, Aristotelis et Hegelii de medio termino doctrina.
1 vol. in-8. 1845. 1 fr. 50
Strauss. L'ancienne et la nouvelle foi. 1873, in-8. 6 fr.

RÉCENTES PUBLICATIONS
HISTORIQUES ET PHILOSOPHIQUES
Qui ne se trouvent pas dans les deux Bibliothèques.

ACOLLAS (Émile). **L'enfant né hors mariage.** 3ᵉ édition. 1872, 1 vol. in-18 de x-165 pages. 2 fr.

ACOLLAS (Émile). **Manuel de droit civil**, contenant l'exégèse du code Napoléon et un exposé complet des systèmes juridiques.
Tome premier (premier examen), 1 vol. in-8. 12 fr.
Tome deuxième (deuxième examen), 1 vol. in-8. 12 fr.
Tome troisième (troisième examen), 12 fr.

ACOLLAS (Émile). **Trois leçons sur le mariage.** In-8. 1 fr. 50

ACOLLAS (Émile). **L'idée du droit.** In-8. 1 fr. 50

ACOLLAS (Émile). **Nécessité de refondre l'ensemble de nos codes**, et notamment le code Napoléon, au point de vue de l'idée démocratique. 1866, 1 vol. in-8. 3 fr.

Administration départementale et communale. Lois — Décrets — Jurisprudence, conseil d'État, cour de Cassation, décisions et circulaires ministérielles, in-4. 8 fr.

ALAUX. **La religion progressive.** 1869, 1 vol. in-18. 3 fr. 50

ALGLAVE (Émile). **Action du ministère public** et théorie des droits d'ordre public en matière civile. 1872, 2 beaux vol. gr. in-8. 16 fr.

ALGLAVE (Émile). **Organisation des juridictions civiles chez les Romains** jusqu'à l'introduction des *judicia extra-ordinaria*. 1 vol. in-8. 2 fr. 50

ARISTOTE. **Rhétorique** traduite en français et accompagnée de notes par J. Barthélemy Saint-Hilaire. 1870, 2 vol. in-8. 16 fr.

ARISTOTE. **Psycologie** (opuscules) traduite en français et accompagnée de notes par J. Barthélemy Saint-Hilaire. 1 vol. in-8. 10 fr.

ARISTOTE. **Politique**, trad. par Barthélemy Saint-Hilaire, 1868. 1 fort vol. in-8. 10 fr.

ARISTOTE. **Physique**, ou leçons sur les principes généraux de la nature, traduit par M. Barthélemy Saint-Hilaire. 2 forts vol. gr. in-8. 1872. 20 fr.

ARISTOTE. **Traité du Ciel.** 1866, traduit en français pour la première fois par M. Barthélemy Saint-Hilaire. 1 fort vol. gr. in-8. 10 fr.

ARISTOTE. **Météorologie**, avec le petit traité apocryphe : *Du Monde*, traduit par M. Barthélemy Saint-Hilaire, 1863. 1 fort vol. gr. in-8. 10 fr.

ARISTOTE. **Morale**, traduit Par M. Barthélemy Saint-Hilaire. 1856, 3 vol gr. in-8. 24 fr.

ARISTOTE. **Poétique**, traduite par M. Barthélemy Saint-Hilaire, 1858. 1 vol. in-8. 5 fr.

ARISTOTE. **Traité de la production et de la destruction des choses**, traduit en français et accompagné de notes perpétuelles, par M. Barthélemy Saint-Hilaire, 1866. 1 vol. gr. in-8. 10 fr.

AUDIFFRET-PASQUIER. **Discours devant les commissions de la réorganisation de l'armée et des marchés.** in-4. 2 fr. 50
L'art et la vie. 1867. 2 vol. in-8. 7 fr.
L'art et la vie de Stendhal. 1869, 1 fort vol. in-8. 6 fr.
BAGEHOT. **Lois scientifiques du développement des nations** dans leurs rapports avec les principes de l'hérédité et de la sélection naturelle. 1873, 1 vol. in-8 de la *Bibliothèque scientifique internationale*, cartonné à l'anglaise. 6 fr.
BARNI (Jules). **Napoléon Ier**, édition populaire. 1 vol. in-18. 1 fr.
BARNI (Jules). **Manuel républicain.** 1872, 1 vol. in-18. 1 fr. 50
BARNI (Jules). **Les martyrs de la libre pensée,** cours professé à Genève. 1862, 1 vol. in-18. 3 fr. 50
BARNI (Jules). Voy. KANT.
BARTHÉLEMY SAINT-HILAIRE. Voyez Aristote.
BARTHÉLEMY SAINT-HILAIRE. **La Logique d'Aristote.** 2 vol. gr. in-8. 16 fr.
BARTHÉLEMY SAINT-HILAIRE. **L'École d'Alexandrie.** 1 vol. in-8. 6 fr.
BAUTAIN. **La philosophie morale.** 2 vol. in-8. 12 fr.
CH. BÉNARD. **L'Esthétique de Hégel,** traduit de l'allemand. 2 vol. in-8. 16 fr.
CH. BÉNARD. **De la Philosophie dans l'éducation classique,** 1862. 1 fort vol. in-8. 6 fr.
CH. BÉNARD. **La Poétique,** par W.-F. Hégel, précédée d'une préface et suivie d'un examen critique. Extraits de Schiller, Goëthe, Jean Paul, etc., et sur divers sujets relatifs à la poésie. 2 vol. in-8. 12 fr.
BLANCHARD. **Les métamorphoses, les mœurs et les instincts des insectes,** par M. Émile BLANCHARD, de l'Institut, professeur au Muséum d'histoire naturelle. 1868, 1 magnifique volume in-8 jésus, avec 160 figures intercalées dans le texte et 40 grandes planches hors texte. Prix, broché. 30 fr.
Relié en demi-maroquin. 35 fr.
BLANQUI. **L'éternité par les astres,** hypothèse astronomique. 1872, in-8. 2 fr.
BORELY (J.). **Nouveau système électoral, représentation proportionnelle de la majorité et des minorités.** 1870, 1 vol. in-18 de XVIII-194 pages. 2 fr. 50
BORELY. **De la justice et des juges,** projet de réforme judiciaire. 1871, 2 vol. in-8. 12 fr.
BOUCHARDAT. **Le travail,** son influence sur la santé (conférences faites aux ouvriers). 1863, 1 vol. in-18. 2 fr. 50
BOUCHARDAT et H. JUNOD. **L'eau-de-vie et ses dangers,** conférences populaires. 1 vol. in-18. 1 fr.
BERSOT. **La philosophie de Voltaire.** 1 vol in-12. 2 fr. 50
ÉD. BOURLOTON et E. ROBERT. **La Commune** et ses idées à travers l'histoire. 1872, 1 vol. in-18. 3 fr. 50
BOUCHUT. **Histoire de la médecine et des doctrines médicales.** 1873, 2 forts vol. in-8. 16 fr.
BOUCHUT et DESPRÉS. **Dictionnaire de médecine et de thérapeutique médicale et chirurgicale,** comprenant le résumé de la médecine et de la chirurgie, les indications thérapeu-

tiques de chaque maladie, la médecine opératoire, les accouchements, l'oculistique, l'odontechnie, l'électrisation, la matière médicale, les eaux minérales, et *un formulaire spécial pour chaque maladie.* 1873. 2ᵉ édit. très-augmentée. 1 magnifique vol. in-4, avec 750 fig. dans le texte. 25 fr.

BOUILLET (Adolphe). **L'armée d'Henri V. — Les bourgeois gentilshommes de 1871.** 1 vol. in-12. 3 fr. 50

BOUILLET (Adolphe). **L'armée d'Henri V. — Les bourgeois gentilshommes.** Types nouveaux et inédits. 1 vol. in-18. 2 fr. 50

BRIERRE DE BOISMONT. **Des maladies mentales,** 1867, brochure in-8 extraite de la *Pathologie médicale* du professeur Requin. 2 fr.

BRIERRE DE BOISMONT. **Des hallucinations, ou Histoire raisonnée des apparitions,** des visions, des songes, de l'extase, du magnétisme et du somnambulisme. 1862, 3ᵉ édition très-augmentée. 7 fr.

BRIERRE DE BOISMONT. **Du suicide et de la folie suicide.** 1865, 2ᵉ édition, 1 vol. in-8. 7 fr.

CHASLES (Philarète). **Questions du temps et problèmes d'autrefois.** Pensées sur l'histoire, la vie sociale, la littérature. 1 vol. in-18, édition de luxe. 3 fr.

CHASSERIAU. **Du principe autoritaire et du principe rationnel.** 1873, 1 vol. in-18. 3 fr. 50

CLAMAGERAN. **L'Algérie.** Impressions de voyage, 1874. 1 vol. in-18 avec carte. 3 fr. 50

CLAVEL. **La morale positive.** 1873, 1 vol. in 18. 3 fr.

Conférences historiques de la Faculté de médecine faites pendant l'année 1865. (*Les Chirurgiens érudits,* par M. Verneuil. — *Gui de Chauliac,* par M. Follin. — *Celse,* par M. Broca. — *Wurtzius,* par M. Trélat. — *Rioland,* par M. Le Fort. — *Levret,* par M. Tarnier. — *Harvey,* par M. Béclard. — *Stahl,* par M. Lasègue. — *Jenner,* par M. Lorain. — *Jean de Vier et les sorciers,* par M. Axenfeld.— *Luennec,* par M. Chauffard.— *Sylvius,* par M. Gubler.—*Stoll,* par M. Parrot.) 1 vol. in-8. 6 fr.

COQUEREL (Charles). **Lettres d'un marin à sa famille.** 1870, 1 vol. in-18. 3 fr. 50

COQUEREL (Athanase). Voyez *Bibliothèque de philosophie contemporaine.*

COQUEREL fils (Athanase). **Libres études** (religion, critique, histoire, beaux-arts). 1867, 1 vol. in-8. 5 fr.

COQUEREL fils (Athanase). **Pourquoi la France n'est-elle pas protestante?** Discours prononcé à Neuilly le 1ᵉʳ novembre 1866. 2ᵉ édition, in-8. 1 fr.

COQUEREL fils (Athanase). **La charité sans peur,** sermon en faveur des victimes des inondations, prêché à Paris le 18 novembre 1866. In-8. 75 c.

COQUEREL fils (Athanase). **Évangile et liberté,** discours d'ouverture des prédications protestantes libérales, prononcé le 8 avril 1868. In-8. 50 c.

COQUEREL fils (Athanase). **De l'éducation des filles**, réponse à Mgr l'évêque d'Orléans, discours prononcé le 3 mai 1868. In-8.
1 fr.

CORLIEU. **La mort des rois de France** depuis François Ier jusqu'à la Révolution française, 1 vol. in-18 en caractères elzéviriens, 1874. 3 fr. 50

Conférences de la Porte-Saint-Martin pendant le siège de Paris. Discours de MM. *Desmarets* et *de Pressensé*. — Discours de M. *Coquerel*, sur les moyens de faire durer la République. — Discours de M. *Le Berquier*, sur la Commune. — Discours de M. *E. Bersier*, sur la Commune. — Discours de M. *H. Cernuschi*, sur la Légion d'honneur. In-8. 1 fr. 25

CORNIL. **Leçons élémentaires d'hygiène**, rédigées pour l'enseignement des lycées d'après le programme de l'Académie de médecine. 1873, 1 vol. in-18 avec figures intercalées dans le texte. 2 fr. 50

Sir G. CORNEWALL LEWIS. **Histoire gouvernementale de l'Angleterre de 1770 jusqu'à 1830**, trad. de l'anglais et précédée de la vie de l'auteur, par M. Mervoyer. 1867, 1 vol. in-8 de la *Bibliothèque d'histoire contemporaine*. 7 fr.

Sir G. CORNEWALL LEWIS. **Quelle est la meilleure forme de gouvernement?** Ouvrage traduit de l'anglais; précédé d'une Étude sur la vie et les travaux de l'auteur, par M. Mervoyer, docteur ès lettres. 1867, 1 vol. in-8. 3 r. 50

DAMIRON. **Mémoires pour servir à l'histoire de la philosophie au XVIIIe siècle.** 3 vol. in-8. 12 fr.

DELAVILLE. **Cours pratique d'arboriculture fruitière** pour la région du nord de la France, avec 269 fig. In-8. 6 fr.

DELEUZE. **Instruction pratique sur le magnétisme animal**, précédée d'une Notice sur la vie de l'auteur. 1853. 1 vol. in-12. 3 fr. 50

DELORD (Taxile). **Histoire du second empire. 1848-1870.**
1869. Tome Ier, 1 fort vol. in-8. 7 fr.
1870. Tome II, 1 fort vol. in-8. 7 fr.
1873. Tome III, 1 fort vol. in-8. 7 fr.
1874. Tome IV, 1 fort vol. in-8. 7 fr.
1874. Tome V, 1 fort vol. in-8. 7 fr.
1875. Tome VI et dernier. 1 fort vol. in-8. 7 fr.

DENFERT (colonel). **Des droits politiques des militaires.** 1874, in-8. 75 c.

DOLLFUS (Charles). **De la nature humaine.** 1868, 1 vol. in-8. 5 fr.

DOLLFUS (Charles). **Lettres philosophiques.** 3e édition. 1869, 1 vol. in-18. 3 fr. 50

DOLLFUS (Charles). **Considérations sur l'histoire.** Le monde antique. 1872, 1 vol. in-8. 7 fr. 50

DUGALD-STEVART. **Éléments de la philosophie de l'esprit humain**, traduit de l'anglais par Louis Peisse, 3 vol. in-12. 9 fr

DU POTET. **Manuel de l'étudiant magnétiseur.** Nouvelle édition. 1868, 1 vol. in-18. 3 fr. 50

DU POTET. **Traité complet de magnétisme**, cours en douze leçons. 1856, 3ᵉ édition, 1 vol. de 634 pages. 7 fr.

DUPUY (Paul). **Études politiques**, 1874. 1 v. in-8 de 236 pages. 3 fr. 50.

DUVAL-JOUVE. **Traité de Logique**, ou essai sur la théorie de la science, 1855. 1 vol. in-8. 6 fr.

Éléments de science sociale. Religion physique, sexuelle et naturelle, ouvrage traduit sur la 7ᵉ édition anglaise. 1 fort vol. in-18, cartonné. 4 fr.

ÉLIPHAS LÉVI. **Dogme et rituel de la haute magie.** 1861, 2ᵉ édit., 2 vol. in-8, avec 24 fig. 18 fr.

ÉLIPHAS LÉVI. **Histoire de la magie**, avec une exposition claire et précise de ses procédés, de ses rites et de ses mystères. 1860, 1 vol. in-8, avec 90 fig. 12 fr.

ÉLIPHAS LÉVI. **La science des esprits**, révélation du dogme secret des Kabbalistes, esprit occulte de l'Évangile, appréciation des doctrines et des phénomènes spirites. 1865, 1 v. in-8. 7 fr.

FAU. **Anatomie des formes du corps humain**, à l'usage des peintres et des sculpteurs. 1866, 1 vol. in-8 et atlas de 25 planches. 2ᵉ édition. Prix, fig. noires. 20 fr.
  Prix, figures coloriées. 35 fr.

FERRON (de). **Théorie du progrès** (Histoire de l'idée du progrès. — Vico. — Herder. — Turgot. — Condorcet. — Saint-Simon. — Réfutation du césarisme). 1867, 2 vol. in-18. 7 fr.

FERRON (de). **La question des deux Chambres.** 1872, in-8 de 45 pages. 1 fr.

EM. FERRIÈRE. **Le darwinisme.** 1872, 1 vol. in-18. 4 fr. 50

FICHTE. **Méthode pour arriver à la vie bienheureuse,** traduit par Francisque Bouiller. 1 vol. in-8. 8 fr.

FICHTE. **Destination du savant et de l'homme de lettres,** traduit par M. Nicolas. 1 vol. in-8. 3 fr.

FICHTE. **Doctrines de la science.** Principes fondamentaux de la science de la connaissance, trad. par Grimblot. 1 vol. in-8. 9 fr.

FLEURY (Amédée). **Saint Paul et Sénèque,** recherches sur les rapports du philosophe avec l'apôtre et sur l'infiltration du christianisme naissant à travers le paganisme. 2 vol. in-8. 15 fr.

FOUCHER DE CAREIL. **Leibniz, Descartes, Spinoza.** In-8. 4 fr.

FOUCHER DE CAREIL. **Lettres et opuscules de Leibniz.** 1 vol. in-8. 3 fr. 50

FOUCHER DE CAREIL. **Leibniz et Pierre-le-Grand.** 1 vol. in-8. 1874. 2 fr.

FOUILLÉE (Alfred). **La philosophie de Socrate.** 2 vol. in-8. 16 fr.

FOUILLÉE (Alfred). **La philosophie de Platon.** 2 vol. in-8. 16 fr.

FOUILLÉE (Alfred). **La liberté et le déterminisme.** 1 fort vol. in-8. 7 fr. 50

FOUILLÉE (Alfred). **Platonis hippias minor sive Socratica**, 1 vol. in-8. 2 fr.

FRIBOURG. **Du paupérisme parisien**, de ses progrès depuis vingt-cinq ans. 1 fr. 25

HAMILTON (William). **Fragments de Philosophie**, traduits de l'anglais par Louis Peisse. 7 fr. 50

HÉGEL. Voy. p. 13.

HERZEN. **Œuvres complètes**. Tome Ier. *Récits et nouvelles*. 1874, 1 vol. in-18. 3 fr. 50

HERZEN. **De l'autre Rive**. 4e édition, traduit du russe par M. Herzen fils. 1 vol. in-18. 3 fr. 50

HERZEN. **Lettres de France et d'Italie**. 1871, in-18. 3 fr. 50

HUMBOLDT (G. de). **Essai sur les limites de l'action de l'État**, traduit de l'allemand, et précédé d'une Étude sur la vie et les travaux de l'auteur, par M. Chrétien, docteur en droit. 1867, in-18. 3 fr. 50

ISSAURAT. **Moments perdus de Pierre-Jean**, observations, pensées, rêveries antipolitiques, antimorales, antiphilosophiques, antimétaphysiques, anti tout ce qu'on voudra. 1868, 1 v. in-18. 3 fr.

ISSAURAT. **Les alarmes d'un père de famille**, suscitées, expliquées, justifiées et confirmées par lesdits faits et gestes de Mgr. Dupanloup et autres. 1868, in-8. 1 fr.

JANET (Paul). **Histoire de la science politique** dans ses rapports avec la morale. 2 vol. in-8. 20 fr.

JANET (Paul). **Études sur la dialectique** dans Platon et dans Hegel. 1 vol. in-8. 6 fr

JANET (Paul). **Œuvres philosophiques de Leibniz**. 2 vol. in-8. 16 fr.

JANET (Paul). **Essai sur le médiateur plastique de Cudworth**. 1 vol. in-8. 6 fr.

KANT. **Critique de la raison pure**, précédé d'une préface par M. Jules BARNI. 1870, 2 vol. in-8. 16 fr.

KANT. **Critique de la raison pure**, traduit par M. Tissot. 2 vol. in-8. 16 fr.

KANT. **Éléments métaphysiques de la doctrine du droit**, suivis d'un Essai philosophique sur la paix perpétuelle, traduits de l'allemand par M. Jules BARNI. 1854, 1 vol. in-8. 8 fr.

KANT. **Principes métaphysiques du droit** suivi du *projet de paix perpétuelle*, traduction par M. Tissot. 1 vol. in-8. 8 fr.

KANT. **Éléments métaphysiques de la doctrine de la vertu**, suivi d'un Traité de pédagogie, etc.; traduit de l'allemand par M. Jules BARNI, avec une introduction analytique. 1855, 1 vol. in-8. 8 fr.

KANT. **Principes métaphysiques de la morale**, augmenté des *fondements de la métaphysique des mœurs*, traduction par M. Tissot. 1 vol. in-8. 8 fr.

KANT. **La religion dans les limites de la raison**, traduit de l'allemand par J. Trullard. 1 vol. in-8. 7 f. 50

KANT. **La logique**, traduction de M. Tissot. 1 vol. in-4. 4 fr.

KANT. **Mélanges de logique**, traduction par M. Tissot, 1 vol. in-8. 6 fr.

KANT. **Prolégomènes à toute métaphysique future** qui se présentera comme science, traduction de M. Tissot, 1 vol. in-8. 6 fr.

KANT. **Anthropologie**, suivie de divers fragments relatifs aux rapports du physique et du moral de l'homme et du commerce des esprits d'un monde à l'autre, traduction par M. Tissot. 1 vol. in-8. 6 fr.

KANT. **Examen de la critique de la raison pratique**, traduit par J. Barni. 1 vol. in-8. 6 fr.

KANT. **Éclaircissements sur la critique de la raison pure**, traduit par J. Tissot. 1 vol. in-8. 6 fr.

KANT. **Critique du jugement**, suivie des *observations sur les sentiments du beau et du sublime*, traduit par J. Barni. 2 vol. in-8. 12 fr.

KANT. **Critique de la raison pratique**, précédée des *fondements de la métaphysique des mœurs*, traduit par J. Barni. 1 vol. in-8. 6 fr.

LABORDE. **Les hommes et les actes de l'insurrection de Paris** devant la psychologie morbide. Lettres à M. le docteur Moreau (de Tours). 1 vol. in-18. 3 fr. 50

LACHELIER. **Le fondement de l'induction.** 3 fr. 50

LACHELIER. **De natura syllogismi** apud facultatem litterarum Parisiensem, hæc disputabat. 1 fr. 50

LACOMBE. **Mes droits.** 1869, 1 vol. in-12. 2 fr. 50

LAMBERT. **Hygiène de l'Egypte.** 1873. 1 vol. in-18. 2 fr. 50

LANGLOIS. **L'homme et la Révolution.** Huit études dédiées à P. J. Proudhon. 1867, 2 vol. in-18. 7 fr.

LE BERQUIER. **Le barreau moderne.** 1871, 2ᵉ édition, 1 vol. in-18. 3 fr. 50

LE FORT. **La chirurgie militaire** et les Sociétés de secours en France et à l'étranger. 1873, 1 vol. gr. in-8, avec fig. 10 fr.

LEFORT. **Étude sur l'organisation de la Médecine** en France et à l'étranger. 1874, gr. in-8. 3 fr.

LEIBNIZ. **Œuvres philosophiques**, avec une Introduction et des notes par M. Paul Janet, 2 vol. in-8. 16 fr.

LITTRÉ. **Auguste Comte et Stuart Mill**, suivi de *Stuart Mill et la philosophie positive*, par M. G. Wyrouboff. 1867, in-8 de 86 pages. 2 fr.

LITTRÉ. **Application de la philosophie positive** au gouvernement des Sociétés. In-8. 3 fr. 50

LORAIN (P.). **Jenner et la vaccine.** Conférence historique. 1870, broch. in-8 de 48 pages. 1 fr. 50

LORAIN (P.). **L'assistance publique.** 1871, in-4 de 56 p. 1 fr.

LUBBOCK. **L'homme avant l'histoire**, étudié d'après les monuments et les costumes retrouvés dans les différents pays de l'Europe, suivi d'une Description comparée des mœurs des sauvages modernes, traduit de l'anglais par M. Ed. BARBIER, avec 156 figures intercalées dans le texte. 1867, 1 beau vol. in-8, prix broché. 15 fr.

Relié en demi-maroquin avec nerfs. 18 fr.

LUBBOCK. **Les origines de la civilisation.** État primitif de l'homme et mœurs des sauvages modernes. 1873. 1 vol. grand in-8 avec figures et planches hors texte. Traduit de l'anglais par M. Ed. BARBIER. 15 fr.

Relié en demi-maroquin avec nerfs. 18 fr.

MAGY. **De la science et de la nature**, essai de philosophie première. 1 vol. in-8. 6 fr.

MARAIS (Aug.). **Garibaldi et l'armée des Vosges.** 1872, 1 vol. in-18. 1 fr. 50

MAURY (Alfred). **Histoire des religions de la Grèce antique.** 3 vol. in-8. 24 fr.

MAX MULLER. **Amour allemand.** Traduit de l'allemand. 1 vol. in-18 imprimé en caractères elzéviriens. 3 fr. 50

MAZZINI. **Lettres à Daniel Stern** (1864-1872), avec une lettre autographiée. 1 v. in-18 imprimé en caractères elzéviriens. 3 fr. 50

MENIÈRE. **Cicéron médecin**, étude médico-littéraire. 1862, 1 vol. in-18. 1 fr. 50

MENIÈRE. **Les consultations de madame de Sévigné**, étude médico-littéraire. 1864, 1 vol. in-8. 3 fr.

MERVOYER. **Étude sur l'association des idées.** 1864, 1 vol. in-8. 6 fr.

MEUNIER (Victor). **La science et les savants.**
    1re année, 1864. 1 vol. in-18. 3 fr. 50
    2e année, 1865. 1er semestre, 1 vol. in-18. 3 fr. 50
    2e année, 1865. 2e semestre, 1 vol. in-18. 3 fr. 50
    3e année, 1866. 1 vol. in-18. 3 fr. 50
    4e année, 1867. 1 vol. in-18. 3 fr. 50

MICHELET (J.). **Le Directoire et les origines des Bonaparte.** 1872, 1 vol. in-8. 6 fr.

MILSAND. **Les études classiques** et l'enseignement public. 1873, 1 vol. in-18. 3 fr. 50

MILSAND. **Le code et la liberté.** Liberté du mariage, liberté des testaments. 1865, in-8. 2 fr.

MIRON. **De la séparation du temporel et du spirituel.** 1866, in-8. 3 fr. 50

MORER. **Projet d'organisation de colléges cantonaux,** in-8 de 64 pages. 1 fr. 50

MORIN. **Du magnétisme et des sciences occultes.** 1860, 1 vol. in-8. 6 fr.

MUNARET. **Le médecin des villes et des campagnes.** 4ᵉ édition, 1862, 1 vol. grand in-18. 4 fr. 50

NAQUET (A.). **La république radicale.** 1873, 1 vol. in-18. 3 fr 50

NOURRISSON. **Essai sur la philosophie de Bossuet.** 1 vol. in-8. 4 fr.

OGER. **Les Bonaparte** et les frontières de la France. In-18. 50 c.

OGER. **La République.** 1871, brochure in-8. 50 c.

OLLÉ-LAPRUNE. **La philosophie de Malebranche.** 2 vol. in-8. 16 fr.

PARIS (comte de). **Les associations ouvrières en Angleterre** (trades-unions). 1869, 1 vol. gr. in-8. 2 fr. 50
    Édition sur papier de Chine : broché. 12 fr.
    — reliure de luxe. 20 fr.

PUISSANT (Adolphe). **Erreurs et préjugés populaires.** 1873, 1 vol. in-18. 3 fr. 50

REYMOND (William). **Histoire de l'art.** 1874, 1 vol. in-8. 5 fr.

RIBOT (Paul). **Matérialisme et spiritualisme.** 1873, in-8. 6 fr.

RIBOT (Th.) **La psychologie anglaise contemporaine** (James Mill, Stuart Mill, Herbert Spencer, A. Bain, G. Lewes, S. Bailey, J.-D. Morell, J. Murphy). 1870, 1 vol. in-18. 3 fr. 50

RIBOT (Th.). **De l'hérédité.** 1873, 1 vol. in-8. 10 fr.

RITTER (Henri). **Histoire de la philosophie moderne,** traduction française précédée d'une introduction par P. Challemel-Lacour. 3 vol. in-8. 20 fr.

RITTER (Henri). **Histoire de la philosophie chrétienne,** trad. par M. J. Trullard. 2 forts vol. 15 fr.

RITTER (Henri). **Histoire de la philosophie ancienne**, trad. par Tissot. 4 vol. 30 fr.

SAINT-MARC GIRARDIN. **La chute du second Empire.** In-4. 4 fr. 50

SALETTA. **Principe de logique positive**, ou traité de scepticisme positif. Première partie (de la connaissance en général). 1 vol. gr. in-8. 3 fr. 50

SARCHI. **Examen de la doctrine de Kant.** 1872, gr. in-8. 4 fr.

SCHELLING. **Écrits philosophiques** et morceaux propres à donner une idée de son système, traduit par Ch. Bénard. In-8. 9 fr.

SCHELLING. **Bruno** ou du principe divin, trad. par Husson. 1 vol. in-8. 3 fr. 50

SCHELLING. **Idéalisme trancendantal**, traduit par Grimblot. 1 vol. in-8. 7 fr. 50

SIÈREBOIS. **Autopsie de l'âme.** Identité du matérialisme et du vrai spiritualisme. 2ᵉ édit. 1873, 1 vol. in-18. 2 fr. 50

SIÈREBOIS. **La morale** fouillée dans ses fondements. Essai d'anthropodicée. 1867, 1 vol. in-8. 6 fr.

SOREL (ALBERT). **Le traité de Paris du 20 novembre 1815.** Leçons professées à l'École libre des sciences politiques par M. Albert SOREL, professeur d'histoire diplomatique. 1873, 1 vol. in-8. 4 fr. 50

STUART-MILL. Voyez page 5.

THULIÉ. **La folie et la loi.** 1867, 2ᵉ édit., 1 vol. in-8. 3 fr. 50

THULIÉ. **La manie raisonnante du docteur Campagne.** 1870, broch. in-8 de 132 pages. 2 fr.

TIBERGHIEN. **Les commandements de l'humanité.** 1872, 1 vol. in-18. 3 fr.

TIBERGHIEN. **Enseignement et philosophie.** 1873, 1 vol. in-18. 4 fr.

TISSOT. Voyez KANT.

TISSOT. **Principes de morale**, leur caractère rationnel et universel, leur application. Ouvrage couronné par l'Institut 1 vol. in-8. 6 fr.

VACHEROT. **Histoire de l'école d'Alexandrie.** 3 vol. in-8. 24 fr.

VALETTE. **Cours de Code civil** professé à la Faculté de droit de Paris. Tome 1, première année (Titre préliminaire — Livre premier). 1873, 1 fort vol. in-18. 8 fr.

VALMONT. **L'espion prussien.** 1872, roman traduit de l'anglais. 1 vol. in-18. 3 fr. 50

VÉRA. **Strauss. L'ancienne et la nouvelle foi.** 1873, in-8.
6 fr.
VÉRA. **Traduction de Hégel.** Voy. p. 13.

VILLIAUME. **La politique moderne**, traité complet de politique. 1873, 1 beau vol. in-8. 6 fr.

WEBER. **Histoire de la philosophie européenne.** 1871, 1 vol. in-8. 10 fr.

L'Europe orientale. Son état présent, sa réorganisation, avec deux tableaux ethnographiques, 1873. 1 vol. in-18. 3 fr. 50

Le Pays Jongo-Slave (Croatie-Serbie). Son état physique et politique, 1874. in-18. 3 fr. 50

L'armée d'Henri V. — Les bourgeois gentilshommes de 1871. 1 vol. in-18. 3 fr. 50

L'armée d'Henri V. — Les bourgeois gentilshommes, types nouveaux et inédits. 1 vol. in-18. 2 fr. 50

L'armée d'Henri V. — L'arrière-ban de l'ordre moral. 1874, 1 vol. in-18. 3 fr. 50

Annales de l'Assemblée nationale. Compte rendu *in extenso* des séances, annexes, rapports, projets de loi, propositions, etc. Prix de chaque volume. 15 fr.
Trente volumes sont en vente.

Loi de recrutement des armées de terre et de mer, promulguée le 16 août 1872. Compte rendu *in extenso* des trois délibérations. — Lois des 10 mars 1818, 21 mars 1832, 21 avril 1855, 1er février 1868. 1 vol. gr. in-4 à 3 colonnes.
12 fr.

Administration départementale et communale. Lois, décrets, jurisprudence (conseil d'État, cour de cassation, décisions et circulaires ministérielles). in-4. 8 fr.

ENQUÊTE PARLEMENTAIRE SUR LES ACTES DU GOUVERNEMENT
DE LA DÉFENSE NATIONALE

DÉPOSITIONS DES TÉMOINS :

TOME PREMIER. Dépositions de MM. Thiers, maréchal Mac-Mahon, maréchal Le Bœuf, Benedetti, duc de Gramont, de Talhouët, amiral Rigault de Genouilly, baron Jérôme David, général de Palikao, Jules Brame, Clément Duvernois, Dréolle, Rouher, Piétri, Chevreau, général Trochu, J. Favre, J. Ferry, Garnier-Pagès, Emmanuel Arago, Pelletan, Ernest Picard, J. Simon, Magnin, Dorian, Ét. Arago, Gambetta, Crémieux, Glais-Bizoin, général Le Flô, amiral Fourichon, de Kératry.

TOME DEUXIÈME. Dépositions de MM. de Chaudordy, Laurier, Cresson, Dréo, Ranc, Rampont, Steenackers, Fernique, Robert, Schneider, Buffet, Lebreton et Hébert, Bellangé, colonel Alavoine, Gervais, Bécherelle, Robin, Muller, Boutefoy, Meyer, Clément et Simonneau, Fontaine, Jacob, Lemaire, Petetin, Guyot-Montpayroux, général Soumain, de Legge, colonel Vabre, de Crisenoy, colonel Ibos, Hémar, Frère, Read, Kergall, général Schmitz, Johnston, colonel Dauvergne, Didier, de Larcinty, Arnaud de l'Ariége, général Tamisier, Baudouin de Mortemart, Ernault, colonel Chaper, général Mazure, Bérenger, Le Royer, Ducarre, Challemel-Lacour, Rouvier, Autran, Esquiros, Gent, Naquet, Thourel, Gatien-Arnoult, Fourcand.

TOME TROISIÈME. Dépositions militaires de MM. de Freycinet, de Serres, le général Lefort, le général Ducrot, le général Vinoy, le lieutenant de vaisseau Farcy, le commandant Amet, l'amiral Pothuau, Jean Brunet, le général de Beaufort-d'Hautpoul, le général de Valdan, le général d'Aurelle de Paladines, le général Chanzy, le général Martin des Pallières, le général de Sonis, le général Crouzat, le général de la Motterouge, le général Fiéreck, l'amiral Jauréguiberry, le général Faidherbe, le général Paulze d'Ivoy, Testelin, le général Bourbaki, le général Clinchant, le colonel Leperche, le général Pallu de la Barrière, Rolland, Keller, le général Billot, le général Borel, le général Pellissier, l'intendant Friant, le général Cremer, le comte de Chaudordy.

TOME QUATRIÈME. Dépositions de MM. le général Bordone, Mathieu, de Laborie, Luce-Villiard, Castillon, Debusschère, Darcy, Chenet, de La Taille, Baillehache, de Grancey, L'Hermite, Pradier, Middleton, Frédéric Morin, Thoyot, le maréchal Bazaine, le général Boyer, le maréchal Canrobert, le général Ladmirault, Prost, le général Bressoles, Josseau, Spuller, Corbon, Dalloz, Henri Martin, Vacherot, Marc Dufraisse, Raoul Duval, Delille, de Laubespin, frère Dagobertus, frère Alcas, l'abbé d'Hulst, Bourgoin, Eschassériaux, Silvy, Le Nordez, Gréard, Guibert, Périn ; errata et note à l'appui de la déposition de M. Darcy, annexe à la déposition de M. Testelin, note de M. le colonel Denfert, note de la Commission.

RAPPORTS :

TOME PREMIER. Rapport de M. *Chaper* sur les procès-verbaux des séances du Gouvernement de la Défense nationale. — Rapport de M. *de Sugny* sur les événements de Lyon sous le Gouvernement de la Défense nationale. — Rapport de M. *de Rességuier* sur les actes du Gouvernement de la Défense nationale dans le sud-ouest de la France.

TOME DEUXIÈME. Rapport de M. *Saint-Marc Girardin* sur la chute du second Empire. — Rapport de M. *de Sugny* sur les événements de Marseille sous le Gouvernement de la Défense nationale.

TOME TROISIÈME. Rapport de M. le comte *Daru*, sur la politique du Gouvernement de la Défense nationale à Paris.

TOME QUATRIÈME. Rapport de M. *Chaper*, sur l'examen au point de vue militaire des actes du Gouvernement de la Défense nationale à Paris.

TOME CINQUIÈME. Rapport de M. *Boreau-Lajanadie*, sur l'emprunt Morgan. — Rapport de M. *de la Borderie*, sur le camp de Conlie et l'armée de Bretagne. — Rapport de M. *de la Sicotière*, sur l'affaire de Dreux.

TOME SIXIÈME. Rapport de M. *de Rainneville* sur les actes diplomatiques du Gouvernement de la Défense nationale. — Rapport de M. *A. Lallié* sur les postes et les télégraphes pendant la guerre. — Rapport de M. *Delsol* sur la ligne du Sud Ouest. — Rapport de M. *Perrot* sur la défense nationale en province. (1re *partie*.)

Prix de chaque volume... 15 fr.

RAPPORTS SE VENDANT SÉPARÉMENT

DE RESSÉGUIER. — Les événements de Toulouse sous le Gouvernement de la Défense nationale. In-4. 2 fr. 50
SAINT-MARC GIRARDIN. — La chute du second Empire. In-4. 4 fr. 50
DE SUGNY. — Les événements de Marseille sous le Gouvernement de la Défense nationale. In-4. 10 fr.
DE SUGNY. — Les événements de Lyon sous le Gouvernement de la Défense nationale. In-4. 7 fr.
DARU. — La politique du Gouvernement de la Défense nationale à Paris. In-4. 15 fr.
CHAPER. — Examen au point de vue militaire des actes du Gouvernement de la Défense à Paris. In-4. 15 fr.
CHAPER. — Les procès-verbaux des séances du Gouvernement de la Défense nationale. In-4. 5 fr.
BOREAU-LAJANADIE. — L'emprunt Morgan. In-4. 4 fr. 50
DE LA BORDERIE. — Le camp de Conlie et l'armée de Bretagne. in-4. 10 fr.
DE LA SICOTIÈRE. L'affaire de Dreux. In-4. 2 fr. 50

ENQUÊTE PARLEMENTAIRE

SUR

L'INSURRECTION DU 18 MARS

édition contenant *in-extenso* les trois volumes distribués à l'Assemblée nationale.

1° RAPPORTS. Rapport général de M. Martial Delpit. Rapports de MM. *de Meaux*, sur les mouvements insurrectionnels en province ; *de Massy*, sur le mouvement insurrectionnel à Marseille ; *Meplain*, sur le mouvement insurrectionnel à Toulouse ; *de Chamaillard*, sur les mouvements insurrectionnels à Bordeaux et à Tours ; *Delille*, sur le mouvement insurrectionnel à Limoges ; *Vacherot*, sur le rôle des municipalités ; *Ducarre*, sur le rôle de l'Internationale ; *Boreau-Lajanadie*, sur le rôle de la presse révolutionnaire à Paris ; *de Cumont*, sur le rôle de la presse révolutionnaire en province ; *de Saint-Pierre*, sur la garde nationale de Paris pendant l'insurrection ; *de Larochetheulon*, sur l'armée et la garde nationale de Paris avant le 18 mars. — Rapports de MM. les premiers présidents *de Cour d'appel* d'Agen, d'Aix, d'Amiens, de Bordeaux, de Bourges, de Chambéry, de Douai, de Nancy, de Pau, de Rennes, de Riom, de Rouen, de Toulouse. — Rapports de MM. les *préfets* de l'Ardèche, des Ardennes, de l'Aude, du Gers, de l'Isère, de la Haute-Loire, du Loiret, de la Nièvre, du Nord, des Pyrénées-Orientales, de la Sarthe, de Seine-et-Marne, de Seine-et-Oise, de la Seine-Inférieure, de Vaucluse. — Rapports de MM. les chefs de légion de gendarmerie.

2° DÉPOSITIONS de MM. Thiers, maréchal Mac-Mahon, général Trochu, J. Favre, Ernest Picard, J. Ferry, général Le Flô, général Vinoy, Choppin, Cresson, Leblond, Edmond Adam, Metteval, Hervé, Bethmont, Ansart, Marseille, Claude, Lagrange, Macé, Nusse, Mouton, Garcin, colonel Lambert, colonel Gaillard, général Appert, Gerspach, Barral de Montaud, comte de Mun, Floquet, général Cremer, amiral Saisset, Schœlcher, Tirard, Dubail, Denormandie, Vautrain, François Favre, Bellayne, Vacherot, Degouve-Denuncque, Desmarest, colonel Montaigu, colonel Ibos, général d'Aurelle de Paladines, Roger du Nord, Baudouin de Mortemart, Lavigne, Ossude, Ducros, Turquet, de Plœuc, amiral Pothuau, colonel Langlois, Luening, Danet, colonel Le Mains, colonel Vabre, Héligon, Tolain, Fribourg, Dunoyer, Testu, Corbon, Ducarre.

3° PIÈCES JUSTIFICATIVES. Déposition de M. le général Ducrot, Procès-verbaux du Comité central, du Comité de salut public, de l'Internationale, de la délégation des vingt arrondissements, de l'Alliance républicaine, de la Commune. — Lettre du prince Czartoryski sur les Polonais. — Réclamations et errata.

Édition populaire contenant *in extenso* les trois volumes distribués
aux membres de l'Assemblée nationale.

Prix : **16** francs.

COLLECTION ELZÉVIRIENNE

Lettres de Joseph Mazzini à Daniel Stern (1864-1872), avec une lettre autographiée. 3 fr. 50

Amour allemand, par MAX MULLER, traduit de l'allemand. 1 vol. in-18. 3 fr. 50

La mort des rois de France depuis François Ier jusqu'à la Révolution française, études médicales et historiques, par M. le docteur CORLIEU, 1 vol. in-18. 3 fr. 50

Libre examen, par LOUIS VIARDOT. 1 vol. in-18. 3 fr. 50

L'Algérie, impressions de voyage, par M. CLAMAGERAN. 1 vol. in-18. 3 fr. 50

BIBLIOTHÈQUE POPULAIRE

Napoléon Ier, par M. Jules BARNI, membre de l'Assemblée nationale. 1 vol. in-18. 1 fr.

Manuel républicain, par M. Jules BARNI, membre de l'Assemblée nationale. 1 vol. in-18. 1 fr.

Garibaldi et l'armée des Vosges, par M. Aug. MARAIS. 1 vol. in-18. 1 fr. 50

Le paupérisme parisien, ses progrès depuis vingt-cinq ans, par E. FRIBOURG. 1 fr. 25

ÉTUDES CONTEMPORAINES

Les bourgeois gentilshommes. — L'armée d'Henri V, par Adolphe BOUILLET. 1 vol. in-18. 3 fr. 50

Les bourgeois gentilshommes. — L'armée d'Henri V. Types nouveaux et inédits, par A. BOUILLET. 1 v. in-18. 2 fr. 50

Les Bourgeois gentilshommes. — L'armée d'Henri V. L'arrière-ban de l'ordre moral, par A. Bouillet. 1 vol. in-18. 3 fr. 50

L'espion prussien, roman anglais par V. VALMONT, traduit par M. J. DUBRISAY. 1 vol. in-18. 3 fr. 50

La Commune et ses idées à travers l'histoire, par Edgar BOURLOTON et Edmond ROBERT. 1 vol. in-18. 3 fr. 50

Du principe autoritaire et du principe rationnel, par M. Jean Chasseriau. 1873. 1 vol. in-18. 3 fr. 50

La République radicale, par A. NAQUET membre de l'Assemblée nationale. 1 vol. in-18. 3 fr. 50

PUBLICATIONS
DE L'ÉCOLE LIBRE DES SCIENCES POLITIQUES

ALBERT SOREL. **Le traité de Paris du 20 novembre 1815.**
— I. Les cent-jours. — II. Les projets de démembrement. — III. La sainte-alliance. Les traités du 20 novembre, par M. Albert SOREL, professeur d'histoire diplomatique à l'École libre des sciences politiques. 1 vol. in-8 de 153 pages.   4 fr. 50

RÉCENTES PUBLICATIONS SCIENTIFIQUES

AGASSIZ. **De l'espèce et des classifications en zoologie**
1 vol. in-8.   5 fr.

ARCHIAC (D'). **Leçons sur la faune quaternaire**, professées au Muséum d'histoire naturelle. 1865, 1 vol. in-8.   3 fr. 50

BAIN. **Les sens et l'intelligence**, trad. de l'anglais, 1874, 1 vol. in-8.   10 fr.

BAGEHOT. **Lois scientifiques du développement des nations.** 1873, 1 vol. in-4, cartonné.   6 fr.

BÉRAUD (B. J.). **Atlas complet d'anatomie chirurgicale topographique**, pouvant servir de complément à tous les ouvrages d'anatomie chirurgicale, composé de 109 planches représentant plus de 200 gravures dessinées d'après nature par M. Bion, et avec texte explicatif. 1865, 1 fort vol. in-4.

   Prix : fig. noires, relié.   60 fr.
   — fig. coloriées, relié.   120 fr.

Ce bel ouvrage, auquel on a travaillé pendant sept ans, est le plus complet qui ait été publié sur ce sujet. Toutes les pièces disséquées dans l'amphithéâtre des hôpitaux ont été reproduites d'après nature par M. Bion, et ensuite gravées sur acier par les meilleurs artistes. Après l'explication de chaque planche, l'auteur a ajouté les applications à la pathologie chirurgicale, à la médecine opératoire, se rapportant à la région représentée.

BERNARD (Claude). **Leçons sur les propriétés des tissus vivants** faites à la Sorbonne, rédigées par Emile ALGLAVE, avec 94 fig. dans le texte. 1866, 1 vol. in-8. 8 fr.

BLANCHARD. **Les Métamorphoses, les Mœurs et les Instincts des insectes**, par M. Emile Blanchard, de l'Institut, professeur au Muséum d'histoire naturelle. 1868, 1 magnifique volume in-8 jésus, avec 160 figures intercalées dans le texte et 40 grandes planches hors texte. Prix, broché. 30 fr.
    Relié en demi-maroquin. 35 fr.

BLANQUI. **L'éternité par les astres**, hypothèse astronomique, 1872, in-8. 2 fr.

BOCQUILLON. **Manuel d'histoire naturelle médicale**. 1871, 1 vol. in-18, avec 415 fig. dans le texte. 14 fr.

BOUCHARDAT. **Manuel de matière médicale**, de thérapeutique comparée et de pharmacie. 1873, 5ᵉ édition, 2 vol. gr. in-18. 16 fr.

BOUCHUT. **Histoire de la médecine et des doctrines médicales**. 1873, 2 vol. in-8. 16 fr.

BUCHNER (Louis). **Science et Nature**, traduit de l'allemand par A. Deloudre. 1866, 2 vol. in-18 de la *Bibliothèque de philosophie contemporaine*. 5 fr.

CLÉMENCEAU. **De la génération des éléments anatomiques**, précédé d'une Introduction par M. le professeur Robin. 1867, in-8. 5 fr.

Conférences historiques de la Faculté de médecine faites pendant l'année 1865 (*les Chirurgiens érudits*, par M. Verneuil.—*Guy de Chauliac*, par M. Follin.—*Celse*, par M. Broca. — *Wurtzius*, par M. Trélat. — *Rioland*, par M. Le Fort.— *Leuret*, par M. Tarnier. — *Harvey*, par M. Béclard. — *Stahl*, par M. Lasègue. — *Jenner*, par M. Lorain. — *Jean de Vier*, par M. Axenfeld. — *Laennec*, par M. Chauffard. — *Sylvius*, par M. Gubler.— *Stoll*, par M. Parot). 1 vol. in-8. 6 fr.

DELVAILLE. **Lettres médicales sur l'Angleterre**. 1874, in-8. 1 fr. 50

DUMONT (L. A.). **Hœckel et la théorie de l'évolution en Allemagne**. 1873, 1 vol. in-18. 2 fr. 50

DURAND (de Gros). **Essais de physiologie philosophique**. 1866, 1 vol. in-8. 8 fr.

DURAND (de Gros). **Ontologie et psychologie physiologique**. Études critiques. 1871, 1 vol. in-18. 3 fr. 50

DURAND (de Gros). **Origines animales de l'homme**, éclairées par la physiologie et l'anatomie comparative. Grand in-8, 1871, avec fig. 5 fr.

DURAND-FARDEL. **Traité thérapeutique des eaux minérales** de la France, de l'étranger et de leur emploi dans les maladies chroniques. 2ᵉ édition, 1 vol. in-8 de 780 p. avec cartes coloriées. 9 fr.

FAIVRE. **De la variabilité de l'espèce.** 1868, 1 vol. in-18 de la *Bibliothèque de philosophie contemporaine*. 2 fr. 50

FAU. **Anatomie des formes du corps humain**, à l'usage des peintres et des sculpteurs. 1866, 1 vol. in-8 avec atlas in-folio de 25 planches.
Prix : fig. noires. 20 fr.
— fig. coloriées. 35 fr.

W. DE FONVIELLE. **L'Astronomie moderne.** 1869, 1 vol. de la *Bibliothèque de philosophie contemporaine*. 2 fr. 50

GARNIER. **Dictionnaire annuel des progrès des sciences et institutions médicales**, suite et complément de tous les dictionnaires. 1 vol. in-12 de 600 pages. 7 fr.

GRÉHANT. **Manuel de physique médicale.** 1869, 1 volume in-18, avec 469 figures dans le texte. 7 fr.

GRÉHANT. **Tableaux d'analyse chimique** conduisant à la détermination de la base et de l'acide d'un sel inorganique isolé, avec les couleurs caractéristiques des précipités. 1862, in-4, cart. 3 fr. 50

GRIMAUX. **Chimie organique élémentaire**, leçons professées à la Faculté de médecine. 1872, 1 vol. in-18 avec figures. 4 fr. 50

GRIMAUX. **Chimie inorganique élémentaire.** Leçons professées à la Faculté de médecine, 1874, 1 vol. in-8 avec fig. 5 fr.

GROVE. **Corrélation des forces physiques**, traduit par M. l'abbé Moigno, avec des notes par M. Séguin aîné. 1 vol. in-8. 7 fr. 50

HERZEN. **Physiologie de la Volonté**, 1874, 1 vol. de la *Bibliothèque de Philosophie contemporaine*. 2 fr. 50

JAMAIN. **Nouveau Traité élémentaire d'anatomie descriptive et de préparations anatomiques.** 3ᵉ édition, 1867, 1 vol. grand in-18 de 900 pages, avec 223 fig. intercalées dans le texte. 12 fr.

JANET (Paul). **Le Cerveau et la Pensée.** 1867, 1 vol. in-18 de la *Bibliothèque de philosophie contemporaine*. 2 fr. 50

LAUGEL. **Les Problèmes** (problèmes de la nature, problèmes de la vie, problèmes de l'âme), 1873, 2ᵉ édition, 1 fort vol. in-8. 7 fr. 50

LAUGEL. **La Voix, l'Oreille et la Musique.** 1 vol. in-18 de la *Bibliothèque de philosophie contemporaine.* 2 fr. 50

LAUGEL. **L'Optique et les Arts.** 1 vol. in-18 de la *Bibliothèque de philosophie contemporaine.* 2 fr. 50

LE FORT. **La chirurgie militaire** et les sociétés de secours en France et à l'étranger. 1873, 1 vol. gr. in-8 avec figures dans le texte. 10 fr.

LEMOINE (Albert). **Le Vitalisme et l'Animisme de Stahl.** 1864, 1 vol. in-18 de la *Bibliothèque de philosophie contemporaine.* 2 fr. 50

LEMOINE (Albert). **De la physionomie et de la parole.** 1865. 1 vol. in-18 de la *Bibliothèque de philosophie contemporaine.* 2 fr. 50

LEYDIG. **Traité d'histologie comparée de l'homme et des animaux**, traduit de l'allemand par M. le docteur Lahillonne. 1 fort vol. in-8 avec 200 figures dans le texte. 1866. 15 fr.

LONGET. **Traité de physiologie.** 3ᵉ édition, 1873, 3 vol. gr. in-8. 36 fr.

LONGET. **Tableaux de Physiologie.** Mouvement circulaire de la matière dans les trois règnes, avec figures. 2ᵉ édition, 1874. 7 fr.

LUBBOCK. **L'Homme avant l'histoire**, étudié d'après les monuments et les costumes retrouvés dans les différents pays de l'Europe, suivi d'une description comparée des mœurs des sauvages modernes, traduit de l'anglais par M. Ed. Barbier, avec 156 figures intercalées dans le texte. 1867. 1 beau vol. in-8, broché. 15 fr.
Relié en demi-maroquin avec nerfs. 18 fr.

LUBBOCK. **Les origines de la civilisation**, état primitif de l'homme et mœurs des sauvages modernes, traduit de l'anglais sur la seconde édition. 1873, 1 vol. in-8 avec figures et planches hors texte. 15 fr.
Relié en demi-maroquin. 18 fr.

MAREY. **Du mouvement dans les fonctions de la vie.** 1868, 1 vol. in-8, avec 200 figures dans le texte. 10 fr.

MAREY. **La machine animale**, 1873, 1 vol. in-8 avec 200 fig. cartonné à l'anglaise. 6 fr.

MOLESCHOTT (J.). **La Circulation de la vie**, Lettres sur la physiologie en réponse aux Lettres sur la chimie de Liebig, traduit de l'allemand par M. le docteur Cazelles. 2 vol. in-18 de la *Bibliothèque de philosophie contemporaine.* 5 fr.

MUNARET. **Le médecin des villes et des campagnes**, 4ᵉ édition, 1862. 1 vol. gr. in-18. 4 fr. 50

ONIMUS. **De la théorie dynamique de la chaleur dans les sciences biologiques.** 1866. 3 fr.

QUATREFAGES (de). **Charles Darwin et ses précurseurs français.** Étude sur le transformisme. 1870, 1 vol. in-8. 5 fr.

RICHE. **Manuel de chimie médicale.** 1874, 2ᵉ édition, 1 vol. in-18 avec 200 fig. dans le texte. 8 fr.

ROBIN (Ch.). **Journal de l'anatomie et de la physiologie** normales et pathologiques de l'homme et des animaux, dirigé par M. le professeur Ch. Robin (de l'Institut), paraissant tous les deux mois par livraison de 7 feuilles gr. in-8 avec planches.
Prix de l'abonnement, pour la France. 20 fr.
— pour l'étranger. 24 fr.

ROISEL. **Les atlantes.** 1874, 1 vol. in-8. 7 fr.

SAIGEY (Émile). **Les sciences au XVIIIᵉ siècle.** La physique de Voltaire. 1873, 1 vol. in-8. 5 fr.

SAIGEY (Émile). **La Physique moderne.** Essai sur l'unité des phénomènes naturels. 1868, 1 vol. in-18 de la *Bibliothèque de philosophie contemporaine*. 2 fr. 50

SCHIFF. **Leçons sur la physiologie de la digestion**, faites au Muséum d'histoire naturelle de Florence. 2 vol. gr. in-8.
20 fr.

SPENCER (Herbert). **Classification des sciences.** 1872, 1 vol. in-18. 2 fr. 50

SPENCER (Herbert). **Principes de psychologie**, trad. de l'anglais. Tome Iᵉʳ. 1 vol. in-8. 10 fr.

TAULE. **Notions sur la nature et les propriétés de la matière organisée.** 1866. 3 fr. 50

TYNDALL. **Les glaciers et les transformations de l'eau.** 1873, 1 vol. in-18 avec figures cartonné. 6 fr.

VULPIAN. **Leçons de physiologie générale et comparée du système nerveux**, faites au Muséum d'histoire naturelle, recueillies et rédigées par M. Ernest BRÉMOND. 1866, 1 fort vol. in-8. 10 fr.

VULPIAN. **Leçons sur l'appareil vaso-moteur** (physiologie et pathologie). 2 vol. in-8. 1875. 16 fr.

ZABOROWSKI. **De l'ancienneté de l'homme**, résumé populaire de la préhistoire. 1ʳᵉ partie. 1 vol. in-8. 3 fr. 50

— Deuxième partie. 1 vol. in-8. 5 fr. 50

www.ingramcontent.com/pod-product-compliance
Lightning Source LLC
Chambersburg PA
CBHW070822170426
43200CB00007B/865